인쇄 2019년 7월 10일 초판 5쇄
저자 조조토익
출판사 도서출판 북플라자
주소 경기도 파주시 파주출판단지 문발동638-5
MP3 www.chocho.co.kr
홈페이지 www.chocho.co.kr

ISBN 978-89-98274-74-0
잘못된 책은 구입하신 서점에서 교환해 드립니다.

저자와 연결하기

조조만 아는 토익 요령 LC

BOOK PLAZA

CONTENTS

CHAPTER 04 특이한 발음 정리

CHAPTER 05 파트1의 요령

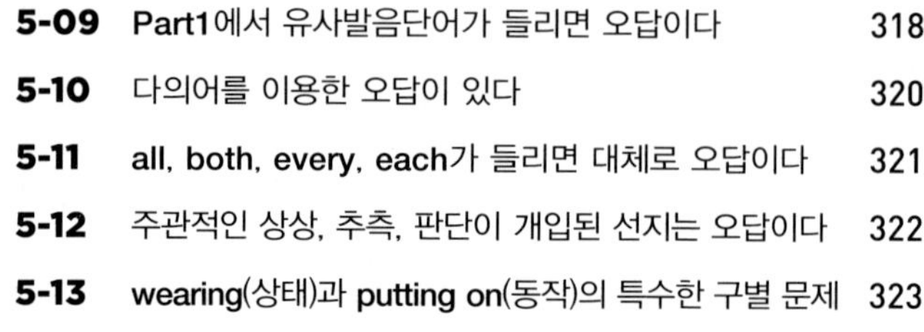

CHAPTER 06

파트2의 요령

토익독학은 조조토익 시리즈로!

아직도 토익학원과 토익인강에 돈을 쓰십니까?

인간의 뇌를 과대평가하지 마라!

인간의 뇌는 위대한 한편, 매우 용량이 작다. 공부를 잘했던 사람, 토익 점수가 높은 사람은 은연중에 자신을 과대포장한다. 그러나 실상을 까놓고 보면 그들도 결코 신이 아니다. 그들이 잘한 것은 단 하나! 무엇을 공부하고 무엇을 공부하지 말아야 하는지, 무엇을 외워야 하고 무엇을 외우지 않아도 되는지를 귀신같이 갈라낸 것이다.

공부를 잘하는 사람일수록 공부량을 줄인다!

많은 사람들의 가장 큰 오해가 공부를 잘하는 사람 혹은 토익 점수가 높은 사람은 공부량을 엄청 늘렸을 거라고 생각하는 점이다. 물론 공부하는 시간을 늘렸을지는 모르겠다. 그러나 결코 공부량을 늘리지는 않았다. 공부할 것들, 외워야 할 것들을 늘려봐야 어차피 시험날까지 다 소화하지도 못한다.

공부량을 줄여놓고, 그것만 반복학습함으로써 효율을 높인다!

공부할 양을 줄이면, 그것만 달달달 반복학습하여 암기하는 것이 가능해진다. 남들보다 머리가 좋아서 암기를 잘하는 것이 결코 아니다. 암기로 처리할 부분과 이해로 처리할 부분을 정확히 갈라내면, 암기하여야 할 부분이 적어지기 때문에 암기를 잘하는 것처럼 보이는 것이다. 토익도 마찬가지이다!

아래와 같은 토익책은 모두 갖다 버린다! 허세에 불과하다!

깨알 같은 크기의 글씨가 빼곡하게 적힌 토익책!
올 컬러판에 커다랗고 화려한 토익책!
수천 문제가 수록되어 있는 토익책!
일러스트가 많고 뭔가 푸짐해 보이는 토익책!

토익 900점이 목표라면 조조토익보다 빠른 길은 없다!

솔직히 990 만점으로 가는 데는 더 좋은 책이 있을런지 모르겠다. 그러나 단언컨대, 900점이 목표라면 조조토익보다 빠른 지름길은 없다.

 QR코드로 스마트폰에서
바로 저자에게 이메일 보내고
Facebook 친구되기  

조조토익 시리즈로
어떻게 공부하면 되나요?

조조토익 시리즈 4권 중 어떤 책을 먼저 공부하여야 하나요?

현재 6~700점 이하라면 조조문법의 2~6장을 가장 먼저 공부해야 합니다. 그 부분이 영어의 토대이기 때문입니다. 반면, 현재 6~700점 이상이라면 조조문법의 3~8장과 조조독해를 함께 공부합니다. 그리고 두 경우 모두 조조문법의 1장 콜로케이션 어휘와 조조독해의 4장 패러프레이징 어휘를 암기해야 합니다.

그럼, 조조LC는 언제 공부하나요?

LC는 RC와 전혀 별개이므로, 위와 별개로 진행되어야 합니다. 시간적 여력이 된다면 위 RC공부와 병행하여 점진적구간반복 MP3파일을 출퇴근, 등하교길에 버스나 지하철에서 듣고 다닙니다. 시간적 여력이 되지 않는다면, 위 RC공부를 마친 뒤에 LC공부에 돌입하는 것이 좋습니다. RC에서 습득한 토익 어휘력이 LC에 자연스럽게 베이스로 깔리기 때문입니다.

혼자서 책만 보고 독학해도 되나요?

네. 조조토익 시리즈는 독학용 교재로 개발된 것으로서, 조조토익 후기들은 모두 강의 없이 일궈낸 점수입니다. 조조토익 시리즈는 줄글이 많지만 그러한 줄글이 구어체이므로, 혼자서 책을 읽는 것만으로도 저자로부터 과외받는 느낌을 받을 수 있습니다.

조조토익처럼 얇고 판형이 작은 책을 기본서로 활용하여 시험을 쳐도 900점을 넘길 수 있나요?

당연히 가능합니다. 그러한 사례가 수없이 존재하며, facebook이나 naver blog에서 '조조토익'을 검색한 뒤 캡처후기들을 봐주세요! 공부 잘하는 사람이 잘하는 것은 공부량을 늘리는 것이 아니라, 최소한으로 공부량을 줄이는 것입니다.

문제풀이는 어느 정도 해야 하나요?

조조토익 기본서에는 토익문제의 이정표가 되는 전형적인 문제들이 많기 때문에, 기본서에 있는 예제의 암기도 중요합니다. 그러나 조조토익 기본서를 1회독할 때마다 실전문제집 1회분을 풀어보는 정도는 여력이 된다면 추천하는 편입니다. 가령 조조문법을 1회독했다면, 실전문제집 101번부터 146번까지를 풀어봅니다.

토익 LC,
난세의 간웅
조조처럼
전략적으로 듣자!

외국어 리스닝은 모두에게 풀기 어려운 숙제이다. 필자도 초등학교시절 부터 대학시절까지 오랜기간 영어 공부를 했음에도 리스닝이 완벽하지 못하다. 리스닝은 '논리'가 아니라 '경험'이기 때문이다. '경험'적인 일은 머리 좋은 사람이 잘하는 것이 아니라 '익숙'한 사람이 잘하게 되어 있다. 아래 두 가지 특이한 사실에 주목해 보자.

첫째는 명문대 대학원을 졸업하여 영자신문까지 술술 해독해 내는 한국 인보다, 미국드라마를 더 잘 알아듣는 5살짜리 미국 꼬마 아이가 존재한 다는 사실이다.

둘째는 필자가 수년 전 일본어 회화 공부를 시작하면서 '글'로 된 일본어 교재를 모두 버리고, 오로지 '아네고(アネゴ)'라는 일본 드라마를 소리나 는대로 한글로 받아 적으면서 공부했던 경험이다. 그렇게 6개월 바짝 공 부해서 일본어 말하기 시험(SJPT)에서 5급을 획득하였다. 그러나 여전히 일본어로 된 글은 읽을 줄 모르는 일본어 문맹이다.

도대체 이 현상을 어떻게 설명해야 하는가? 위 두 사례는 외국어 리스닝은 리딩과 달리 '귀'를 뚫는 것이 핵심이라는 점, 그리고 리스닝과 리딩은 전혀 별개라는 점을 시사한다. 귀를 뚫으려면 '어려운 단어'를 쓸 줄 아는 것보다, '쉬운 단어'가 빠르게 흘러 지나가는 것을 알아 들어야 한다.

다시 말해서, 5살짜리 미국 꼬마 아이는 volcanic eruption(화산 폭발)같은 지구과학적 전문용어나 시사용어는 모르지만, is, have, I, been, was, where, why, when, I'll 같은 저급단어를 놓치지 않기 때문에 미국드라마를 잘 알아들을 수 있다. 반면, 우리 외국인은 어떠한가? where발음 하나를 제대로 들을 줄 아는가? where는 한국인의 청취 관념에서 볼 때, '왜 ~', '워~', '왜얼', '월' 등으로 들린다. 우리가 흔히 아는 것처럼 '왜얼'로만 느껴지지 않는다.

여기서 귀를 뚫기 위해서 반드시 알아야 할 개념이 하나 있다. '소리'는 주관적이라는 것이다. 우리는 강아지가 '멍멍' 짖는다고 생각하지만, 미국인은 '바우와우'(bowwow) 짖는다고 느낀다. 우리도 강아지 소리를 '바우와우'라고 생각하고 들어보면 그렇게 느껴지기도 한다. 비슷한 예로, 앰뷸런스 소리를 '이~요, 이~요'라고 느끼는 사람도 있지만, '삐~뽀, 삐~뽀'라고 느끼는 사람도 있다. 어떻게 생각하느냐에 따라 그 다음부터 달리 들린다.

즉, 소리의 값(음가)은 자신의 주관적 생각(뇌)이 형성하는 것이다. 'A라는 소리겠지'라고 생각하고 듣기 때문에 A라는 소리로 느끼는 것이지, 실제 A라는 객관적 발음이 존재하는 것이 아니다. 따라서 남이 이렇게 발음하는 것이라고 가르쳐 준다고 해서 그 발음을 알 수 있는 것도 아니고, 사전에 나온 '발음기호'를 본다고 해서 그 소리를 익힐 수 있는 것도 아니다.

그렇다면 어떻게 해야 하는가? 가장 좋은 방법은 '발음기호'에 가깝게(?) 읽어주는 '원어민'을 내 곁에 두는 방법이다. 그 대표적인 방법이 '어학 연수'이다. 본토에 가서 원어민의 발음을 들으면, 6개월이 안되어서 대부분 귀가 뚫릴 것이다. 그러나 현실적으로 우리는 어학연수를 갈 시간도, 돈도 없다. 필자도 마찬가지였다.

그럼에도 불구하고 귀를 뚫지 않고는 토익 LC에서 절대로 고득점할 수 없다. 토익 RC는 '논리'이기 때문에 논리적 법칙을 미리 만들어 놓으면 테크니컬하게 문제를 풀 수 있다. 그러나 LC는 기본적으로 '들리면' 맞추는 것이고, '안 들리면' 틀리는 것이다. 그래서 필자가 앞서 '일본 드라마'를 통해 '귀'를 뚫어본 경험을 토익 LC에도 접목하여 보았다. 그렇다고 일본 드라마를 통해 공부했으니 '미국 드라마'를 통해 공부하라는 거창한 이야기는 결코 아니다.

외국어 리스닝의 열쇠는 '점진적 구간반복'이다. 외국어가 들리지 않는 이유는 하나의 긴 문장을 들을 때 앞부분이 흘러 지나가 버리면, 맨 마지막 단어만 기억에 남고 앞부분은 기억 저편으로 떠나 버리기 때문이다. 그래서 우리는 '앞부분부터' '구간반복'을 '점진적'으로 해나가는 방법을 택해야 한다.

기존의 리스닝 책은 'A단어 + B단어 + C단어 + D단어'라는 하나의 문장이 있을 때, 이를 ABCD, ABCD, ABCD 하는 식의 '통반복 mp3'를 통하여 귀를 뚫고자 했다. 그러나 이 방법은 10번을 반복해 들어도 머릿속에 D 아니면 CD만 들릴 뿐, AB부분이 들리지 않는다.

필자는 이 방법을 획기적으로 바꾸어, AAA, ABABAB, ABCABCABC, ABCDABCDABCD 식으로, '점진적 구간반복 mp3'를 통해 귀를 뚫고자 했다. 이것을 처음부터 들어보면, (AAAAB가 되는 셈으로) A를 네번째 들은 직후 B가 나오므로, A가 머릿속에 남아 있는 상태에서 (C까지는 나오지 않고) B가 들리기 시작한다. 이 때 C가 아직 등장하지 않는 것도 B를 인식하기에 유리한 요소이다. 또한, AB가 네번째 들린 직후 (D까지는 나오지 않고) C가 나오므로, 역시 C가 들리기 시작한다. 정말로 기막힌 방법이라고 자부한다. 그러면서도 콜럼부스 달걀처럼 쉽고 간단한 방법이다.

그런데 안타깝게도 이렇게 만들어진 리스닝 교재가 현존하지 않는다. CNN 듣기요령 따위에 관한 여러 책들이 있지만, 모두 위와 같은 '귀납적’ 접근 방법이 아니라, 발음기호와 발음규칙을 ‘연역적’으로 설명하는 방식이다. 특히 점진적 구간반복으로 만들어진 리스닝 테이프나 mp3파일은 아예 전무하다.

그래서 이 책은 다음과 같이 구성하였다.

첫째, 귀를 뚫기 위해, ‘점진적 구간반복’의 방법(2장)을 구체적으로 설명한다. 그리고 점진적 구간반복으로 구성된 mp3파일을 무료로 제공한다. 이 파일은 약 80분 분량의 mp3파일이다. 토익 Part 1~4에 출제되는 방식 그대로 만들어진 스크립트 파일 하나와, 이를 음성 편집 프로그램을 통하여 구간별로 쪼개어 위 AAA, ABABAB, ABCABCABC, ABCDABCDABCD 방식으로 녹음한 파일 하나를 제공한다. 이를 통해 ‘점진적 구간반복’의 방법이 무엇인지, 그리고 이 방법이 정말로 효과가 있는지를 스스로 느끼게 될 것이다.

이를 위해 mp3편집의 토대가 될 대본(3장)에 심혈을 기울였다. 토익커들이 익혀야 할 문장과 단어가 자연스럽게 녹아있으면서도 중복되지 않는 주옥 같은 스크립트를 엄선하였다. mp3파일은 Part1 대비용 220개 문장, Part2 대비용 60개 문답, Part3 대비용 25개 지문, Part4 대비용 25개 지문을 읽은 녹음파일이다. 문제풀이 요령보다도 대본 자체에 주목한 이유는 일단 ‘귀 뚫는 것’이 선행되어야 하기 때문이다.

둘째, 연역적 발음 규칙(4장)도 일정 부분 설명한다. 외국인이 듣기 어려운 where 같은 발음, 연음법칙 등이다. 그러나 이는 앞서 말한 것처럼 가볍게 보는 것으로 충분하다. 이를 무슨 엄청난 규칙인양 줄줄 외우는 것은 ‘리스닝’을 다시 ‘직관’이 아닌 ‘논리’로 접근하려는 잘못된 시도이다.

셋째, 시중의 토익책처럼 각종 LC 문제 풀이 요령 및 찍기 요령(5~9장)도 정리하였다. 이러한 문제풀이 요령도 당장 토익 점수 향상을 위해 간과할 수 없으므로 착실히 공부해 주기 바란다. 사실 대부분의 토익책은 위 첫째와 둘째 내용보다 이 세 번째 내용에만 치중하여 쓰여져 있다. 물론 이런 문제 풀이 요령만으로도 상당수의 문제를 더 맞추게 되는 것은 분명하나,

그렇게 해서 토익 LC의 기본 토대를 마련할 수는 없다. 누차 강조하지만 LC는 일단 귀 뚫는 것 자체가 선행되어야 한다.

넷째, 토익 리스닝을 어렵게 만드는 요소 중 하나가 영국식 발음(3장 및 4-06)이다. 수려한 영국 발음으로 대본을 읽어 줄 성우가 부재하여 고민하던 차에, EBS에 출연 중인 Nemo 씨가 흔쾌히 수락해 주셔서 감사드린다. 다른 토익 교재에 비해 영국식 발음의 비중이 커 처음에는 짜증이 날지도 모르나 참고 이겨내기 바란다.

기존의 토익책들은 LC를 테크니컬하게 접근하고 RC를 정통적 방법으로 접근하였는데, 필자의 조조토익 시리즈는 이와 반대다. 즉, LC를 정통적 방법으로, RC를 테크니컬하게 접근한 것이다. 이러한 역발상이 여러 독자들로부터 큰 호응을 얻어 베스트셀러의 반열에 오를 수 있었던 것 같다. 그리고 어차피 다 보지도 못할 두꺼운 토익책을 들고 다니는 것은 허세를 떠는 것과 다를 바 없다. '발상의 혁신'을 토익 공부에도 적용해 토익점수가 취업 및 진로 결정의 초석이 되기 바란다.

2012년 조조토익 시리즈가 첫 선을 보인 이후 여기까지 오게 되었다. 그 사이 조조토익 시리즈가 일본에 수출되기도 했고, 조조LC에 수록된 점진적 구간반복을 통한 영어 리스닝 방법은 특허 출원(제10-1449898호)에도 성공했다. 이제 조조토익 시리즈는 전국 대학생이 모두 다 아는 베스트셀러가 되었다.

그 사이, 조조토익 시리즈의 독창적 내용을 베낀 아류작도 생겼다. 원조(原造)에 대한 독자들의 믿음이 쉽게 깨지지 않을 것이라 믿지만, 추후 책의 컨셉과 체계에 대한 도용 혹은 책에 대한 무단 복제 행위가 발견되면 가능한 모든 법적 조치를 취해 끝까지 민형사상 책임을 물으려 한다.

앞으로도 조조토익 시리즈가 영어 일반에 대한 이해의 초석이자 토익 스킬의 끝판왕으로서 많은 사랑을 받기를 바라는 바이다.

저자 조조토익

曹操 TOEIC

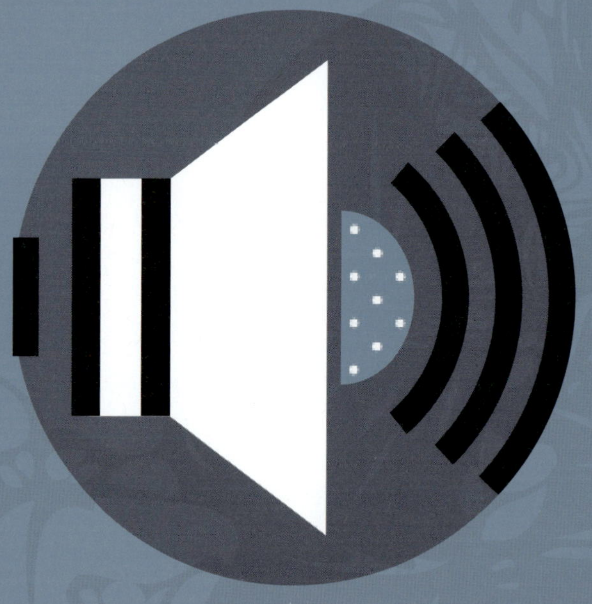

모든 외국어 리스닝의
기본적 특성

1-01 리스닝 기초요령

외국어 리스닝과 스피킹의 차이

아리랑 TV에서 원어민과 같은 수준으로
유창한 영어를 구사하는 아나운서를 보면 부러움을 느낀다.
아무래도 문법과 독해 위주로 영어 공부를 해온 필자 세대의 경우,
스피킹에 대한 두려움이 있게 마련이다.

그러나 필자에게 스피킹 능력과 리스닝 능력 중 하나를 택일해야 한다고 신께서 강요하신다면, 필자는 과감히 리스닝 능력을 달라고 말하고 싶다.

그만큼 리스닝은 외국어의 기본이요, 독해, 문법보다도 중요한 핵심이다. 스피킹이 생각보다 중요하지 않은 이유는 KBS의 '미녀들의 수다(미수다)'나 JTBC의 '비정상회담'을 보면 알 수 있다. 우리는 문법적으로 완전히 엉터리이고, 발음도 괴상한(?) 외국인들의 말도 너끈히 알아 듣는다. 그것은 우리가 외국인의 입장에서 원어민에게 영어로 말하면, 아무리 떠듬떠듬 말하더라도 외국인들은 그 말이 모국어이기 때문에 그것을 알아 들을 수밖에 없음을 의미한다.

반면, 리스닝은 그렇지 않다. 원어민의 이야기를 못 알아들으면 아무런 대화를 할 수 없다. 위의 '미녀들의 수다'의 예로 돌아가면, 리스닝이 안 되는 외국인은 애초에 그런 프로그램에 출연할 기회조차 얻지 못하는 셈이다. 스피킹이 완벽하지 않은 외국인은 마음껏 출연할 수 있는 것과 대조적으로.

그렇다면, 외국어 스피킹과 외국어 리스닝의 결정적 차이는 무엇일까? 그것은 바로 1-02에서 보듯이 스피드(speed)에 대한 관용 여부이다. 외국어 스피킹의 경우 느리게 말해도, 즉, 스피드가 낮아져도 아무런 문제가 없다. 반면, 외국어 리스닝의 경우, 느리게 말해주지 않으면, 즉, 스피드가

높아지면 아는 단어인데도 전혀 들리지가 않는 외계인의 말이 되어 버린다.

이 차이는 우리가 토익 리스닝을 포함한 모든 외국어 공부를 함에 있어서 간과하고 넘어갈 수 없는 문제이다. 스피드에 대한 적응이 되지 않으면 결코 리스닝을 정복할 수 없다는 것이 핵심이다. 따라서 이 책의 모든 방법론은 결국은 어떻게 하면 '빠른' 스피드의 외국어를 알아들을 수 있는지에 대한 방법론에 초점이 맞추어져 있음을 밝힌다. 뒤에서 상세히 설명할 '점진적 구간반복법' 또한 빠르게 흘러가는 문장의 앞부분을 포착해 내기 위한 방법론으로서 개발된 것이다.

참고
1분당 말하는 단어수

네이티브 스피커의 일상대화	**150~190 wpm**
미국방송 / 미국 뉴스	**160~180 wpm**
미국영화 / 미국드라마	**150~190 wpm**
TOEIC LC	130~140 wpm

*wpm = words per minute = 1분당 말하는 단어수

1-02 | 리스닝
기초요령

빠르기에 적응해야만
알아듣는다

**오하이오 고자이마스(안녕하세요),
오츠카레 사마데시다(수고하셨어요) 정도는
대부분 아는 일본어이다.**

그런데 실제 일본인끼리 대화하는 곳에 있으면, 이조차도 못 알아들을 때가 많다. '오츠카레 사마데시다'가 "오스사마~"로 들린다. 빠르기에 적응하지 못하면 알아듣지 못한다. 심지어는 "오사마빈 라덴~"이라고 말한 것처럼 느껴지기도 한다. 영어도 마찬가지이다. What's your job?을 빨리 읽으면 "왓쩔잡?"으로 들리기도 한다.

이렇게 되는 이유는 모두 속도감 때문이다. 속도감 있게 말하는 것까지 적응이 되어야만 귀가 뚫린 것이다.

우리 말의 실생활에서도 마찬가지이다. 또박또박 한 글자 한 글자의 음가대로 읽어주는 사람은 아나운서들 외에 거의 없다. 사실은 아나운서 조차 정확히 발음하는 것이지 느리게 읽는 것은 아니다.

토익 스터디에서 가끔 mp3 파일을 2배속으로 올려서 듣는 경우가 있다. 일면 일리 있는 방법이다. 다만, 원래 음가 자체가 빠른 mp3를 듣는 것이 바람직한 것이다. 느린 것을 2배속으로 올려 들으면 목소리가 고음으로 바뀌면서 헬륨가스가 든 풍선을 마시고 말할 때와 비슷한 목소리로 바뀐다. 또, 1분당 말하는 단어수(wpm)가 과도하게 많아진다. 좋지 않은 방법이다.

음가의 주관성

앞에서 외국어 리스닝이 어려운 이유에 대하여
'스피드'에 초점을 맞추어 설명하였다.
그런데 외국어든, 모국어든 리스닝에는 한 가지 문제가 더 있다.
바로 '음가의 주관성'이다.

음가의 주관성이란, 소리의 값은 각자에게 주관적으로 느껴진다는 것이다. 필자는 어린 시절 앰뷸런스 소리를 '이~용 이~용'이라고 느꼈다. 그러나 다른 아이들은 '삐뽀~ 삐뽀~'라고 들린다고 했다. 다른 아이들의 말을 듣고 나서 다시 앰뷸런스 소리를 들어보니 그런 것도 같았다. 어디 그뿐인가? 우리에게 '야옹~야옹~'이라고 들리는 고양이 소리가 미국인에게는 '미야~미야~'(miaow)라고 들린다고 한다.

이제, 본격적으로 음가의 주관성에 대해 고찰해 보자. 다음은 인터넷에 떠돌아 다니는 '발음짱 되는 방법'이다.

참고
발음짱 되는 방법

Apple 애아뽀으	**Banana** 브내아느어
Tomato 틈메이러	**Help** 해협
Milk 미역	**I'm sorry** 음 쏘리
Good morning 굿 뭘닝	**Musical** 미유지클
Towel 트아워으	**Notebook** 넛부크
Family 패믈리	**Model** 마를
Latin 랫은	**Internet** 이너넷
Travel 츄래블	**Talking** 터킨
Prefer 퍼~퍼	**Isn't** 이즌

우리가 흔히 '토마토'라고 생각하는 발음이 '틈메이러'이고, '애플'이라고 생각하는 발음이 실제로는 '애아쁘으'이고, '아임 쏘리'라고 생각하는 발음이 실제로는 '음 쏘리'라는 사실이 충격적이지 않은가? 필자는 이것을 보면서, 머리를 한 대 얻어맞은 느낌이었다.

우리는 왜 '토마토', '애플', '아임 쏘리' 같은 잘못되거나 유치한(?) 발음이 정상적인 발음이라고 철석같이 믿고 살아온 걸까?

'소리'로 영어 공부를 하지 않고, '발음기호'로 공부를 했기 때문이다. 실제 소리는 '틈메이러'인데, to가 '토'이고, ma가 '마'이고 to가 '토'이니, 결합해서 '토+마+토'가 당연하다고 받아들인 것이다.

더 충격적인 것은 그렇다면 '틈메이러'는 정확한 발음일까? 그것도 아니라는 사실이다. 원어민 1명에게 tomato를 읽어보라고 하고 들어보자. 어떤 한국인은 이를 '틈메이러'라고 들을 테지만, 어떤 한국인은 '트메이러', 또 다른 이는 '트메러' 등으로 각자 또 약간씩 다르게 듣는다. 이것이 바로 음가의 주관성이다.

소리는 주관적인 것이므로, 한글로 받아적는 것('오하이오 고자이마스'식 딕테이션법)도 큰 도움이 된다. 멍멍이 짖는 소리를 미국인이 듣는 소리와 한국인이 듣는 소리가 다르다. 내 귀에 그렇게 들리면, 발음 기호나 스펠링이 갖는 음가에 대한 선입견을 버리고, 내 귀에 들리는 대로 한글로 (한글 음가대로) 받아적어 본다!

음가는 '주관성'을 띄기 때문에, 누가 그 소리를 '주입'시켜줄 수 없다. 각자 본인이 스스로 그 음가를 '귀로' 익혀야 한다. '눈으로' 보고 발음을 추측하는 것이 아니라, 원어민이 하는 음가를 '귀로' 한번 들어보면 저절로 그 소리에 대한 각자의 주관이 형성된다. 그 후에 또 다른 원어민이 그 발음을 하여도 대체로 알아들을 수 있다. 원어민끼리의 발음은 비교적 유사하고, 자기 귀에 한번 형성된 '음가'는 뇌에 잠재적으로 기억되어 있기 때문이다.

귀도 안 뚫렸는데 테크닉?
토익을 무시하지 말라!

1-01~1-03에서 외국어 리스닝의 일반적 특징을 언급한 것은,
아무리 쉬운 토익 리스닝이라고 해도
최소한의 귀는 뚫려야 고득점이 가능하기 때문이다.

앞서 출간한 '조조만 아는 토익문법공식'과 '조조만 아는 토익독해기술'은 각종 유형화와 테크닉을 강조하였기 때문에, '조조만 아는 토익 LC 요령'의 출간을 학수고대한 많은 독자들의 이메일을 보면, LC에도 그런 테크닉을 기대하고 있음을 느낄 수 있다. 물론 이 책의 제5장 이하에서 정리하는 것처럼 세밀한 유형화도 점수 향상에 도움을 준다.

그러나 귀도 안 뚫렸는데 유형정리를 한들 무슨 소용이 있는가? 가장 비근한 예로, 토익 Part4에서 '첫 한두 문장에 주목하면 주제를 알 수 있다.'라는 LC요령이 있다고 치자. 그렇다고 한들 첫 한두 문장이 빠른 스피드로 후다닥 지나가버리면, 그러한 LC요령을 알아도 무용지물이다. 또, 토익 Part2에서 '의문사 의문문의 경우, Yes나 No로 답하면 오답이다'라는 요령을 알아도, 애초에 의문사자체를 못알아들으면 말짱 꽝이다.

그래서 필자는 토익 RC 즉, 문법과 독해는 기존에 알려진 풀이법보다도 더 테크니컬하게 접근하라 한 반면, 토익 LC의 경우는 기존에 알려진 것보다 좀 더 본질적으로 접근하라고 하고 싶다. 이하에서는 기존에 알려진 리스닝 방법인 딕테이션 및 쉐도잉과 에코잉 같은 오랄테이션에 대해 알아본 뒤, 보다 '본질적으로' LC에 접근하기 위해 이 책에서 말하는 '점진적 구간반복법'을 설명하기로 한다.

1-05

딕테이션, 쉐도잉, 에코잉, 오랄테이션의 개념

> 외국어 리스닝의 연습 방법으로 알려진 대표적 2가지가
> '딕테이션(dictation)'과 '쉐도잉(shadowing)'이다.
> 딕테이션이란, 우리말로 '받아 쓰기'이고,
> 쉐도잉은 우리말로 '따라 말하기'이다.

즉, 딕테이션은 영어로 된 문장을 들으면서 받아 적는 것이고, 쉐도잉은 영어로 된 문장을 들으면서 그림자처럼 따라 말하는 것이다.

딕테이션을 하려면 문장의 모든 부분을 빠짐없이 들어야 하므로, 외국어로 되어 있는 문장을 집중하며 듣게 된다. 이 과정에서 평소 안 들리던 단어나 문장에 주목하게 된다. 따라서 딕테이션은 리스닝 능력을 향상시키기 위한 첫걸음임에 틀림없다.

물론 단점도 있다. 우선, 영어스펠링까지 다 받아 적어야 하므로 시간을 보통 오래 잡아먹는 것이 아니다.(사실 영어 스펠링은 리스닝에 있어서 무의미하므로, 이 책은 제3장에서 보다시피 딕테이션을 약간 변형하여 우리 한국말로 소리나는대로 받아 적도록 한다. 이에 대해서는 상세히 후술할 것이다.)

또, 한 문장 내에서 끊어 듣지 않고, 무조건 한 문장씩 일반적인 딕테이션을 할 경우, 문장이 길어지면 안 들리던 앞부분은 계속해서 안 들리기 때문에 대본(script)을 보기 전에는 어떤 단어인지 추측할 수가 없다. 받아 적다가 중간에 모르는 단어가 있으면 그것을 어떻게 처리할지 난감할 때가 많다.

이를 조금 보완한 것이 쉐도잉이다. 귀를 통해 소리로 듣고 입으로 따라서 말해보는 것이다. 일단 쉐도잉은 스펠링을 몰라도 되므로 매우 효율적이다. 쉐도잉을 통한 리스닝 학습에는 자신이 입으로 말할 수 있는 단어나 문장을 못 들을 수는 없다는 논리가 깔려 있다. 원어민이 아무리 빨리 발음한 것이더라도, 입으로 똑같이 모사해서 흉내내어 본 것은 신기하게도 다 들린다! 그러나 손으로 그 문장을 받아 적어보았거나 눈으로 읽어보았다고 해서 그 문장이 들리지는 않는다. 이비인후과에서 귀와 입을 한꺼번에 진료하는 것처럼 입과 귀는 하나의 공간으로 연결되어 있어서일까? 짐작컨대 듣고 말하는 것은 뇌에서 상호 연동작용을 일으키기 때문인 것 같다. 이것이 언어의 신비이다.

이렇게 볼 때, 듣고 '따라 말하기' 또한 나름 일리 있는 리스닝 학습법이다. 이를 '입으로 받아쓰기'라고 표현할 수도 있을 터이므로 쉐도잉을 '오랄테이션(oral + dictation)'이라고 부르기도 한다. 그러나 이들 용어에 대해 신경 쓸 이유는 전혀 없다.

참고로, 쉐도잉과 거의 비슷한 에코잉이라는 개념이 있다. 에코는 '메아리'라는 의미이므로 에코잉은 들으면서 1~2초 간격을 두고 바로 따라 말하는 것이다. 반면, 쉐도우는 '그림자'이므로 그림자처럼 일정 정도 띄어 놓고 따라가는 것이다. 방송을 1~2초 간격으로 따라한다는 것이 에코잉인데 이는 동시통역 수준이므로, 현실적으로 일반인은 이러한 에코잉이 불가능하다. 그러다보니 에코잉이란 '대본을 보면서' 방송을 1~2초 간격으로 따라하는 것이라는 주장도 있다. 그러나 이렇게 되면 에코잉은 더 이상 리스닝 연습이 아니라 리딩 연습이 될 뿐이다.

그런데 중요한 것은 에코잉, 쉐도잉의 개념 차이를 인식하는 것이 아니라, 토익 귀뚫기를 위해 무엇이 가장 효과적인가 하는 것이다. 필자는 기존에 알려진 방법 중에는 그래도 딕테이션과 오랄테이션이 그나마 효과가 있는 것이라 생각한다. 받아쓰기 위해 혹은 입으로 따라 하기 위해, 빠짐없이 들어보고자 노력하는 과정에서 안 들리던 부분이 들릴 수 있으니까.

그러나 기존의 방법대로 딕테이션을 굳이 하는 것은 시간낭비라고 본다.

단어를 받아 적을 때, 영어 스펠링까지 맞추어 가며 적으려고 든다면 시간 낭비임이 분명하다. 또한, 딕테이션이든 오랄테이션이든 하나의 문장을 끊어서 들어보지 않으면, 안 들리던 부분은 계속 안들리게 되어 있다. 이것은 매우 심각한 문제가 아닐 수 없다.

핵심은 긴 문장을 '한 문장 내에서' '끊어서' 들어봐야 한다는 것이다. 그런 점에서 기존의 딕테이션이나 오랄테이션은 이 책의 제2장에서 말하는 '점진적 구간반복법'보다 효율적이지 못하다. 특히 끊어서 듣되, '어느 부분에서' 어떻게 끊어서 듣느냐가 핵심이므로, 앞에서부터 점진적으로 길어지도록 미리 끊어놓은 점진적 구간반복 MP3파일로 공부하는 것은 매우 유용하다.

즉, 딕테이션과 오랄테이션의 장점을 적절히 버무리고, 여기에 앞에서부터 단계별로 끊어듣는 점진적 구간반복법을 다시 결합시킨 것이 바로 이 책의 제3장에서 말하는 훈련법이다. 이 방법은 점진적 구간반복 MP3파일을 들으면서 한글로 받아쓰기를 하는 것이다.

이 때 반드시 한글로 소리나는대로 적어야 한다. 영어 스펠링으로 받아쓰면, 기존의 딕테이션과 유사해져 귀 뚫는 효과가 감소한다. 예를 들어 It'll be라는 부분을 들으면서 다시 영어 스펠링대로 It'll be로 적는다면 무슨 의미가 있는가? 그렇다고 '잇 윌 비'처럼 한 단어씩 우리가 평소 알고 있는 음가로 또박또박 적으라는 것도 아니다. 소리에 정답은 없다. 내 귀에 들리는 그대로 적어야 한다. 여러 단어가 붙어서 한 단어처럼 들린다면 그대로 적으면 된다. 예를 들면, '잇울비'나 '이둘비'로 적는 방법이 바로 그것이다.

물론 한글로 받아쓰지 않고 점진적 구간반복 MP3파일을 듣기만 해도 된다. 그냥 점진적 구간반복 MP3파일을 반복 청취하는 것만으로도 100% 효과가 있다. 다만, 더 빠르고 확실한 효과를 보려면, 점진적 구간반복 MP3파일을 여러 차례 반복청취하기만 하다가도 마지막에는 한글 받아쓰기를 통해 한 번 점검해 보라는 의미이다.

외국어 리스닝에서
어순에 너무 집착하지 말아라

> **외국어 리스닝을 할 때**
> **어순**에 너무 집착하지 않을 필요가 있다.
> **즉, 안 들리는 단어를 쭉쭉 흘려 들으려는 마음가짐이 필요하다.**

모든 언어의 리스닝은 '눈'이 아니라 '귀'로 하는 것이다. 따라서 모든 언어의 리스닝시에는 각 단어를 순차적으로 들어야 하는 수동적 위치에 놓이게 된다. 리딩처럼 뒷단어까지 보고서 앞단어를 해석할 수가 없다는 특징이 있다.

외국어 리스닝이 안 되는 이유는, 모국어 리스닝처럼 하지 않고, 외국어 리딩처럼 리스닝을 하려고, 들리는 소리를 '되새김질(번역하기 위해, 음가를 따라 읽거나 뜻을 머릿속에서 떠올리는 것)'해서 그 되새김질 시간에 뒷문장이 흘러지나가 버리기 때문이다.

우리가 우리말을 들을 때 상대방 말을 마음속으로 따라 읽지 않는다. 또한 상대방 말의 한 단어 한 단어를 머릿속에서 무슨 뜻인지 번역하거나 반추하지 않는다. 그럼에도 불구하고 들은 단어 하나하나가 귀에 꽂힌다. 문법이나 문장구조를 전혀 몰라도 그 들려진 단어들의 조합만으로 뜻을 거의 알아 듣는다. 뇌는 0.0001초의 속도로 인식한다. 그 뇌의 속도를 무시하지 말라.

외국어이기 때문에, 단어 하나씩 따라하거나 사전을 찾듯 되새김질하지 않으면, 뜻을 인식하지 못할 거라는 소심함을 버려라. 뇌의 속도는 0.0001초다.

우리가 '나는 학교에 간다.'라고 할 때, 사실은 I school go to 라고 들어도 뇌는 뜻을 인식한다. 또 I go to school 이라고 해도 뇌는 뜻을 인식한다. 심지어는 To school I go 라고 해도 뇌는 뜻을 인식하고, Go to I school이 라고 해도 뇌는 뜻을 인식한다. Go to school I 라고 하면 못 알아들을까? 그래도 뇌는 뜻을 0.0001초만에 인식한다!

그것이 리스닝에 있어 문법이 필요 없는 이유이고, 그것이 바로 인간의 희한한 리스닝 능력이다.

참고
귀가 뚫린 상태란?

Q   흔히 '귀가 뚫린다'라고 하는데, 귀가 뚫린 상태란 도대체 무엇인가요? 즉, 들을 때 '해석'에 신경을 쓰지 않아도 되나요? 예컨대, **What are you doing?** 이라는 문장을 들을 때, '왓알유두잉'만 신경을 쓰고, '너 는 무엇을 하고 있니?'처럼 우리말로 무슨 뜻인지 해석하려고 머리로 신경을 안 써도 되나요?

A   들으면서 해석을 하려고 신경을 쓰면 절대 안 됩니다. 들을 때 해석을 신경 쓰면서, 그걸 듣고 한국어로 번역하려는 마인드가 끼어들면, 문 장이 길어질 경우 뒷부분을 놓치게 됩니다. 따라서 해석을 하려는 노 력을 전혀 안 하는데, 그 의미가 쏙쏙 꽂히는 상태가 바로 '귀가 뚫린 상태'입니다.
이런 상태가 과연 가능할까 싶지만, 다음 장에서 설명하는 점진적 구간 반복**MP3** 파일을 듣다보면, 어느새 그 단계가 옵니다.

눈감고 듣는 것은 바람직한가?

> **토익 리스닝 문제를 풀 때,**
> 잡생각이 끼지 않고 집중하고 듣기 위해
> **눈을 감고 듣는 사람이 있다.**
> **이는 매우 바람직하지 못한 행동이다.**

물론 눈을 뜨면 시선이 머무는 곳에서 여러 가지 정보가 인식되어 들어오기 때문에, 다양한 잡생각이 끼어들 수 있다. 그러다 보면 문제나 지문이 방송에서 흘러나오는 순간에 딴생각을 하기 일쑤다.

그러나 이는 눈을 감는다고 해서 해결될 문제가 아니다. 대부분은 눈을 떠서 잡생각이 끼어드는 것이 아니라, 듣는 순간 못 알아들어서 잡생각이 끼어드는 것이다. 못 알아들으면 심리적으로 동요하게 되고, 그러면서 '이 문제를 틀리면 어떻게 하지?'와 같은 두려움이 생긴다.

따라서 결론부터 말하면, 눈은 떠야 한다. 눈을 떠야 하는 이유는 ① 방송 초반부에는 듣기에만 집중해야 하지만, ② 방송 후반부에는 듣는 동시에 눈으로 보면서 오답선지를 제껴나가야 하는 경우가 많기 때문이다. 즉, 방송이 흘러나오는 처음부터 눈의 역할을 강조할 필요는 없지만, 방송이 어느 정도 흘러가면, 듣는 동시에 눈으로 문제를 읽는 작업도 진행되면서 오답 몇 개를 지워 나가야 한다. 눈 감고 다 듣고 나서 다시 눈 뜨고 선지를 지워가면 너무 느려져서 그 다음 문제를 틀릴 가능성이 높아진다. 특히 新토익의 시각자료 문제의 해결을 위해서는 더욱 눈을 떠야 한다.

귀와 눈이 협업(co-work)하는 것에 익숙해져야 고득점할 수 있다. 궁극적으로는 눈감고 외국인과 대화하는 사람은 없지 않던가!

曹操
TOEIC

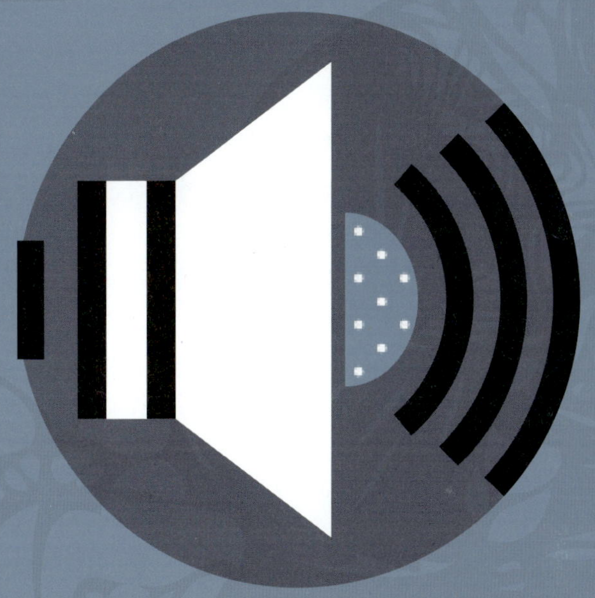

귀를 뚫기 위한 요령
점진적 구간반복법

점진적 구간반복법이란 무엇인가?

이 책이 권하는 '점진적 구간반복법'이란 무엇인가? 말 그대로, 구간을 반복하여 듣되, 반복하는 단위가 점진적으로 길어지는 것이다.

모든 문장은 A+B+C+D+E 하는 식의 몇 개의 단어로 구성된다. 누군가가 이 문장을 말한다면, 우리는 A라는 단어를 듣고 나서, B라는 단어를 듣고 나서, C라는 단어를 듣고 나서, D라는 단어를 듣고 나서, E라는 단어를 듣게 된다. 보통 이를 4회 반복하여 듣는다하면, (A+B+C+D+E) + (A+B+C+D+E) + (A+B+C+D+E) + (A+B+C+D+E)로 녹음하여 듣게 된다.

점진적 구간반복법이란, 이 A+B+C+D+E 로 된 녹음 파일을 다음과 같이 새롭게 녹음하여 듣는 것이다.

> **A+A+A + (A+B)+(A+B)+(A+B) + (A+B+C)+(A+B+C)+(A+B+C) + (A+B+C+D) + (A+B+C+D) + (A+B+C+D) + (A+B+C+D+E) + (A+B+C+D+E) + (A+B+C+D+E)**

이는 무엇인가? 첫단어인 A를 세 번 반복한다. 그리고 나서 첫 단어와 두 번째 단어인 A+B를 연접에서 세 번 반복한다. 그리고 다시 첫 단어와 두 번째 단어와 세 번째 단어인 A+B+C를 다시 연접해서 세 번 반복한다. 그리고 다시 첫 단어와 두 번째 단어와 세 번째 단어와 네 번째 단어인 A+B+C+D를 다시 연접해서 세 번 반복한다. 마지막으로 다섯 개의 단어가 모두 합쳐진 전체문장 A+B+C+D+E를 세 번 반복한다.

이렇게 새롭게 녹음된 음성 파일을 들으면 어떤 점에서 이로운가?
우리가 리스닝이 어려운 이유는, A는 들려서 기억에 남았지만 그 이후인

B부터가 안들리거나, 또는 문장이 길어지면서 문장의 마지막 부분인 E만 머릿속에 남아있고, 앞부분이 머릿속에서 날아가 버리기 때문이다. 그런데 점진적 구간반복법은 이런 문제를 다음과 같이 일거에 해결해 준다.

첫째, 누구나 첫 단어인 A는 쉽게 들을 것이다. 설령 A조차 못듣는 사람이 있어도 (B는 등장하지 않은 상태에서) A만 세 번 반복되므로 A가 무조건 들리게 되어 있다.

둘째, 점진적 구간반복법에서 B가 처음으로 등장하는 순간에 주목해보면, A+A+A+A+B로 이어지는 셈이므로, 실제로는 A가 4번 반복됐다고 느끼는 순간 B로 이어진다. 따라서 삼척동자라도 B가 들린다. 설혹 이 때 B가 안들리는 사람이 있더라도, (아직 C는 등장하지 않은 상태에서) A+B가 다시 세 번 반복되므로, B가 들리게 되어 있다.

셋째, 점진적 구간반복법에서 C가 처음으로 들리는 순간에 주목해 보면, A+A+A+A+B+A+B+A+B+A+B+C로 이어지는 셈이므로, 실제로는 A+B가 4번 반복됐다고 느끼는 순간 C로 이어진다. 따라서 삼척동자라도 C가 들린다. 설혹 이 때 C가 안들리는 사람이 있더라도, (아직 D는 등장하지 않은 상태에서) A+B+C가 다시 세 번 반복되므로, C가 들리게 되어 있다.

이러한 원리를 다음의 평서문과 의문문을 통해 이해해 보자.

I heard you'll be on vacation next month.

Has the real estate agent sent you the financial information about K7 Exercise the fitness center that's for sale on Creek Street?

먼저 위 평서문과 의문문을 단어나 어구별로 쪼개보자. 물론 I 따로, heard 따로, you'll 따로, be 따로 자를 수 있겠지만, 굳이 그렇게까지 촘촘하게 자를 필요는 없다. 앞부분부터 의미어구별로 적절히 다음과 같이 자른다.

I heard = A
you'll be = B
on vacation = C
next month = D

이를 점진적 구간반복으로 만들어보면, 아래와 같다. (이 문장은 이 책의 3-04 Part3 스크립트 자료 중 Drill 12에 나오는 문장 중 하나이다.) 밑줄 친 부분이 반복 단위가 늘어나면서 새롭게 추가된 부분이다.

I heard I heard I heard

/ I heard you'll be I heard you'll be I heard you'll be

/ I heard you'll be on vacation I heard you'll be on vacation I heard you'll be on vacation

/ I heard you'll be on vacation next month I heard you'll be on vacation next month I heard you'll be on vacation next month

위 의문문에 대한 점진적 구간반복 MP3 파일을 우측 QR코드를 찍거나 조조토익 홈페이지(www.chocho.co.kr)에 가서 들어보자.

하나의 문장을 이렇게 반복해서 들으면 반드시 귀가 열리게 되어 있다. 이러한 파일을 계속해서 듣다 보면, 꼭 이 문장이 아니더라도 이와 유사한 문장구조를 가진 문장에 대해서 어느 순간 귀가 뚫려 있다는 신기한 느낌을 받게 된다.

의심 많은 분들을 위해서 보다 더 긴 의문문을 통해서 점진적 구간 반복법의 위력을 다시 살펴보자. 앞에서 예로 든 Has the real estate agent sent you the financial information about K7 Exercise the fitness center that's for sale on Creek Street?을 적절히 쪼개보기로 한다.

Has = A
the real estate agent = B
sent you = C
the financial information = D
about K7 Exercise = E
the fitness center that's for sale on Creek Street = F

이를 점진적 구간반복으로 만들어보면, 아래와 같다. (이 문장은 이 책의 3-04 Part3 스크립트 자료 중 Drill 17에 나오는 문장 중 하나이다.) 밑줄 친 부분이 반복 단위가 늘어나면서 새롭게 추가된 부분이다.

위 의문문에 대한 점진적 구간반복 MP3 파일을 우측 QR코드를 찍거나 조조토익 홈페이지(www.chocho.co.kr)에 가서 들어보자.

이쯤되면 점진적 구간반복법을 통해 토익 LC의 귀를 뚫을 수 있다는 확신과 자신감을 가졌으리라 믿는다.

왜 점진적 구간반복법이 효과적인가?

점진적 구간반복으로 녹음파일을 만들어서 들으면, 왜 처음에 들리지 않던 문장도 들리게 되는가?

첫째, 2-01에서 설명하였듯, 앞쪽 단어가 세 번씩 반복된 직후 그 다음 어구가 나오므로, 앞쪽 어구가 머리에 완전히 남은 상태에서 그 바로 다음어구 하나만 새롭게 등장하기 때문이다.

즉, 2-01의 예에서, I heard가 세 번 반복되고 나서 you'll be가 등장하므로, I heard가 네 번 반복된 셈이어서 이것이 머릿속에 완전히 각인된 상태에서, 그 다음 새로운 단어인 you'll be가 등장한다. 평소에 이 문장을 그냥 흘려들으면 you'll be 같은 짧은 조동사 부분이 쉽게 들리지 않을 때가 있다. 그러나 점진적 구간반복으로 들으면 you'll be를 놓칠 수가 없고, 설령 놓쳤더라도 I heard you'll be가 다시 네 번 반복되므로, 누구라도 you'll be를 들을 수 있다. (참고로, 이렇게 들어보면 you'll be는 '유윌비'라기보다는 '율비'에 가깝다는 사실을 알 수 있다.)

둘째, 주어와 동사가 비교적 문장의 앞부분에서 등장하는 영어의 어순 때문이다. 우리말은 동사가 맨 마지막 단어이므로, 우리말은 끝까지 들어보라는 말이 있다.

그래서 그런지 우리 한국인은 영어를 들을 때도 앞부분을 흘려듣고, 맨 마지막 단어만 머릿속에 남기는 경우가 많다. 이것이 영어 리스닝을 어렵게 만드는 주범이다. 이러한 한국식 사고구조를 바꾸려면, 앞부분이 여러 번 반복되는 구조의 녹음파일인 점진적 구간반복 mp3파일로 공부해야만 하는 것이다.

셋째, 점진적 구간반복법을 기존의 딕테이션이나 쉐도잉(오랄테이션)과 비교해보면, 단지 듣고 있기만 하면 된다는 사실을 알 수 있다. 지하철, 버스, 차량, 길거리 등 언제 어디서든 공부할 수 있다. 또, 점진적 구간반복 mp3파일의 경우, 안 들렸던 부분을 계속 듣고 있기만 해도 스스로 그 의미를 깨우칠 가능성이 크기 때문에 마음 속에 각인되는 효과도 커진다.

FAQ

Q 일본어를 포함한 다른 외국어 리스닝도 점진적 구간반복법을 이용해서 공부할 수 있나요?

A 물론 가능합니다. 그러나 일본어처럼 우리말과 어순이 같은 언어보다는 영어를 비롯한 라틴어 계열의 언어처럼 우리말과 어순이 다른 언어에서 더 큰 위력을 발휘합니다. 또한 영어는 하나의 단어 속에도 '강세(**accent**)'가 있고, 문장 속에서도 '억양(**intonation**)'이 우리말보다 심합니다. 이런 언어의 경우는 문장의 특정부분이 강조됨에 따라, 다른 부분이 들리지 않는 현상이 심화됩니다. 점진적 구간반복법은 강세와 억양이 강한 언어의 리스닝 공부에 더욱 효율적인 공부법입니다.

점진적 구간반복
녹음파일 만들기

물론 이 책이 무료로 제공하는 토익 파트별 점진적 구간반복 mp3파일만으로도 토익 리스닝을 마스터할 만한 충분한 양이라 생각한다.

그러나 비단 토익LC 능력뿐만 아니라 장차 미래의 영어 리스닝 능력을 전반적으로 증진시키려면, 점진적 구간반복법을 익혀 자기 스스로의 mp3파일을 만들어 보는 것도 나쁘지 않다.(다만, 이를 자습용으로 활용하는 것 외에 상업적으로 판매하는 것은 특허 제10-1449898호에 대한 침해가 될 수 있음)

이는 1-03에서 말한 음가의 주관성 때문에 각자 들리지 않는 부분이 서로 다르기 때문이다. '필자가 제대로 듣지 못하는 문장이나 단어'가 '독자들이 제대로 듣지 못하는 문장이나 단어'와 100% 일치하지 않을 것은 자명하다.

그렇다면 독자 스스로 구간반복 mp3파일을 만들고자 할 때 지켜야 할 주의사항은 무엇인가? 이것은 곧, 이 책의 점진적 구간반복 mp3파일을 만들면서 필지가 세운 지침이기도 하다.

첫째, 대본(script)의 모든 문장을 구간반복시킬 필요는 없다. 쉽게 들리는 문장은 한 번 듣고 넘어갈 수 있도록 덩어리로 묶고 한 번만 반복해도 족하다. 예를 들어 대본의 첫문장이 Good morning everyone! 같은 문장인데, 이런 문장을 Good 따로, morning 따로, everyone 따로 해서 점진적 구간반복 파일을 만들 필요는 없다는 의미이다.

둘째, 안 들리는 문장 하나에 주목하였을 때, 이 문장의 각 단어 하나 하나를 모두 잘라서 점진적 구간반복 파일을 만들 필요는 없다. 한두 단어씩 묶어서 어구 단위로 점진적 구간반복 파일을 만들어도 충분하다. 아니 이런 방법이 오히려 더 효과적이다. 앞의 2-01의 예에서도 보았다시피 I heard 정도로 묶어서 만들면 되지, I 따로, heard 따로 만들 필요는 없다는 의미이다.

셋째, am, is, be 같은 짧은 be동사, would나 have, had, can 같은 짧은 조동사, where, that 같은 짧은 접속사, 의문사 등의 기능어는 매우 중요하므로, 이들 단어가 있는 부분은 가급적 잘라서 구간반복 파일을 만든다. 앞의 2-01의 예에서도 you'll be(율비) 앞에서 잘랐던 이유이다.

이는 영어 리스닝이 어려운 이유와 관계가 깊다. 우리는 정작 어려운 단어가 안 들려서 귀를 뚫지 못한 것이 아니다. had, is, been, be, will, would, where 따위의 기능어가 귀에 들리지 않기 때문에 외계어로 들리게 되는 것이다. 뒤의 2-04에서 설명할 Zipf의 법칙도 바로 이러한 관점을 뒷받침한다. 이렇듯 쉽지만 자주 쓰이는 기초 단어의 정확한 음가 및 다양한 음가를 익히는 것이 리스닝의 핵심이다.

FAQ

Q 점진적 구간반복 MP3파일을 만드는 프로그램이 따로 있나요?

A 만약 더 많은 점진적 구간반복 녹음파일을 만들고자 하는 의욕적인 독자가 있다면, 쉐어웨어(무료 공유프로그램)로 제공되는 음성 편집 프로그램을 사용하면 됩니다.

2-04 | 점진적 구간반복

외국 드라마 청취는 도움이 되는가?

> 외국 드라마 청취는 리스닝에 도움이 되는가?
> 결론부터 말하면,
> 수준 높은 영어 리스닝을 위해서는 당연히 도움이 되지만,
> 당장 토익 리스닝을 위해서는 굳이 필요 없다.

한마디로 말해서, 토익 리스닝 수준보다 불필요하게 높은 수준의 스크립트(대본)로 공부해서 정력을 낭비할 필요 없다는 말이다. 특히 토익 리스닝은 RC처럼 자주 나오는 특정 단어들이 있기에 더욱 그러하다.

이는 언어학 이론에 기반을 둔 설명이기도 하다. 하버드 대학의 언어학자 George Kingsley Zipf는 다음과 같은 연구 결과를 발표한 바 있다.

영어에서 가장 많이 쓰이는 단어가 무엇일까 조사해 본 결과, 1위부터 10위까지가 the, of, to, a, and, in, that, for, was, with 였다고 한다. 그리고 이 단어들의 사용 빈도수조차 순위가 내려갈수록 기하급수적으로 하락한다. 즉, 전체 언어의 5% 정도의 단어로 그 언어의 80%이상을 표현할 수 있다는 것이 지프의 법칙(Zipf's law)이다. 물론, 이는 회화 공부와 더 직결되는 법칙이기는 하나, 리스닝 공부에도 시사하는 바가 크다.

원활한 의사소통을 위해서는, 초등학교 입학 직전의 어린 아이 수준에 이르러야 하는데, 이 수준이란 고작 3500여 개 단어의 소리(sound)를 '정확히' 아는 수준이다. 이 3500여 개에는 is, and, 심지어 been 같은 아주 흔한 동사의 과거분사형도 포함되어 있지만, democracy 같은 단어는 포함되어 있지 않다. 즉, 우리는 '디마크라시'의 정확한 발음은 모르더라도 been이나 is 등의 단어는 숙련되게 들어야만 의사소통이 가능해진다.

여기서 하나의 단어라도 전후 단어에 따라 변화하는 '여러 가지' 음가를 아는 것도 중요하다. will, did, do처럼 자주 쓰이는 짧은 단어일수록 주변 단어에 영향을 받아 발음이 변화무쌍하게 변하기 때문이다.

이렇게 '기초'단어 3500개의 '정확'하고 '다양'한 음가를 익히는 방법을 토익 LC에 적용하여, 일정 시간 이상 토익 빈출 스크립트(대본)를 듣게 되면, 누구나 어느 정도 '귀가 뚫리는 현상'을 경험하게 된다. 특히 그 기간동안 점진적 구간반복 mp3 파일을 만들어서 공부하기만 하면 (고도의 리스닝 능력은 논외로 하더라도) 토익 수준의 LC를 위한 귀는 뚫린다고 장담한다.

그럼에도 불구하고, 미국 드라마로 공부하고 싶은 독자가 있다면 기본적으로는 각자 자신이 흥미를 느낄 수 있는 미드를 고르면 된다. 다만, 미드를 선택함에 있어서, (매우 재밌지만) '프리즌브레이크'처럼 죄수들이 등장하여 슬랭이나 라틴 아메리카식 발음이 많은 드라마는 너무 어렵고 회화공부에 도움이 되지도 않는다. 뉴욕 같은 대도시에 거주하는 등장인물의 수려한 발음으로 녹음된 드라마가 좋다. 대체로 '섹스앤더시티'나 '오렌지카운티', '가쉽걸' 등을 꼽는다.

필자는 남자여서 그런지 1980년대 인기 드라마였던 '전격Z작전'을 좋아했다. 그것의 2002년 리메이크 버전이 있는데, 말할 줄 아는 자동차 '키트'가 등장한다. 이 키트의 음성은 기계음이므로, 비교적 천천히, 그리고 정확한 표준발음을 구사한다. 남자라면 '전격Z작전'으로 미드의 첫 걸음을 떼어보는 것도 나쁘지 않다고 생각된다.

참고로 드라마, 만화, 예능방송, 팝송, CNN뉴스 중에는 어떤 것이 일반적 리스닝 능력 향상에 가장 효과적일까? 물론 각자의 영어 공부 목적 및 개인의 성향에 따라 다른 문제이기는 하다. 그러나 일반적 장단점은 다음과 같다.

첫째, 특별히 음악에 관심이 많지 않다면 팝송으로 공부할 이유는 없다고 생각한다. 팝송은 일상언어라기보다는 '시'에 가깝고, 일상언어의 빠르기와도 다르기 때문이다.

둘째, 만화보다는 드라마가 낫다. 만화는 어린이를 위한 것이 많아서 너무 또박또박 느리게 말하는 투의 성우에 익숙해져, 만화를 다 알아들어도 실생활의 회화가 어려운 경우가 많기 때문이다. 드라마만 해도 만화보다는 리얼리티가 살아있다.

셋째, 드라마보다는 오히려 쉬운 예능프로그램이 낫다고 생각한다. 지나치게 이해하기 어려운 코메디 프로그램을 논외로 한다면, 예능은 비교적 정제되지 않은 실생활의 언어를 들을 수 있기 때문이다.

넷째, 뉴스는 가장 수려하고 수준 높은 어휘를 접할 수 있는 장점은 있으나, 지나치게 어렵다. 특히 '토익' 정도 수준의 리스닝 점수를 향상시키기 위해서 CNN뉴스로 공부하는 것은 바보짓이다. 뉴스를 통한 토익 LC공부는 미국드라마를 이용한 것보다도 더 비효율적이다. 물론 그 의욕적인 도전정신은 칭찬할 만하나 과욕이다. 우리에게 주어진 도전과제는 더도 말고 덜도 말고 딱 토익 LC 정도 수준이다.

요컨대, 점진적 구간반복법이 중요한 것이지, 소재는 중요하지 않다. 스크립트의 수준과 질에 집착하는 것은 마치 언어영역 점수를 올리고자 박경리의 토지 20권 전집이나 이문열 삼국지 10권을 통독하려 드는 것만큼이나 비효율적인 방법이다. 운동으로 비유하자면, 등근육을 키우기 위해 헬스장에서 '풀업(턱걸이)'를 하는 대신 암벽타기를 하는 셈이고, 허벅지를 키우기 위해 헬스장에서 '스쿼트'를 하는 대신 자전거 타기를 하는 것과 같다. 도움이 안 된다고 할 수는 없겠으나 효율을 극대화시킬 수 있는 공부법은 아니다. 따라서 당장 토익 LC점수가 급한 사람들은 미드, 만화, 예능프로그램, 팝송, CNN뉴스를 모두 배제하자.

曹操
TOEIC

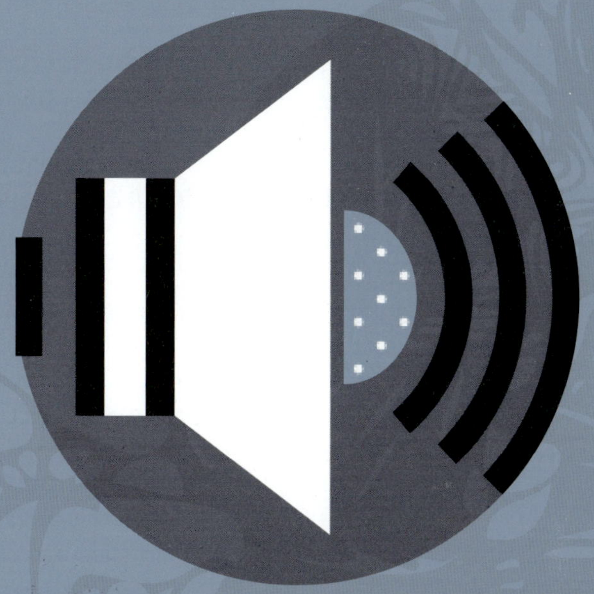

CHAPTER

03

점진적 구간반복
MP3 대본 분석과 귀뚫기 훈련

3-01 | 점진적 구간반복

점진적 구간반복 파일을 통한 귀뚫기 훈련 방법

1-05에서 언급한 것처럼, 영어 귀뚫기의 핵심은 하나의 긴 문장을 '끊어서' '앞에서부터' '점진적으로 반복단위를 늘려가면서' 들어봐야 한다는 것이다. 이를 실천하려면 끊어서 듣되, '어느 부분에서' '어떻게' 끊어서 듣느냐가 관건이다. 따라서 여기 제3장에 '앞에서부터' '점진적으로' 반복단위를 늘려 가며 적절히 '끊어놓은' 점진적 구간반복 MP3파일을 통해 공부하는 것보다 효율적인 토익 리스닝 방법은 없다고 단언할 수 있다. 이하는 점진적 구간반복 파일을 활용해 귀뚫기 훈련을 하는 방법에 대한 독자들의 질문을 취합하여 정리한 것이다.

FAQ

Q1 대본을 보는 것과 점진적 구간반복 MP3파일을 듣는 것의 순서는 어떻게 되어야 하나요? 안 들리는 부분이 있어도 주구장창 듣기만 하나요?

A1 대본의 **50%** 이상을 알아듣는 경우에는, 대본을 본 뒤에 듣지 말고, 먼저 듣다가 안 들리는 부분의 대본을 찾아보는 것이 원칙입니다. 즉, 들어보려는 노력도 없이 처음부터 대본을 보는 행동은 좋지 않습니다. 그러나 아직 영어의 기초가 없거나 리스닝이 취약하여 곧바로 MP3파일을 들으면 절반도 못 알아듣는 경우에는, 미리 대본을 1~2회독하면서 모르는 단어를 체크하고 암기한 뒤, 점진적 구간반복 MP3파일을 듣는 것이 좋습니다. 이러한 사전작업이 되고 나면, 점진적 구간반복 MP3파일을 3회 이상 청취합니다.(이 때는 절대로 대본을 보면서 들으면 안됩니다) 이렇게 점진적 구간반복 파일 듣기와 모르는 부분 찾아보기를 몇차례 반복한 뒤, 다시 일반MP3파일을 1회 들어봅니다. 그럼으로써 얼마나 듣기 능력이 향상되었는지 체크해보는 것이 1세트입니다. 이를 3세트 정도 반복하면 분명히 효과가 있습니다.

Q2 점진적 구간반복 MP3파일을 통해 공부함에 있어 주의점은 무엇인가요? 특히 대본을 눈으로 보면서 들어도 되나요?

A2 가장 중요한 것은 대본을 보면서 들어서는 안된다는 점입니다. 눈으로 대본을 보면서 함께 듣는 것은 독해 훈련이지 리스닝 훈련이 아닙니다. 그러나 대본을 보지 말고 들으라 해서, 대본의 뜻을 전혀 이해못하는데 대본을 던져둔 채 듣기만 해서도 안됩니다. 따라서 대본의 내용을 전혀 모를 때에는

대본을 먼저 보고 이해한 뒤, 대본을 덮고서 들어야 합니다. 또한 **2**차례 정도 귀로만 알아들으려고 노력한 뒤에도 도저히 안 들리는 부분은 반드시 눈으로 대본을 참조해야만 합니다.

Q3 점진적 구간반복 **MP3**파일을 들을 때, 정말로 '듣고만' 있으면 되나요? 별도의 에코잉이나 쉐도잉은 안 해도 되나요?

A3 그렇습니다. 일단은 여러 차례 듣고만 있으면 됩니다. 다만, 여러 차례 반복해 들은 뒤 마지막에 한글로 소리나는대로 받아적어봄으로써, 모든 부분을 알아들었는지 확인하는 것은 더욱 바람직합니다.

Q4 한글로 소리나는대로 받아적어 보는 과정은 꼭 해야 하나요? 한글로 소리나는대로 받아쓰는 것의 장점은 무엇인가요?

A4 점진적 구간반복 **MP3**파일을 계속 반복 청취하다보면, 실제 영어단어와 문장이 자신의 귀에 어떻게 들리는지 한글로 써보면서 한번쯤 확인을 하면 좋은 단계가 옵니다. 이렇게 하면, 첫째, 막연히 듣고 흘려보내는 것과 달리 정확히 확인할 수 있습니다. 즉, 정말로 제대로 들었는지, 놓치는 부분이 없는지 정확히 확인이 가능합니다. 둘째, 단어가 연속되는 경우, 단어 하나 하나를 읽을 때와 다른 발음으로 들릴 때가 많으므로, 덩어리로 발음될 때 그것이 자신의 귀에 어떻게 들리는지 암기하는 방법이 필요합니다. 이 때 듣기만 하는 것보다 그 발음이 자신의 귀에 어떻게 들리는지 한글로 받아적어보는 것이 좋습니다. 특히 소리는 각자의 귀에 조금씩 다르게 들리므로, 이를 영어 스펠링으로 받아적는 것은 무의미하고, 한글로 본인 스스로 적어볼 필요가 있지요. 남들이 이렇게 소리난다 하고 한글로 적어둔 것을 읽어보는 것도 의미가 없습니다. 나아가, 자신이 한글로 적어둔 것을 한두 번 보면서 **MP3**파일을 또다시 들어보면, 과거에 안 들리던 부분이 새롭게 들리는 부분도 있고 과거와 다르게 들리는 부분도 있을 것입니다. 이러한 과정을 반복적으로 거치면서 **MP3**파일 속의 내용과 소리를 완전히 자기 것으로 만들 수 있습니다.

Q5 예를 들어, 제 귀에는 **appoint**가 '포인트'라고만 들리는데, 정말로 영어스펠링을 안 써도 되나요?

A5 **appoint**가 '포인트'라고만 들리는 바로 그 점을 한글로 소리나는 대로 적어보라는 취지이므로, 리스닝 훈련시 영어 스펠링을 적을 필요는 전혀 없습니다.

Q6 점진적 구간반복법을 어느 정도 하면 귀가 뚫리나요?

A6 점진적 구간반복법이 가장 효율적인 영어리스닝 향상 방법이고, 또한 올바른 방법으로 공부를 하고 있다고 하더라도, 한 번 딱 들었는데 모든 토익**LC**문장이 다 들리기는 어려울 것입니다. **Q1**에서 말했듯이 최소한 **3**세트 정도는 반복해야 효과를 볼 수 있습니다.

점진적 구간반복 MP3 녹음파일을 듣고,
단계별로 끊어서 소리나는대로 한글로 적어봅시다. (예시)

Why don't you stop　　　　　　　× 3회 반복시　와이돈츄 스땁

Why don't you stop by before 5?　× 3회 반복시　와이돈츄 스땁바이 비포어 화이브

I'll　　　　　　　　　　　　　× 3회 반복시　아일

I'll probably be there　　　　　× 3회 반복시　아일 퍼벌리 비 데얼

I'll probably be there around 3.　× 3회 반복시　아일 퍼벌리 비데얼 어롼드 쓰리

I heard　　　　　　　　　　　× 3회 반복시　아이헐드

I heard you'll be　　　　　　　× 3회 반복시　아이헐드 율삐

I heard you'll be on vacation　　× 3회 반복시　아일헐드 율삐 언 베케이션

I heard you'll be on vacation next　× 3회 반복시　아일헐드 율삐 언 베케이션 넥스트먼쓰
month.

Has　　　　　　　　　　　　　× 3회 반복시　해즈

Has the real estate agent　　　× 3회 반복시　해즈더리얼에스테이트 에이전트

Has the real estate agent sent you　× 3회 반복시　해즈더리얼에스테이트 에이전트 센츄

Has the real estate agent sent you　× 3회 반복시　해즈더리얼에스테이트 에이전트 센츄
the financial information　　　　　더 화이낸시얼 인포메이션

Has the real estate agent sent you　× 3회 반복시　해즈더리얼에스테이트 에이전트 센츄
the financial information about K7　　더 화이낸시얼 인포메이션 어바웃
Exercise　　　　　　　　　　　　케이세븐 엑설사이즈

Has the real estate agent sent you　× 3회 반복시　해즈더리얼에스테이트 에이전트 센츄
the financial information about K7　　더 화이낸시얼 인포메이션 어바웃
Exercise the fitness center that's　　케이세븐 엑설사이즈 더 핏뜨니스센터
for sale on Creek Street　　　　　　댓츠포 세일 언 크릭 스트릿

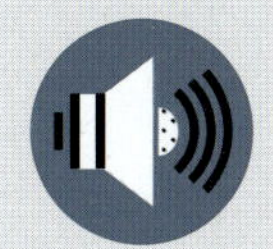

3-02

점진적 구간반복 PART1
스크립트 자료 220문장

Part1에 출제되는 문장 가운데 잘못 듣거나 놓치기 쉬운 발음을 포함한 문장을 자연스럽게 습득케 하고자 220개의 문장을 선별하였다.

토익 리스닝은 Part1에서 Part4로 갈수록 문장의 호흡이 길어지는 구조를 가지고 있다. Part1의 대본 분량을 비교적 많이 할애한 것은 기초를 탄탄히 하기 위함이다. 그러나 자신의 수준이 높다고 느낀다면, 3-04나 3-05의 Part3와 Part4의 점진적 구간반복 스크립트 자료를 먼저 보아도 좋다.

물론 토익 리스닝 공부를 하면서 많은 양의 문제를 푸는 것도 좋다. 그러나 반복해서 듣고자 하는 mp3자료의 양을 너무 방대하게 늘리는 것은 좋지 않다. 드라마로 외국어 리스닝 공부를 할 때, 10개의 드라마를 한 번씩 듣는 것보다 1개의 드라마를 열 번 듣는 것이 바람직한 것과 같다. 제3장에서 설명하는 엄선된 80분 분량의 mp3파일만이라도 자나깨나 반복적으로 듣기 바란다. 지하철이든 화장실이든 언제 어디서라도.

01 The women are reaching for some shirts.

02 He is handing some food to a customer.

03 They're handing out some documents.

04 She is holding a brush.

05 He is unfolding a newspaper.

06 The women are carrying some folders.

07 A woman is pointing to the screen.

08 He is combing his hair.

09 One man is having his hair cut.

10 One woman is reaching for a utensil.

11 The girl is bending over the bag.

12 He is paging through a document.

13 They are packing some equipment for hiking.

14 They're discarding some trash.

15 They're transporting items in a box.

16 She's wiping his glasses.

소리포인트

① 특별히 어려울 것은 없고, 각각의 동사에 주목하며 듣는다. ② 1번의 **reach for** 는 '도착하다'라는 의미가 아니라 '손을 뻗다'라는 의미이다. ③ 10번의 utensil 같은 단어는 자주 출제되는 단어이므로 소리로 익혀둔다. ④ 13번의 **packing**을 영국식으로 발음하다보니 '팍킹'에 가깝게 들려서 parking으로 오해하기 쉽다. ⑤ **16번의 glasses**와 **grass**는 발음상 구별한다.

해석과 단어

01 여자들이 셔츠에 손을 뻗고 있다. (**reach for**)

02 그는 손님에게 음식을 건네고 있다. (**hand A to B**)

03 그들은 서류를 나누어 주고 있다. (**hand out**)

04 그녀는 칫솔을 붙잡고 있다. (**hold / brush**)

05 그는 신문을 펴고 있다. (**unfold**)

06 여자들이 서류철을 옮기고 있다. (**carry**)

07 어떤 여자가 스크린을 가리키고 있다. (**point**)

08 그는 그의 머리를 빗고 있다. (**comb**)

09   어떤 남자가 머리를 자르고 있다. (**have+사람+cut**)

10   어떤 여자가 주방용구에 손을 뻗고 있다. (**reach for / utensil**)

11   소녀는 가방 쪽으로 몸을 구부리고 있다. (**bend over**)

12   그는 서류를 넘기고 있다. (**page through**)

13   그들은 하이킹 장비를 포장하고 있다. (**pack**)

14   그들은 쓰레기를 버리고 있다. (**discard**)

15   그들은 박스 속 물품을 옮기고 있다. (**transport**)

16   그녀는 안경을 닦고 있다. (**wipe**)

 점진적 구간반복 MP3 녹음파일을 듣고,
단계별로 끊어서 소리나는대로 한글로 적어봅시다. 

01
① The women are __________________
② The women are __________________ __________________ .

02
① He is __________________
② He is __________________ __________________ .

03
① They're __________________
② They're __________________ __________________ .

04
① She is __________________
② She is __________________ __________________ .

05
① He is __________________
② He is __________________ __________________ .

06
① The women are __________________
② The women are __________________ __________________ .

07
① A woman is ______________________
② A woman is ______________________ ______________________ .

08
① He is ______________________
② He is ______________________ ______________________ .

09
① One man is ______________________
② One man is ______________________ ______________________ .

10
① One woman is ______________________
② One woman is ______________________ ______________________ .

11
① The girl is ______________________
② The girl is ______________________ ______________________ .

12
① He is ______________________
② He is ______________________ ______________________ .

13
① They are ______________________
② They are ______________________ ______________________ .

14
① They're ______________________
② They're ______________________ ______________________ .

15
① They're ______________________
② They're ______________________ ______________________ .

16
① She's ______________________
② She's ______________________ ______________________ .

Drill 02 보다 류

01 A man is looking into a store window.
02 A customer is examining a purse.
03 Some people are studying the menus.
04 Children are looking at a book that's open.
05 He is looking at the ceiling.
06 He is taking a memo from the board.
07 One man is viewing a sculpture with his arms crossed.

소리포인트

① 각각의 동사에 주목하며 듣는다. ② 5번의 ceiling 같은 단어는 자주 출제되는 단어이므로 소리로 익혀둔다. ③복문구조이거나 비교적 긴 문장에 해당하는 4번과 7번 문장은 반드시 점진적 구간반복 mp3 파일을 들어본다.

해석과 단어

01 어떤 남자가 가게 창문을 들여다 보고 있다. (**look into**)
02 손님은 지갑을 점검하고 있다. (**examine**)
03 몇몇 사람들이 메뉴를 보고 있다. (**study**)
04 아이들이 펼쳐진 책을 보고 있다. (**look at**)
05 그는 천장을 보고 있다. (**ceiling**)
06 그는 게시판으로부터 메모를 하고 있다. (**take memo / board**)
07 한 남자가 팔짱을 낀 채 조각을 바라보고 있다. (**view**)

 점진적 구간반복 MP3 녹음파일을 듣고,
단계별로 끊어서 소리나는대로 한글로 적어봅시다. 

01
① A man is ________________
② A man is ________________ ________________ .

02
① A customer is ________________
② A customer is ________________ ________________ .

03
① Some people are _______________________
② Some people are _______________________ _______________________ .

04
① Children are _______________________
② Children are _______________________ _______________________ .

05
① He is _______________________
② He is _______________________ _______________________ .

06
① He is _______________________
② He is _______________________ _______________________ .

07
① One man is _______________________
② One man is _______________________ _______________________ .

Drill 03 쌓다/얹다/선반류

01 She is piling bricks on the shelves.

02 Some lumber is being stacked.

03 Trays have been stacked at a counter.

04 They're putting some items on the display shelves.

05 Boxes are stacked in the room.

06 Boxes are stacked next to some plants.

07 Shelves are being stacked in a store.

소리포인트

① 동사 pile, stack(쌓다)은 토익 **Part1**에서 매우 자주 출제되는 단어이므로 반드시 소리를 익혀두어야 한다. ② 명사지만 shelves(선반), lumber(목재)도 매우 자주 출제되는 단어이므로 반드시 알아두자. ③ 현재 쌓여지고 있는 동작인지, 오래전부터 쌓여져 있는 상태인지 시제를 통하여 구별하는 것도 핵심 포인트이다.(5-05참조)

01 그녀는 선반 위에 벽돌을 쌓고 있다. (**pile / shelves**)
02 목재가 현재 쌓여지고 있다. (**lumber / stack**)
03 계산대에 쟁반이 쌓여져 있다.(**be stacked**)
04 그들은 전시선반에 몇몇 아이템을 놓고 있다. (**put**)
05 박스들이 방 안에 쌓여져 있는 상태이다.(**be stacked**)
06 박스들이 식물 옆에 쌓여져 있는 상태이다. (**be stacked**)
07 상점에 선반들이 지금 막 쌓여지고 있다. (**shelves / be stacked**)

 점진적 구간반복 MP3 녹음파일을 듣고,
단계별로 끊어서 소리나는대로 한글로 적어봅시다.

01
① She is ___________________
② She is ___________________ ___________________ .

02
① Some ___________________
② Some ___________________ ___________________ .

03
① Trays ___________________
② Trays ___________________ ___________________ .

04
① They're ___________________
② They're ___________________ ___________________
③ They're ___________________ ___________________ ___________________ .

05
① Boxes are ___________________
② Boxes are ___________________ ___________________ .

06
① Boxes are ___________________
② Boxes are ___________________ ___________________ .

07
① Shelves are _______________________
② Shelves are _______________________ _______________________ .

Drill 04 놓다 류

01 He is placing the dishes on the counter.
02 Drinks are being placed on the table.
03 Food is being set on the tray.
04 A stage is being set for a concert.
05 Produce has been sorted into containers.
06 Customers are selecting some produce.
07 The files are on the table.
08 The doctor is putting on her lab coat.
09 Cups are being placed on the counter.

소리포인트

① 5번에서 **produce**는 **product**와 달리, '농작물'을 의미한다. ② **container**는 수출입용 콘테이너 박스가 아니라 '담는 용기/그릇'을 뜻하므로, 반드시 소리로 익혀둔다. 그리고 ③ 8번의 **put on**은 **put**(놓다)과 달리 '입어 보다'라는 뜻이다.(5–13 참조)

해석과 단어

01 그는 계산대 위에 접시를 올려 놓고 있다. (**place**)
02 마실 것들이 테이블 위에 놓여지고 있다. (**be placed**)
03 음식이 쟁반 위에 세팅되어 지고 있다. (**be set**)
04 콘서트를 위해 무대가 세팅되어 지고 있다. (**be set**)
05 농작물들이 담는 용기로 분류되어 있다. (**produce / container**)
06 손님들이 야채거리를 고르고 있다. (**select**)
07 서류철이 테이블 위에 있다. (**be**)
08 박사가 그녀의 실험복을 입어 보는 중이다. (**put on**)
09 컵들이 계산대 위에 놓여지고 있다. (**be placed**)

점진적 구간반복 MP3 녹음파일을 듣고,
단계별로 끊어서 소리나는대로 한글로 적어봅시다.

01
① He is __________
② He is __________ __________ .

02
① Drinks are __________
② Drinks are __________ __________ .

03
① Food is __________
② Food is __________ __________ .

04
① A stage is __________
② A stage is __________ __________ .

05
① Produce has __________
② Produce has __________ __________ .

06
① Customers are __________
② Customers are __________ __________ .

07
① The __________
② The __________ __________ .

08
① The doctor is __________
② The doctor is __________ __________ .

09
① Cups are __________
② Cups are __________ __________ .

01 Some shops are lining the road.

02 There are lights lining the street.

03 They are lining up at the bus stops.

04 A row of seats is in front of some glass.

05 A line of customers has formed near the counter.

06 There is a line of trees along the street.

07 The people are seated in a straight row.

소리포인트

① 토익 **Part1**에서 '줄지어 늘어서 있는' 사진이 매우 자주 출제되므로, **1, 2**번처럼 line the road/street(길을 따라 늘어서 있다)라는 능동태 표현이 있다는 사실을 알아두어야 한다. ② **3**번의 line up(줄을 서다)도 익혀둔다. ③ line이 동사로 쓰이지 않고 **5, 6**번의 a line of처럼 형용사구로 쓰일 수도 있다. 또한 ④ sit과 seat의 소리를 익혀두는 것이 필요하다. ⑤ **2**번의 **there are**(~이 있다)와 **3**번의 **they are**(그들이 ~이다)도 소리로 구분해 본다.

해석과 단어

01   상점 몇 개가 길을 따라 늘어서 있다. (**line the road**)
02   가로등이 길을 따라 늘어서 있다. (**there be / line the street**)
03   그들이 버스정류장에 줄지어 늘어서 있다. (**line up**)
04   일렬로 늘어선 좌석들이 유리 앞에 있다. (**a row of**)
05   줄지어 선 손님들이 계산대 옆에 형성되어 있다. (**form**)
06   길을 따라 줄지어진 가로수가 있다. (**there be**)
07   사람들이 일렬로 앉아 있다. (**be seated**)

 점진적 구간반복 MP3 녹음파일을 듣고,
단계별로 끊어서 소리나는대로 한글로 적어봅시다. 

01
① Some shops are _______________________
② Some shops are __________________________________ .

02
① There _________________
② There _________________ _________________
③ There _________________ _________________ _________________.

03
① They _________________
② They _________________ _________________
③ They _________________ _________________ _________________.

04
① A row of _________________
② A row of _________________ _________________.

05
① A line of customers _________________
② A line of customers _________________ _________________.

06
① There is _________________
② There is _________________ _________________.

07
① The people are _________________
② The people are _________________ _________________.

Drill 06 앉다 류

01 Both men are seated at the desk.
02 He is sitting behind the counter.
03 An assortment of items sits on the shelves.
04 Some people are seated on a bench.
05 One man is sitting on a couch.
06 One woman is leaning on the counter.
07 She's kneeling on the ground.

① 1번에서 **be seated**는 수동태로서 '앉아 있다'는 의미이다. ② 3번의 **assortment**(어썰트먼트)의 발음이 중요하다. 어'절'트먼트가 아니라 어'썰'트먼트이다. ③ 3번처럼 **sit**가 무생물 주어를 취하는 능동태로 쓰일 수 있어서, 결과적으로 **sit on**은 '놓여 있다'는 의미가 된다. ④ couch(긴 의자)와 counter(계산대)의 발음도 익혀둔다.

해석과 단어

01 두 사람이 책상에 앉아 있다. (**be seated**)
02 그는 계산대 뒤에 앉아 있다. (**sit**)
03 여러 종류의 물품들이 선반 위에 앉아(놓여) 있다.(**sit**)
04 몇몇 사람들이 벤치에 앉아 있다.(**be seated**)
05 한 사람이 긴 의자에 앉아 있다.(**sit / couch**)
06 한 여자가 계산대에 기대어 있다. (**lean**)
07 그녀는 땅에 무릎을 꿇고 있다. (**kneel**)

 점진적 구간반복 MP3 녹음파일을 듣고, 단계별로 끊어서 소리나는대로 한글로 적어봅시다. 

01
① Both men are ___________________
② Both men are ___________________ ___________________ .

02
① He is ___________________
② He is ___________________ ___________________ .

03
① An assortment of items ______________
② An assortment of items ___________________ ___________________ .

04
① Some people are ___________________
② Some people are ___________________ ___________________ .

05
① One man is ___________________
② One man is ___________________ ___________________ .

06
① One woman is ___________________
② One woman is ___________________ ___________________ .

07
① She's ___________________
② She's ___________________ ___________________ .

Drill 07 도로/바닥 류

01 The street is being paved with stones.
02 The people are rushing down the pavement.
03 The floor is being covered with a carpet.
04 The carpet covers the floor in the room.
05 The floor is being polished.

소리포인트

① **pave**(포장하다) 동사를 익혀둔다. ② 이미 포장되어져 있는 상태인지, 현재 포장되는 중인지 시제를 통하여 구분하는 것에 주의한다. (5-05 참조)

해석과 단어

01 길거리가 돌로 포장되고 있는 도중이다. (**be paved with**)
02 사람들이 포장도로를 향해 돌진해 내려가고 있다. (**rush down**)
03 방바닥이 카페트로 덮여 지고 있는 중이다. (**be covered with**)
04 카페트가 방바닥을 덮고 있다. (**cover**)
05 방바닥이 닦여지고 있다. (**be polished**)

점진적 구간반복 MP3 녹음파일을 듣고, 단계별로 끊어서 소리나는대로 한글로 적어봅시다.

01
① The street is ___________________
② The street is ___________________ ___________________ .

| 02 | ① The people are __________________ |
| | ② The people are __________________ __________________ . |

| 03 | ① The floor is __________________ |
| | ② The floor is __________________ __________________ . |

| 04 | ① The carpet __________________ |
| | ② The carpet __________________ __________________ . |

| 05 | ① The floor is __________________ |
| | ② The floor is __________________ __________________ . |

Drill 08 sign발음 류

01 A woman is signing a contract.
02 She is looking at a sign.
03 There's a sign next to a lamp post.
04 Signs are being hung up on poles.
05 A sign is being posted on the wall.

소리포인트

① **sign**은 발음은 쉬우나 Part1에서 여러 가지 뜻으로 출제되고 있어, **sign**이 들리는 순간 주의해야 한다. 1번처럼 '서명하다'로 출제되는 경우와 3번처럼 '간판'으로 출제되는 경우가 있다. ② 3번에서 lamp post는 '가로등 기둥'을 의미한다. '새끼양'이라는 뜻의 lamb과 발음상 구별해야 하나, 토익에서 '새끼양'이 출제된 경우는 거의 없다.

해석과 단어

01 어떤 여자가 계약서에 싸인을 하고 있다. (**sign**:서명하다)
02 그녀는 간판을 바라보고 있다. (**look at**)
03 가로등 옆에 간판이 있다. (**there be**)
04 간판들이 기둥 위에 지금 막 걸리고 있다. (**be hung / pole**)
05 간판이 벽면 위에 지금 막 붙여지고 있다. (**be posted**)

점진적 구간반복 MP3 녹음파일을 듣고,
단계별로 끊어서 소리나는대로 한글로 적어봅시다.

01
① A woman is _______________
② A woman is _______________ _______________ .

02
① She is _______________
② She is _______________ _______________ .

03
① There's _______________
② There's _______________ _______________ .

04
① Signs are _______________
② Signs are _______________ _______________ .

05
① A sign is _______________
② A sign is _______________ _______________ .

Drill 09 모이다 류

01 A crowd is assembled under the trees.
02 They're facing each other.
03 They're gathered in the gallery.
04 One person is standing apart from the crowd.
05 All of the seats are occupied by spectators.

소리포인트

① **Part1**에 전형적으로 자주 출제되는 동사인 **be assembled**(모이다), **face**(마주하다), **be gathered**(모이다), **stand**(서다), **be occupied**(자리를 차지하다) 동사의 발음을 소리로 익혀둔다.

01 군중들이 나무 아래 모여 있다. (**be assembled**)
02 그들은 서로 마주보고 있다. (**face**)
03 그들은 갤러리에 모여 있다. (**be gathered**)
04 한 사람이 군중들과 떨어져서 서있다. (**stand apart from**)
05 모든 의자들이 구경꾼들에 의해 차지되어 있다. (**be occupied**)

점진적 구간반복 MP3 녹음파일을 듣고,
단계별로 끊어서 소리나는대로 한글로 적어봅시다.

01
① A _______________
② A _______________ _______________ .

02
① They're _______________
② They're _______________ _______________ .

03
① They're _______________
② They're _______________ _______________ .

04
① One _______________
② One _______________ _______________ .

05
① All _______________
② All _______________ _______________ .

Drill 10 걸다 류

01 They're hanging pictures on the wall.
02 Some clothes are hanging on a rack.
03 One man is hanging a painting on the wall.

04 A bulletin board is being hung up.

05 A bridge is suspended over a stream.

① 1번의 **wall**이 '울'에 가깝게 들려서 **wool**로 오해하기 쉽다. ② 2번의 **rack**(옷걸이)도 소리로 익혀둔다. ③ 1, 2, 3번처럼 현재분사로 쓰인 **be hanging**과 4번처럼 과거분사로 쓰인 **be hung up**에서 불규칙하게 변화하는 **hang**동사를 잘 기억해두어야 한다.

01 그들은 벽에 그림을 걸고 있다. (**hang**)

02 몇몇 옷들이 옷걸이에 걸려 있다. (**hang on / rack**)

03 한 남자가 그림을 벽에 걸고 있다. (**hang / painting**)

04 게시판이 걸려 있다. (**be hung up**)

05 다리가 강물 위에 걸쳐져 있다. (**suspend**)

점진적 구간반복 MP3 녹음파일을 듣고,
단계별로 끊어서 소리나는대로 한글로 적어봅시다.

01
① They're ___________________
② They're ___________________ ___________________ .

02
① Some ___________________
② Some ___________________ ___________________ .

03
① One ___________________
② One ___________________ ___________________ .

04
① A ___________________
② A ___________________ ___________________ .

05
① A ___________________
② A ___________________ ___________________ .

01 A vehicle is parked at a station.

02 A motor vehicle is being dismantled.

03 She is pushing a wheelbarrow.

04 The contents are being put into a van.

05 Logs are being loaded onto the vehicle.

06 The man is covering a motorcycle.

07 The man is replacing a tire.

08 The man is repairing a car raised in the air.

09 A car is parked in front of the house.

10 Logs are stacked in a truck.

11 A truck is hauling a load of logs.

12 Cartons are stacked in the back of a vehicle.

13 Construction vehicles are parked outside.

소리포인트

① **Part1**에서 차량, 트럭이 등장하는 사진은 매우 자주 출제되는 편이다. 그래서 짐에 해당하는 **contents**(내용물), **cartons**(상자), **log**(통나무) 등의 단어가 중요하다.
② 특히 5번에서 **logs**가 **large**처럼 들리기도 하니 주의한다.

해석과 단어

01 차량이 정거장에 주차되어 있다. (**be parked**)

02 오토바이가 지금 막 분해되고 있다. (**be dismantled**)

03 그녀는 손수레를 밀고 있다. (**push / wheelbarrow** : 손수레)
    [참고] **steering wheel** : 자동차 핸들

04 내용물들이 지금 막 화물차로 실려지고 있다. (**be put**)

05 통나무들이 차량으로 지금 막 실려지고 있다. (**be loaded**)

06 남자가 오토바이를 덮고 있다. (**cover**)

07 남자가 타이어를 교체하고 있다. (**replace**)

08 남자가 공중으로 들어올려진 차량을 수리하고 있다. (**repair**)

09 차량이 집 앞에 세워져 있다. (**be parked**)

10 통나무들이 트럭 안에 쌓여져 있다. (**be stacked**)

11 트럭은 통나무들을 힘들여끄는 중이다. (**haul** : 힘들여끌다)

12 상자들이 차량 뒤쪽에 쌓여져 있다. (**be stacked**)

13 건설 차량이 실외에 세워져 있다. (**be parked**)

 점진적 구간반복 MP3 녹음파일을 듣고,
단계별로 끊어서 소리나는대로 한글로 적어봅시다. 

01
① A vehicle is ___________________
② A vehicle is ___________________ ___________________ .

02
① A motor vehicle is ___________________
② A motor vehicle is ___________________ ___________________ .

03
① She is ___________________
② She is ___________________ ___________________ .

04
① The contents are ___________________
② The contents are ___________________ ___________________ .

05
① Logs are ___________________
② Logs are ___________________ ___________________ .

06
① The man is ___________________
② The man is ___________________ ___________________ .

07
① The man is ___________________
② The man is ___________________ ___________________ .

08
① The man is ___________________
② The man is ___________________ ___________________ .

| 09 | ① A car is _______________ |
| | ② A car is _______________ _______________ . |

| 10 | ① Logs are _______________ |
| | ② Logs are _______________ _______________ . |

| 11 | ① A truck is _______________ |
| | ② A truck is _______________ _______________ . |

| 12 | ① Cartons are _______________ |
| | ② Cartons are _______________ _______________ . |

| 13 | ① Construction vehicles _______________ |
| | ② Construction vehicles _______________ _______________ . |

Drill 12 타고 내리는 류

01 He is boarding the train.
02 People are disembarking from a boat.
03 Some passengers are getting off the bus.
04 Some people are getting out of the car.
05 An airplane is taxing down a runway.

소리포인트

① 탈 것을 타고 내리는 동작을 의미하는 **board, disembark, embark, get off, get out of** 등의 동사는 소리로 익혀둔다. ② 이 중 의외로 **embark**와 **disembark**가 비행기 사진과 더불어 자주 출제되는 전형적 토익단어이다. ③ 5번에서 **taxi**는 동사로 쓰인 것이다.

01 그는 기차에 탑승하고 있다. (**board**)
02 사람들은 보트에서 내리고 있다. (**disembark**)
03 승객들이 버스에서 나오고 있다. (**get off**)
04 몇몇 사람들이 차에서 나오고 있다. (**get out of**)
05 비행기가 활주로를 따라 활주하고 있다. (**taxi down**:이륙 전/착륙 후에 천천히 달리다)

 점진적 구간반복 MP3 녹음파일을 듣고,
단계별로 끊어서 소리나는대로 한글로 적어봅시다. 

01
① He is ______________________
② He is ______________________ ______________________ .

02
① People are ______________________
② People are ______________________ ______________________ .

03
① Some passengers are ______________________
② Some passengers are ______________________ ______________________ .

04
① Some people are ______________________
② Some people are ______________________ ______________________ .

05
① An airplane is ______________________
② An airplane is ______________________ ______________________ .

Drill 13 전등 류

01 The lamps are on both sides of the plant.
02 A lamp has been placed on the floor.

03 Street lamps are lit up along the road.
04 Light fixtures are being installed in the ceiling.
05 Lights are hanging from the ceiling.
06 The lamp is behind the curtain.
07 Lights are hanging above the crowd.
08 The lamp is in the center of the room.

① 전등을 의미하는 **lamp**와 새끼양을 의미하는 **lamb**의 발음을 반드시 구분한다. 다만, 토익 Part1에서는 lamb이 출제될 가능성은 높지 않으므로, 비슷한 발음이 들리면 일단 '전등'으로 생각한다. ② 아울러 '천장'을 의미하는 **ceiling**은 반드시 알아두어야 할 토익단어이다.

01 전등들이 식물 양쪽에 있다. (**be on**)
02 어떤 전등이 바닥 위에 놓여져 있다. (**be placed**)
03 가로등들이 길을 따라 켜져 있다. (**be lit up**)
04 전열기구가 천장에 지금 막 설치되는 중이다. (**be installed / ceiling**)
05 전등들이 천장에 매달려 있다. (**hang**)
06 전등이 커튼 뒤에 있다. (**be behind**)
07 전등들이 군중들 머리 위에 걸려 있다. (**hang above**)
08 전등이 방 한가운데에 있다. (**be in the center of**)

 점진적 구간반복 MP3 녹음파일을 듣고,
단계별로 끊어서 소리나는대로 한글로 적어봅시다.

01
① The lamps are ___________________
② The lamps are ___________________ ___________________ .

02
① A lamp has ___________________
② A lamp has ___________________ ___________________ .

03
① Street lamps are _______________
② Street lamps are _______________ _______________ .

04
① Light fixtures are _______________
② Light fixtures are _______________ _______________ .

05
① Lights are _______________
② Lights are _______________ _______________ .

06
① The lamp is _______________
② The lamp is _______________ _______________ .

07
① Lights are _______________
② Lights are _______________ _______________ .

08
① The _______________
② The _______________ _______________ .

Drill 14 전등 이외의 실내가구 류

01 A drawer has been left open.

02 A vase has been filled with flowers.

03 Two sofas are positioned opposite each other.

04 Chairs have been placed outdoors.

05 Pillows are placed in the corner of the room.

06 A chair is placed in the corner of the room.

07 Pillows are spread out on a sofa.

① **Part 1, 2**에서 **be left**가 들리면 '사람이 떠나다'가 아니라, '남겨진 채로 떠나다/남겨두다'의 의미이다. ② 아울러 **drawer**(서랍)라는 단어도 자주 출제되므로 소리로 익혀둔다. ③ **vase**(화병)와 **base**(야구 베이스)도 구별해야 하나 **Part1**에서는 무조건 **vase**가 출제된다.

01   서랍이 열린 채로 남겨져 있다. (**drawer / be left**)
02   화병이 꽃들로 가득 차 있다. (**be filled with**)
03   두 개의 소파가 서로 마주보도록 놓여있다. (**be positioned**)
04   의자들이 실외에 놓여져 있다. (**be placed**)
05   베개들이 방 구석에 놓여 있다. (**be placed**)
06   의자가 방 구석에 놓여 있다. (**be placed**)
07   베개들이 소파에 널브러져 있다. (**be spread out**)

점진적 구간반복 MP3 녹음파일을 듣고,
단계별로 끊어서 소리나는대로 한글로 적어봅시다.

01
① A drawer has ___________________
② A drawer has ___________________ ___________________ .

02
① A vase has ___________________
② A vase has ___________________ ___________________ .

03
① Two sofas are ___________________
② Two sofas are ___________________ ___________________ .

04
① Chairs have ___________________
② Chairs have ___________________ ___________________ .

05
① Pillows are ___________________
② Pillows are ___________________ ___________________ .

06 ① A chair is ________________ ________________
   ② A chair is ________________ ________________ ________________ .

07 ① Pillows are ________________
   ② Pillows are ________________ ________________ .

Drill 15 입고 벗는 류

01 She is wearing a jacket.

02 The clothing has been put on hangers.

03 They're removing the coats.

04 She is wearing a long-sleeved shirt.

05 She is taking off a pair of gloves.

06 Musicians are dressed in matching uniforms.

07 A hat is shielding the woman's face from the sun.

08 The doctor is putting on her lab coat.

소리포인트

① 상태인 **wear**(입다)와 동작인 **put on**(입어 보다)을 구별하는 문제가 자주 출제된다.(5–13참조) ② 반소매나 민소매셔츠를 입은 사람의 사진을 제시하고 4번처럼 long–sleeved shirt(긴소매셔츠)를 묻는 문제도 출제될 수 있다. 한편, ③ **lab coat**(실험복)는 흰 가운을 입은 사람들이 실험실에서 작업하는 사진에서 **microscope**(현미경사진), **protective gloves**(보호용 장갑), **safety equipment**(안전장비)와 함께 자주 출제되므로 발음을 익혀둔다. ④ 7번의 **hat is**부분을 굴리다 보니 t가 약화되어 거의 **head is**로 들린다.

해석과 단어

01   그녀는 재킷을 입고 있다. (**wear**)

02   옷들이 옷걸이에 걸려 있다. (**be put on**: 놓여있다)

03   그들은 코트를 벗고 있다. (**remove**)

04   그녀는 긴소매 셔츠를 입고 있다. (**wear**)

05   그녀는 장갑을 벗고 있다. (**take off**)

06   음악가들은 똑같은 옷을 맞춰 입고 있다. (**be dressed in**)

07 모자가 그녀의 얼굴을 태양으로부터 가리고 있다.(**shield**)
08 박사가 그녀의 실험복을 입어 보는 중이다. (**put on**)

 점진적 구간반복 MP3 녹음파일을 듣고,
단계별로 끊어서 소리나는대로 한글로 적어봅시다. 

01
① She is ______________________
② She is ______________________ ______________________ .

02
① The clothing has ______________________
② The clothing has ______________________ ______________________ .

03
① They're ______________________
② They're ______________________ ______________________ .

04
① She is ______________________
② She is ______________________ ______________________ .

05
① She is ______________________
② She is ______________________ ______________________ .

06
① Musicians are ______________________
② Musicians are ______________________ ______________________ .

07
① A hat is ______________________
② A hat is ______________________ ______________________ .

08
① The doctor is ______________________
② The doctor is ______________________ ______________________ .

Drill **16** label동사 류

01 He is labeling some grocery items in a store.

02 Boxes are being labeled on an assembly line.

소리포인트

우리가 흔히 '라벨'이라고 읽는 **label**이 ① 동사로 쓰일 수도 있다는 사실, 그리고 ② 그 발음이 '레이블'이라는 사실에 주목한다.

해석과 단어

01 그는 상점 안의 채소 품목들에 라벨을 붙이고 있다. (**label**)

02 박스들이 지금 막 조립 라인에서 라벨이 붙여지고 있다. (**be labeled / assembly line**)

 점진적 구간반복 MP3 녹음파일을 듣고,
단계별로 끊어서 소리나는대로 한글로 적어봅시다. 

01
① He is ___________________
② He is ___________________ ___________________ .

02
① Boxes are ___________________
② Boxes are ___________________ ___________________ .

Drill **17** 전자용품 류

01 The computers are switched off.

02 The computer monitors are being turned off.

03 The woman is turning on a computer.

소리포인트

① 전원을 켜고 끄는 **switch off, turn on, turn off** 동사의 발음을 익혀둔다.

071

해석과 단어

01 컴퓨터의 전원이 꺼져 있다. (**be switched off**)
02 지금 막 모니터들이 꺼지고 있다. (**be turned off**)
03 여자가 컴퓨터를 켜고 있다. (**turn on**)

 점진적 구간반복 MP3 녹음파일을 듣고,
단계별로 끊어서 소리나는대로 한글로 적어봅시다. 

01
① The ________________________
② The ________________________ ________________ .

02
① The computer monitors are ________________
② The computer monitors are ________________ ____________ .

03
① The woman is ________________
② The woman is ________________ ________________ .

Drill 18 준비/정렬 류

01 She is preparing loaves of bread in a kitchen.
02 She is arranging a baked good on a tray.
03 Some equipment is being arranged up on the stage.

소리포인트

① loaf(덩어리)의 복수인 loaves를 leaf(잎)의 복수인 leaves와 구별하도록 한다.
또, ② 형용사화된 현재분사로 쓰이면서 뒤의 명사를 수식하는 baked의 발음도 듣기 어렵다.

해석과 단어

01 그녀는 부엌에서 빵 덩어리를 준비하고 있다. (**prepare**)
02 그녀는 쟁반에 구운 빵을 정리하고 있다. (**arrange**)
03 약간의 장비가 무대 위에서 지금 막 정리되고 있다. (**be arranged**)

점진적 구간반복 MP3 녹음파일을 듣고,
단계별로 끊어서 소리나는대로 한글로 적어봅시다.

01
① She is ___________________
② She is ___________________ ___________________ .

02
① She is ___________________
② She is ___________________ ___________________ .

03
① Some equipment is ___________________
② Some equipment is ___________________ ___________________ .

Drill 19 가득차다/채우다 류

01 A bucket is being filled with liquid.
02 The woman is filling her glass.

소리포인트

① fill동사가 2번처럼 능동태 문장으로 쓰인 경우와 1번처럼 수동태 문장으로 쓰인 경우 모두를 익혀 둔다. 또, 수동태로 쓰이려면 전치사 with와 함께 쓰인다는 사실도 알아두자. ② 사물만 있는 사진에서 '동작'을 의미하는 being이 들리면 오답이라는 5-05의 내용도 다시 한 번 확인한다.

해석과 단어

01 바구니가 지금 막 액체로 채워지고 있다. (be filled with)
02 여자가 그녀의 물잔을 채우고 있다. (fill)

점진적 구간반복 MP3 녹음파일을 듣고,
단계별로 끊어서 소리나는대로 한글로 적어봅시다.

01
① A bucket is ________________________
② A bucket is ________________________ ________________________ .

02
① The woman is ________________________
② The woman is ________________________ ________________________ .

Drill 20 건설현장 류

01 The man is standing on a ladder next to a building.

02 A scaffold has been erected outside the building.

03 Some banners are being put up on the brick wall.

04 Some tires are being replaced.

05 They are lowering some buckets to the ground.

06 They're working on the side of the buildings.

07 They're tying some ropes to the top of the structures.

08 A man is shoveling snow beside his car.

09 A man is using a shovel to dig a hole.

10 They are stacking some wood into piles.

소리포인트

① **scaffold**(공사발판), **erect**(세우다), **lower**(낮추다), **tie**와 그 현재분사인 **tying**(묶다), **shovel**(삽질하다)의 발음에 유념한다. ② **Part1**에서 공사현장의 사진도 매우 자주 출제되는 사진 중 하나이다.

해석과 단어

01 한 남자가 건물 옆 사다리 위에서 서있다. (**stand**)

02 건설공사장 발판이 건물 바깥쪽에 세워져 있다. (**scaffold / be erected**)

03 몇몇 현수막들이 벽돌담에 걸리고 있다. (**be put up**)

04 몇몇 타이어들이 지금 막 교체되고 있다. (**be replaced**)

05 그들은 양동이를 땅으로 내리고 있다. (**lower**)

06 그들은 빌딩 한 편에서 일하고 있다. (**work**)

07 그들은 구조물의 꼭대기에 로프를 매고 있다.(**tying**은 **tie**의 현재분사)

08 어떤 남자가 자동차 옆에서 눈을 퍼내고 있다. (**shovel** : 삽질하다)

09 어떤 남자가 구멍을 파기 위해 삽을 쓰고 있다. (**use**)

10 그들은 목재를 쌓고 있다. (**stack**)

 점진적 구간반복 MP3 녹음파일을 듣고,
단계별로 끊어서 소리나는대로 한글로 적어봅시다. 

01
① The man is ___________________
② The man is ___________________ ___________________ .

02
① A scaffold has ___________________
② A scaffold has ___________________ ___________________ .

03
① Some banners are ___________________
② Some banners are ___________________ ___________________ .

04
① Some tires are ___________________
② Some tires are ___________________ ___________________ .

05
① They are ___________________
② They are ___________________ ___________________ .

06
① They're ___________________
② They're ___________________ ___________________ .

07
① They're ___________________
② They're ___________________ ___________________ .

08 ① A man is __________________
    ② A man is __________________ __________________ .

09 ① A man is __________________
    ② A man is __________________ __________________ .

10 ① They are __________________
    ② They are __________________ __________________ .

Drill 21 식당 류

01 The women are pouring water into glasses.
02 The man is pouring produce into the container.
03 She is serving a meal to some guests.
04 Bottles are lined up on the conveyer belt.
05 They are putting on aprons.
06 Some refreshments are on the table.
07 Some bowls are lying on the floor.
08 One woman is handing money to a cashier.
09 The seafood is being weighed on a scale.

소리포인트

① 1, 2번의 **pour**(붓다) 동사도 자주 출제된다. ② 2번의 **container**(담는 그릇)는 수출입용 컨테이너 박스만을 의미하는 것이 아니다. ③ **Drill 05**에서 본 **line up**(줄서다)이 여기 4번에서처럼 다른 테마의 사진과 결합출제될 수 있다. ④ 5번에서 **aprons**(앞치마)의 발음에 유념하면서 듣는다. **apron**은 **lab coat**(실험복)처럼 보호장비(방사능을 가리는 납으로 된 실험용 앞치마)의 하나로 출제되기도 한다.

해석과 단어

01 여자들이 유리잔에 물을 붓고 있다. (**pour**)
02 남자가 담는 용기에 농산물을 붓고 있다. (**pour**)

03 그녀는 손님들에게 식사를 서빙하고 있다. (**serve**)

04 병들이 컨베이어 벨트에 줄지어져 서 있다. (**be lined up**)

05 그들은 앞치마를 입어 보는 중이다. (**put on**)

06 간식거리가 테이블 위에 놓여져 있다. (**be on**)

07 밥그릇이 방바닥 위에 놓여 있다. (**lying**은 **lie**의 현재분사)

08 한 여자가 출납계원에게 돈을 건네고 있다. (**hand**)

09 해산물이 저울 위에서 지금 막 무게가 재어지고 있다. (**be weighed**)

 점진적 구간반복 MP3 녹음파일을 듣고,
단계별로 끊어서 소리나는대로 한글로 적어봅시다. 

01
① The women are ___________________
② The women are ___________________ ___________________ .

02
① The man is ___________________
② The man is ___________________ ___________________ .

03
① She is ___________________
② She is ___________________ ___________________ .

04
① Bottles are ___________________
② Bottles are ___________________ ___________________ .

05
① They are ___________________
② They are ___________________ ___________________ .

06
① Some ___________________
② Some ___________________ ___________________ .

07
① Some bowls are ___________________
② Some bowls are ___________________ ___________________ .

08
① One woman is _______________________
② One woman is _______________________ _______________________ .

09
① The seafood is _______________________
② The seafood is _______________________ _______________________ .

Drill 22 설치 류

01 Some booths are being put up along the street.
02 A machine has been set on a desk.
03 He is adjusting the instrument.
04 A post is being put up on the grass.
05 Some notices are pinned to a bulletin board.
06 Notes are posted on a bulletin board.
07 Some notes have been written on a black board.
08 She is positioning a machine.

소리포인트

① 길거리 설치된 가설물 사진 중에서 자주 출제되는 명사는 **booth**(공중전화박스)와 **stand**(신문 가판대)이다. ② 5번의 **be pinned**와 6번의 **be posted**는 사실상 동의어로 쓰인 것이다. ③ 6, 7번에서 **note**가 들릴 때 '노트(공책)'를 생각하지 말고 쪽지나 메모를 떠올려야 한다. ④ 8번에서 **position**은 명사가 아니라 동사로 쓰인 것임에 주의한다.

해석과 단어

01 몇 개의 공중전화 부스가 길을 따라 지금 막 세워지고 있다. (**be put up**)
02 기계가 책상 위에 설치되어져 있다. (**be set**)
03 그는 악기(혹은 도구)를 조정(조율)하고 있다. (**adjust**)
04 기둥이 잔디 위에 지금 막 세워지고 있다. (**be put up**)
05 몇 개의 알림쪽지가 게시판에 핀으로 고정되어 있다. (**be pinned**)
06 노트쪽지가 게시판에 붙여져 있다. (**be posted**)
07 몇 개의 알림쪽지가 칠판 위에 씌여 있다. (**be written**)
08 그녀는 기계의 자리를 잡고 있다. (**position**)

 점진적 구간반복 MP3 녹음파일을 듣고,
단계별로 끊어서 소리나는대로 한글로 적어봅시다.

01
① Some booths are ____________________
② Some booths are ____________________ ____________________ .

02
① A machine has ____________________
② A machine has ____________________ ____________________ .

03
① He is ____________________
② He is ____________________ ____________________ .

04
① A post is ____________________
② A post is ____________________ ____________________ .

05
① Some notices are ____________________
② Some notices are ____________________ ____________________ .

06
① Notes are ____________________
② Notes are ____________________ ____________________ .

07
① Some notes have ____________________
② Some notes have ____________________ ____________________ .

08
① She is ____________________
② She is ____________________ ____________________ .

01 Some cartons are being emptied.
02 A display case has been emptied.
03 Boxes are unloaded from the truck.

소리포인트

① 자주 출제되는 토익 단어인 carton(상자)의 발음을 익혀둔다. cartoon(만화)으로 오해해서는 안 된다. ② 1번처럼 지금 막 비워지는 동작(현재진행시제의 수동태)과 2번처럼 비어 있는 상태(현재완료시제의 수동태)를 시제를 통해 구분할 줄 알아야 한다.(5–05 참조) ③ 2번에서 **has**는 **h**기 기의 들리지 않아 **as**에 가깝게 들린다.

해석과 단어

01 몇 개의 상자가 지금 막 비워지고 있다. (**be emptied**)
02 전시 케이스가 텅 비어 있는 상태이다. (**be emptied**)
03 트럭에서 박스들이 내려져 있다. (**be unloaded**)

 점진적 구간반복 MP3 녹음파일을 듣고,
단계별로 끊어서 소리나는대로 한글로 적어봅시다. 

01
① Some cartons are ______________________
② Some cartons are ______________________ ______________________ .

02
① A display case ______________________
② A display case ______________________ ______________________ .

03
① Boxes are ______________________
② Boxes are ______________________ ______________________ .

Drill 24 걷다 류

01 They're walking near some water.

02 Pedestrians are walking on a sidewalk.

03 The large group of people are exiting the stadium.

04 The woman is strolling along the beach.

소리포인트

walk의 동의어로서 **stroll**(산책하다)이 자주 출제된다. **pedestrians**(보행자)도 '페데스트리언'이라는 소리로 익혀둔다.

해석과 단어

01 그들은 물가에서 걷고 있다. (**walk**)

02 보행자들이 인도에서 걷고 있다. (**walk**)

03 많은 사람들이 경기장(스타디움)에서 나오고 있다. (**exit**)

04 여자가 해변을 따라 산책하고 있다. (**stroll**)

 점진적 구간반복 MP3 녹음파일을 듣고,
단계별로 끊어서 소리나는대로 한글로 적어봅시다.

01
① They're _______________
② They're _______________ _______________ .

02
① Pedestrians are _______________
② Pedestrians are _______________ _______________ .

03
① The large group of people _______________
② The large group of people _______________ _______________ .

04
① The woman is _______________
② The woman is _______________ _______________
_______________ .

01 She is climbing the stairs.

02 A poster is being attached to the railing.

03 Fences are being built next to the platform.

04 There are fences surrounding a house.

05 A railing runs along the edge of the street.

06 There is a staircase that goes down.

07 Shadows are being cast on the ground.

08 Flags are being flown on the top of a tower.

09 A clock is on the exterior of the building.

10 A horse is standing around the base of a tree.

11 A woman is sweeping a staircase.

12 Two houses are divided by a hedge.

13 Some houses are on top of a mountain.

14 Some flags are flying from the roofs.

15 Both gates have been left open.

16 Water is flowing out of the pipe.

17 A platform is across from the building.

18 A mirror is hanging between the windows.

19 The buildings are surrounded by a fence.

20 Buildings are facing a parking lot.

21 The clouds have settled onto the hilltop.

22 A sidewalk leads to a building.

23 There are different styles of railings on the balconies.

소리포인트

① stairs(계단), staircase(계단), railing(난간), fence(담장) 등의 명사는 토익 Part1에 매우 자주 출제되는 단어이므로 반드시 소리로 익혀둔다. ② face(마주하다), surround(둘러싸다) 등의 동사도 중요하다. ③ 풍경과 관련된 사진은 출제 단어가 다양하여, Part1에서 테크니컬하게 접근하기 가장 어려운 문제에 속한다. 따라서 여기 나온 동사 정도는 필수적으로 익혀놔야 한다.

해석과 단어

01 그녀는 계단을 올라가고 있다. (**climb**)

02 포스터가 난간에 지금 막 붙여지고 있다. (**be attached / railing**)

03 담장들이 플랫폼 옆에 지금 막 세워지고 있다. (**be built**)

04 집 주변을 둘러싸는 담장이 있다. (**There be**)

05 난간이 길 가장자리를 따라 쭉 뻗어 있다. (**run**)

06 내려가는 계단이 있다. (**There be / staircase**)

07 그림자가 땅으로 드리워져 있다. (**be cast**)

08 깃발이 타워 꼭대기에서 휘날리고 있다. (**be flown**)

09 시계가 빌딩의 외부에 있다. (**be on**)

10 말이 나무 아래 근처에 서 있다. (**stand**)

11 한 여자가 계단을 쓸고 있다. (**sweep**)

12 두 개의 집이 울타리에 의해 나뉘어 있다. (**be divided / hedge**：울타리)

13 몇몇 집들이 산 정상에 있다. (**be on**)

14 몇몇 깃발이 지붕에서 날리고 있다. (**fly**)

15 두 개의 문이 열려 있다. (**be left**)

16 물이 파이프관으로부터 나와 흐르고 있다. (**flow**)

17 플랫폼(기차역)이 빌딩 바로 맞은편에 있다. (**be across**) [across from : 바로 맞은편에]

18 거울이 창문 사이에 걸려 있다. (**hang**)

19 빌딩이 담장에 의해 둘러싸여 있다. (**be surrounded**)

20 빌딩이 주차장과 마주하고 있다. (**face**)

21 구름이 언덕 꼭대기에 머물고 있다. (**settle**：정착하다)

22 인도가 빌딩을 향해 이어져 있다. (**lead to**)

23 발코니 위에 여러 다른 스타일의 난간이 있다. (**There be / railing**)

 점진적 구간반복 MP3 녹음파일을 듣고,
단계별로 끊어서 소리나는대로 한글로 적어봅시다.

01
① She is ______________________
② She is ______________________ ______________________ .

02
① A poster is ______________________
② A poster is ______________________ ______________________ .

03
① Fences are ______________________
② Fences are ______________________ ______________________ .

04
① There are ___________________
② There are ___________________ ___________________ .

05
① A railing ___________________
② A railing ___________________ ___________________ .

06
① There is ___________________
② There is ___________________ ___________________ .

07
① Shadows are ___________________
② Shadows are ___________________ ___________________ .

08
① Flags are ___________________
② Flags are ___________________ ___________________ .

09
① A clock is ___________________
② A clock is ___________________ ___________________ .

10
① A horse is ___________________
② A horse is ___________________ ___________________ .

11
① A woman is ___________________
② A woman is ___________________ ___________________ .

12
① Two houses are ___________________
② Two houses are ___________________ ___________________ .

13
① Some houses are ___________________
② Some houses are ___________________ ___________________ .

14
① Some flags are ___________________
② Some flags are ___________________ ___________________ .

15
① Both gates ___________________
② Both gates ___________________ ___________________ .

16
① Water is ___________________
② Water is ___________________ ___________________ .

17
① A platform is ___________________
② A platform is ___________________ ___________________ .

18
① A mirror is ___________________
② A mirror is ___________________ ___________________ .

19
① The buildings are ___________________
② The buildings are ___________________ ___________________ .

20
① Buildings are ___________________
② Buildings are ___________________ ___________________ .

21
① The clouds have ___________________
② The clouds have ___________________ ___________________ .

22
① A sidewalk ___________________
② A sidewalk ___________________ ___________________ .

23
① There are ___________________
② There are ___________________ ___________________ .

01 She is watering the lawn.

02 Grass is being watered.

03 Trees are being sprayed with a garden hose.

04 Trees are being planted in a garden.

05 There're dried leaves on the ground.

06 He is trimming the bushes.

07 The man is raking leaves on the ground.

08 Leaves are being swept off the ground.

09 Some plants are being tied to a frame.

10 Children are lying on the grass.

11 Some fruit has fallen onto the ground.

12 Bushes are being planted next to a road.

13 The bush is being watered.

소리포인트

① **water**가 동사로 쓰이면 '물을 주다'라는 뜻이 있는데, 이것이 자주 출제된다. **watering**이 영국발음으로는 '우터링'이다. ② **1**번의 **lawn**(잔디)을 **loan**(대출)으로 착각하지 않도록 한다. ③ **bush**는 '관목'이라는 뜻으로, **tree**의 동의어라고 생각하면 된다. **tree**나 **bush**는 **trim**(가지치다)과 더불어 자주 출제된다.

해석과 단어

01 그녀는 잔디에 물을 주고 있다. (**water / lawn**)

02 풀에 물이 뿌려지고 있다. (**be watered**)

03 나무에 정원 호스로 지금 막 물이 뿌려지고 있다. (**be sprayed**)

04 나무가 정원에 지금 막 심어지고 있다. (**be planted**)

05 땅 위에 마른 나뭇잎이 있다. (**There be**)

06 그는 나뭇가지를 치고 있다. (**trim**)

07 한 남자가 땅 위의 나뭇잎을 긁어모으고 있다. (**rake**)

08 나뭇잎들이 땅 위에서 지금 막 쓸어지고 있다. (**be swept off**)

09 몇몇 식물들이 지금 막 틀에 묶이고 있다. (**be tied**)

10 아이들이 잔디 위에 누워있다. (**lie**의 현재분사 **lying**)

11 몇몇 과일들이 땅으로 떨어져 있다. (**fall**)

12 나무가 길 옆 도로에 지금 막 심어지고 있다. (**be planted**)

13 나무에 물이 뿌려지고 있다. (**be watered**)

01
① She is _______________
② She is _______________ _______________ .

02
① Grass is _______________
② Grass is _______________ _______________ .

03
① Trees are _______________
② Trees are _______________ _______________ .

04
① Trees are _______________
② Trees are _______________ _______________ .

05
① There're _______________
② There're _______________ _______________ .

06
① He is _______________
② He is _______________ _______________ .

07
① The man is _______________
② The man is _______________ _______________ .

08
① Leaves are _______________
② Leaves are _______________ _______________ .

09
① Some plants are _______________
② Some plants are _______________ _______________ .

10	① Children are _____________________ ② Children are _____________________ _____________________ .

11	① Some fruit has _____________________ ② Some fruit has _____________________ _____________________ .

12	① Bushes are _____________________ ② Bushes are _____________________ _____________________ .

13	① The bush is _____________________ ② The bush is _____________________ _____________________ .

Drill 27 전시 류

01 Some clothes are displayed at a shop.

02 They're purchasing some artworks.

03 They're paying for the purchases.

04 Some artwork is exhibited in a case.

소리포인트

① **purchase**의 발음은 '펄체이즈'가 아니라 '펄쳐스'이다. 그리고 ② 동사형과 명사형이 같은 단어이다. ③ 4번에서처럼 토익에서는 **work**가 '일하다'가 아니라 '작품'으로 쓰일 때가 많다.

해석과 단어

01 몇몇 옷들이 상점에 전시되어 있다. (**be displayed**)

02 그들은 몇몇 미술품을 구매하고 있다. (**purchase**)

03 그들은 구매품에 대해 지불하고 있다. (**pay for**)

04 몇몇 미술품이 케이스 안에 전시되어 있다. (**be exhibited**)

 점진적 구간반복 MP3 녹음파일을 듣고,
단계별로 끊어서 소리나는대로 한글로 적어봅시다. 

01
① Some clothes are __________________
② Some clothes are __________________ __________________ .

02
① They're __________________
② They're __________________ __________________ .

03
① They're __________________
② They're __________________ __________________ .

04
① Some artwork is __________________
② Some artwork is __________________ __________________ .

Drill 28 행사/공연/연주 류

01 The man is speaking into a microphone.

02 The audience members are clapping their hands.

03 Some artists are drawing portraits.

04 A musical instrument is lying on the ground.

05 Wood has been gathered at a campsite.

06 Some people are being led into an archway.

07 One person is assembling industrial equipment.

08 A band is playing on the sidewalk.

09 Some spectators are applauding.

소리포인트

① 1번에서 **microphone**(마이크)과 **microscope**(현미경)을 구별한다.(5–09 참조)
② 2번의 **clap**과 9번의 **applaud**는 동의어이므로 함께 알아둔다. 또 ③ 사람이 모여서 공연을 보기 때문에서 5, 7번에서처럼 **Drill 09**에서 본 '모이다'류의 동사와 결합되어 출제되는 경향이 짙다. ④ 행사/공연/연주 류도 길거리 풍경이므로 넓은 의미에서 **Drill 25**의 풍경 사진과 유사하다. 따라서 테크니컬하게 접근하기 어려운 사진에 속하므로 여기 있는 동사들은 기본적으로 숙지한다.

해석과 단어

01   한 남자는 마이크에 대고 말하고 있다. (**speak / microphone**)
02   청중들이 박수를 치고 있다. (**clap**)
03   몇몇 미술가들이 초상화를 그리고 있다. (**draw**)
04   악기가 땅 위에 놓여 있다. (**lie**의 현재분사 **lying**)
05   목재가 캠핑장에 모여 있다. (**be gathered**)
06   몇몇 사람들이 아치형 길로 인도된다. (**be led into**)
07   한 사람이 산업장비를 조립하고 있다. (**assemble**)
08   음악 밴드가 인도에서 연주를 하고 있다. (**play**)
09   몇몇 구경꾼들이 박수를 치고 있다. (**applaud**)

 점진적 구간반복 MP3 녹음파일을 듣고,
단계별로 끊어서 소리나는대로 한글로 적어봅시다.

01
① The man is ___________________
② The man is _______________________ ___________________________ .

02
① The audience members are ___________________
② The audience members are ___________________ ___________________ .

03
① Some artists are ___________________
② Some artists are _______________________ ___________________ .

04
① A musical instrument is ___________________
② A musical instrument is _______________________ ___________________ .

05
① Wood has ___________________
② Wood has ___________________ ___________________ .

06
① Some people are ___________________
② Some people are ___________________ ___________________ .

07
① One person is ___________________
② One person is ___________________ ___________________ .

08
① A band is ___________________
② A band is ___________________ ___________________ .

09
① Some ___________________
② Some ___________________ ___________________ .

Drill 29 배/항구 류

01 Some boats are docked near a building.
02 A lighthouse is situated near a shoreline.
03 Waves are breaking against some rocks.
04 Buildings line the edges of a lake.
05 Buildings overlook the water.
06 Trees overlook the pool.
07 Some men are fishing off a pier.
08 Some boats are docked near each other.
09 The scenery is reflected on the surface of the water.
10 Some boats are floating down the river.

① 배, 항구 사진도 **Drill 25**의 풍경사진의 일환으로서, 토익 **Part1**에 자주 출제된다. 따라서 **dock**(닻을 내리다), **pier**(부두) 등도 소리로 익혀둔다. ② 특히 **overlook**은 본래 '간과하다'라는 추상적 의미로 알고 있는데, **Part1**에서 출제되면 5, 6번에서처럼 '위에서 내려다 보인다'는 뜻이다. 가운데 있는 것이 주위에 있는 높은 것들에 의해 둘러 싸여있는 사진에서 언제나 출제되는 필수 단어이다.

해석과 단어

01 몇몇 배들이 빌딩 근처에 정박해 있다. (**be docked**)
02 등대가 해변기슭에 위치해 있다. (**be situated**)
03 파도가 바위덩어리에 부딪히고 있다. (**break**)
04 후수 가장자리에 건물이 줄지어 서 있다. (**line**)
05 건물들이 물을 내려다 보고 있다. (**overlook**)
06 나무들이 풀장을 내려다 보고 있다. (**overlook**)
07 몇몇 사람들이 부두에서 낚시를 하고 있다. (**fish / pier**:부두)
08 몇몇 배들이 서로 근처에 정박해 있다. (**be docked**)
09 풍경이 수면 위에 반사되어 나타나고 있다. (**be reflected**)
10 몇몇 배들이 강 아래로 떠가고 있다. (**float**)

 점진적 구간반복 MP3 녹음파일을 듣고,
단계별로 끊어서 소리나는대로 한글로 적어봅시다. 

01
① Some boats are _______________
② Some boats are _______________ _______________ .

02
① A lighthouse is _______________
② A lighthouse is _______________ _______________ .

03
① Waves are _______________
② Waves are _______________ _______________ .

04
① Buildings _______________
② Buildings _______________ _______________ .

05
① Buildings _______________________
② Buildings _________________________ _______________________ .

06
① Trees _______________________
② Trees _________________________ _______________________ .

07
① Some men are _______________________
② Some men are _________________________ _______________________ .

08
① Some boats are _______________________
② Some boats are _________________________ _______________________ .

09
① The scenery is _______________________
② The scenery is _________________________ _______________________ .

10
① Some boats are _______________________
② Some boats are _________________________ _______________________ .

Drill 30 동물 류

01 Animals are being herded into a barn.
02 A horse is pulling a cart across the pasture.

① 동물 사진은 토익 **Part1**에서 그리 자주 출제되는 편은 아니다. ② **horse**(말)와 **hose**(물 뿌리는 호스)의 발음구별 문제가 출제되는 경향이 있다.

01 동물들이 외양간으로 모아지고 있다. (**be herded**: 모아지다)
02 말이 초원 건너편에서 카트를 끌고 있다. (**pull**)

 점진적 구간반복 MP3 녹음파일을 듣고,
단계별로 끊어서 소리나는대로 한글로 적어봅시다.

01

① Animals are ___________________
② Animals are ___________________ ___________________ .

02

① A horse is ___________________
② A horse is ___________________ ___________________ .

 # 3-03

점진적 구간반복 PART2
스크립트 자료 60문답

Part 2는 Part 1, 3, 4와 달리 선지가 3개뿐인 특이한 유형으로서 오답선지인 나머지 2개만 제끼면 풀리는 테크니컬한 문제이다. 이 세상 어떤 문제유형도 소거법이 이보다 더 잘 통할만한 유형은 없으리라 본다. 그래서 이 책의 '제6장 Part 2의 요령'편에서는 선지만 듣고도 오답선지를 골라내는 요령을 제시한다. 이는 '유력오답선지'의 유형(6-12~6-20)을 분석함으로써 도출된다. 3-02, 3-04, 3-05와 달리 3-03에서는 '소리포인트' 외에 '유력오답선지'라는 부분이 있다. 이것이 바로 제6장에서 선지만 듣고도 오답선지를 골라내는 요령을 습득하기 위해 필요한 부분이다.

그런데 여기 3-03의 mp3 파일은 아직 문제풀이 요령을 익히기 위한 것이 아니라 귀뚫기용이다. 따라서 선지 3개를 포함한 '문제 형식'이 아니라 선지는 없는 '자연스런 문답'만 제시한다.

따라서 이 책을 처음 읽는 독자는, 일단 3-03을 공부함에 있어 자연스런 문답 부분, 소리포인트, 해석과 단어까지만 읽는다. 그리고 나서 뒤의 제6장을 모두 읽은 후에 '유력오답선지'를 보기 바란다. 그렇게 하면 귀는 귀대로 열고, 문제풀이 요령은 요령대로 습득하게 될 것이다.

Drill 01

Why don't you stop by before 5?
I'll probably be there around 3.

stop by와 before 5가 리듬을 탄다. 또 stop에 강세, five에 강세가 있다.

I think it only stops once.처럼 질문 속의 stop을 반복하는 동일단어반복 오답선지(6–12)가 출제될 가능성이 크다.

5시 전에 들르는 게 어때? (stop by 들리다)
아마 거기에 3시쯤에 가 있을 거야.

Drill 02

I've been asked to transfer to the main office.
When are you going?

① 영국발음은 ask를 '에스크'가 아닌 '아스크'라고 읽음에 각별히 주의한다. ② 대답에서 when 뒤에 are가 오다보니 when이 where로 들리는 경향이 있다. 반복 청취하여 when과 where를 구별하도록 한다.

Jim can bring it.처럼 질문의 transfer(이전하다)에서 연상할 수 있는 bring(가져오다)이 속한 연상작용단어 오답선지(6–15)가 출제될 가능성이 높다.

메인 오피스로 이사가도록 요청받았어.
언제 갈거니?(현재 진행시제가 가까운 미래시제를 대체할 때가 많다)

Drill 03

Who do you think will be the next company president?
No one is sure yet.

① **will be** 가 '월비'가 아니라 '우비' 또는 '울비'로 들릴 때가 매우 많다. **Part 2**의 핵심요령 중 하나이다. ② 영국발음의 **sure**는 '쇼어'에 가깝게 들린다.

질문의 맨 끝단어인 **president**와 유사한 발음(6-14)을 포함하는 **This is my residence.**같은 오답선지가 출제될 가능성이 높다. 또는 **An insurance company.**처럼 질문의 **company**를 반복한 동일단어반복 오답선지(6-12)가 출제될 가능성도 높다.

내년 회사 사장은 누가 될 것 같니?
아직 확신을 못하겠어.

Drill 04

Finishing the assignment was quite an accomplishment, wasn't it?
I'm glad we met the deadline.

assignment의 발음은 '어자인먼트'가 아니라 '어싸인먼트'이다.

The human resources department.(인사부)처럼 **assignment**(임무)에서 연상작용단어 오답선지(6-15)가 출제될 가능성이 높다.

업무를 끝낸 것은 대단한 업적이야, 그렇지?
마감일에 맞춰서 기쁘게 생각해.

Drill 05

> Didn't Ms. Chang organize last year's banquet?
> Actually, Mr. Jason was in charge.

Didn't으로 시작하는 의문문은 '디든트'라기보다는 '딘'으로 들린다.

I can help you with that.처럼 banquet(연회)가 나오니까 뭔가 도움을 줄 거라는 연상작용오답선지(6–15), **They're in the filling cabinet.**처럼 banquet과 유사발음인 **cabinet**이 등장하는 유사발음오답선지(6 14)가 출제될 가능성이 높다. 또 Actually로 시작하는 선지는 주로 정답(6–18)이다.

미스 창이 지난 해 연회를 조직하지 않았었니?
사실은 미스터 제이슨이 맡았었어.

Drill 06

> Aren't we having dinner with new clients?
> I'm afraid we have to cancel it.

Aren't로 시작하는 의문문은 '안트'라기보다는 '안'으로 들린다.

The clients will come at six.처럼 질문의 마지막 단어 반복 오답선지(6–13)가 출제될 가능성이 높다.

새로운 고객들과 저녁을 할 거니?(현재 진행시제가 가까운 미래를 의미)
아무래도 취소해야 할 거 같아.

Drill 07

Where are the extra signs we ordered?
Have you looked in the storeroom?

소리포인트

sign은 토익 LC에 매우 자주 출제되는 단어이다. '싸인하다'의 의미로 출제될 수도 있고, '간판'이라는 의미로도 출제될 수 있으니, 두 가지 가능성을 모두 열어두어야 한다.

유력오답선지

They'll sign it by tomorrow morning.처럼 sign을 반복하는 동일단어반복오답선지(6–12), Check the price in the catalogue.처럼 order를 통해 연상할 수 있는 price를 담고 있는 연상작용 오답선지(6–15)가 출제된다.

해석과 단어

우리가 주문한 여벌의 간판은 어디에 있니?
창고를 봤었니?

Drill 08

You should save your receipt.
I'll be sure to do that.

소리포인트

receipt에서 p는 묵음이므로 들리지 않는다. receipt 역시 토익LC에서 매우 자주 출제되는 단어이므로 소리로 익혀둔다. save receipt의 뜻도 기억해둔다.

유력오답선지

Almost 40 Euros.처럼, receipt에서 연상할 수 있는 Euro(유로화 단위)를 담은 연상작용 오답선지(6–15)가 출제될 가능성이 높다.

해석과 단어

너는 영수증을 모아야 해.
그렇게 할게.

Drill 09

Where should I put these chairs after the workshop is over?
You should ask Mike.

소리포인트

① chair가 '쉐어'에 가깝게 들려서 share로 착각하기 쉽다. ② workshop is over 가 연음처리 되어 '워크쇼피스오버'로 들린다.

유력오답선지

Is he over there? 처럼 질문의 맨 끝단어인 over를 반복하는 동일단어 반복 오답 선지(6-13)가 출제될 가능싱이 높다.

해석과 단어

워크샵이 끝난 뒤에 여기 의자들을 어디에 두어야 하지?
마이크에게 물어봐.

Drill 10

This dishwasher should probably be replaced.
I was hoping you could fix it.

소리포인트

probably처럼 pro는 '프로'라기보다는 '퍼'로 들린다. prefer가 '퍼퍼' 또는 '펄퍼' 로 들리는 것과 같은 이치이다.

유력오답선지

The dry cleaner is on Pine Street.처럼 wash에서 연상할 수 있는 cleaner를 담 은 연상작용 오답선지(6-15), I placed it on the counter.처럼 replace와 유사한 place를 담은 유사발음 오답선지(6-14)가 출제될 가능성이 높다.

해석과 단어

식기세척기는 교체되어야 할 것이 분명해.
나는 니가 고칠 수 있기를 바래.

 점진적 구간반복 MP3 녹음파일을 듣고,
단계별로 끊어서 소리나는대로 한글로 적어봅시다.

01
① ______________________________
② ______________________________ ?
① ________
② ________ ________________
③ ________ ________________ ________________ .

02
① ____________
② ____________________
③ ____________ ____________ ____________ .
① ____________
② ____________ ____________ ?

03
① ____________________
② ____________________ ____________________ ?
① No one ____________________ .

04
① ____________________
② ____________________ ____________________
③ ____________________ ____________________ ____________ ?
① I'm ____________
② I'm ____________________ ____________ .

05
① ____________________
② ____________________ ____________________ ?
① Actually, ____________________ .

06

① ________________________
② ________________________ ________________________ ?
① I'm ________________________
② I'm ________________________ ________________________ .

07

① ________________________
② ________________________ ________________________ ?
① Have ________________________
② Have ________________________ ________________________ ?

08

① You ________________________
② You ________________________ ________________________ .
① ________________________
② ________________________ ________________________ .

09

① ________________________
② ________________________ ________________________ ?
① You ________________________ .

10

① This ________________________
② This ________________________ ________________________ .
① I ________________________
② I ________________________ ________________________ .

Drill 11

How can I make sure Michelle gets this form?
Put it in her mailbox.

gets this form 처럼 **get**으로 시작하여 짧은 단어가 연속되는 경우에 잘 들리지 않을 때가 많다. **get it done**(게리떤)이 안 들리는 것과 같은 이치다.

I found the receipt.처럼 **form**에서 연상할 수 있는 **receipt**를 담은 연상작용오답선지(6-15)가 출제될 가능성이 높다.

미쉘이 이 양식을 취할 것을 어떻게 확신하지?
그녀의 메일함에 넣어 둬.

Drill 12

What are you going to do after your trip?
I'm starting a new job.

what are you 나 **what do you**가 '와르여'에 가깝게 들리므로 **what**을 '홧', **do**를 '두', **you**를 '유'로 보는 식의 음가에 대한 고정관념을 버린다. 짧고 자주 쓰이는 단어일수록 주변 단어에 영향을 받아 발음이 변화무쌍하게 바뀐다.

Just a visit. 또는 **It's over around five-thirty.**처럼 **trip**(여행)에서 연상할 수 있는 연상작용 오답선지(6-15)가 출제될 가능성이 높다.

여행 끝난 뒤에 넌 뭐할 거니?
새로운 직업을 시작할 거야.

Drill 13

Where are you taking our guests after the factory tour?
To a French restaurant.

our guests에서 **our**는 '아우어'가 아니라 거의 '알'로 들릴 때가 매우 많다.

factory tour(공장견학)에서 연상할 수 있는 **About an equipment order.** 또는 **Before the demonstration.** 같은 연상작용 오답선지(6–15)가 출제될 가능성이 크다.

공장 견학이 끝난 뒤에 손님들을 어디로 데리고 갈거니?
프랑스 식당으로.

Drill 14

Didn't Roger study chemistry at the New York university?
He studied biology.

Didn't이 '디든트'라기보다는 끝 t가 약화되어 '디든'으로 들린다.

뉴욕이라는 지명으로 연상할 수 있는 **I'll send it to you.** 혹은 **chemistry**에서 연상할 수 있는 **Another microscope.**같은 연상작용 오답선지(6–15)가 출제될 가능성이 높다.

로저스는 뉴욕 대학에서 화학을 공부하지 않았니?
그는 생물학을 공부했어.

Drill 15

I heard the whole staff is getting a raise.
Really? I hadn't heard that yet.

① 영국식 발음에서 **staff**는 '스타프'이다. ② 항상 짧은 동사 **get**을 놓치지 않도록 주의한다.

We should keep up with the pace.처럼 raise와 유사발음인 **pace**를 담은 유사발음 오답선지(6-14)가 출제될 가능성이 크다. 그리고 **Really**로 반문하는 경우 정답선지(6-17)인 경우가 많다는 사실도 알아두자.

나는 전체 임직원이 임금이 인상된다고 들었어.
정말로? 난 들은 적이 없는데.

Drill 16

Won't it take too long to revise that report?
Not if we start now.

Won't it으로 시작하는 의문문을 여기서 반드시 익혀야 한다. 특히 영국식 발음이라서 더 어렵다. '워운팃'로 들려야 하는데 '왠트/왠팃'으로 들려서 **went**를 떠올리지 않도록 주의한다. **not if**는 '나리프'로 들리니 익혀둔다.

long으로 연상할 수 있는 **I think it was last week**같은 연상작용 오답선지(6-15)가 출제될 가능성이 높다. 맞장구치는 선지는 항상 정답가능성이 높다.

리포트를 수정하는 데에 너무 많은 시간이 걸리지 않을까?
만약 지금 당장 시작하지 않는다면 (그럴 거 같아).

Drill 17

That file doesn't belong in that drawer, does it?
Oh, we rearranged everything.

소리포인트

① Part1에도 자주 나오는 **drawer**의 발음을 익혀둔다. ② **rearrange**에서 **re**발음이 약화되어 빨리 지나가므로 익혀둔다.

유력오답선지

We need to order a better drawer.처럼 질문의 **drawer**를 반복하는 동일단어반복 오답선지(6-12)가 출제될 가능성이 높다.

해석과 단어

서류철이 서랍에 들어가지를 않네. 그렇지?
오, 우리가 모든 걸 새롭게 정리했거든.

Drill 18

I'd like to buy a round trip to London.
For what dates?

소리포인트

a round trip(왕복여행)에서 **a**가 약화되어 **round**만 들리는 경향이 있다.

유력오답선지

질문의 **trip**을 반복하는 **Oh, you had a good trip.**같은 동일단어반복 오답선지(6-12)나, **trip**으로부터 연상할 수 있는 **You will start at 3.**같은 연상작용 오답선지(6-15)가 출제될 가능성이 높다.

해석과 단어

런던행 왕복티켓을 사고 싶은데요.
며칠 날짜로요?

Drill 19

Would you like to lead the safety committee?
I'd be honor to.

소리포인트

lead the부분은 d와 th가 비슷하므로 한 번만 발음하여 '리더'로 들린다. lead는 본래 read와의 발음 구별문제로도 자주 출제된다.

유력오답선지

lead와 발음이 유사한 read를 담고 있는 Yes, I'm reading it now. 같은 유사발음 오답선지(6-14)가 출제될 가능성이 높다.

해석과 단어

니가 안전 위원회를 맡아 줄래?
나야 영광이지.

Drill 20

Why was the question-answer session cancelled?
There wasn't enough time.

소리포인트

question-answer가 명사를 수식하는 형용사역할을 한 것인데, '질문하다'와 '대답하다'의 동사로 오해하지 않도록 한다.

유력오답선지

Because my car don't have fuel.처럼, Why의문문에서 because로 시작하는 대답선지가 오히려 오답일 때(6-05의 22번 유형)가 많다.

해석과 단어

Q&A 세션이 왜 취소되었니?
시간이 충분하지 않아서.

점진적 구간반복 MP3 녹음파일을 듣고,
단계별로 끊어서 소리나는대로 한글로 적어봅시다.

11
① ___________________________
② ___________________________ ___________________________ ?
① ___________
② ___________ ___________ .

12
① ___________________________
② ___________________________ ___________________________ ?
① I'm ___________________________ .

13
① ___________________________
② ___________________________ ___________________________ ?
① To ___________________________ .

14
① ___________________________
② ___________________________ ___________________________ ?
① He ___________________________ .

15
① ___________________________
② ___________________________ ___________________________ .
① Really? ___________________________
② Really? ___________________________ ___________________________ .

16
① ___________________________
② ___________________________ . ___________________________ ?
① ___________________________
② ___________________________ ___________________________ .

17

① That _____________________________
② That _____________________________ _____________________________?
① Oh, _____________________________ .

18

① _____________________________
② _____________________________ _____________________________.
① For _____________________________?

19

① _____________________________
② _____________________________ _____________________________?
① _____________________________
② _____________________________ _____________________________ .

20

① _____________________________
② _____________________________ _____________________________?
① There _____________________________ .

Drill 21

We'd better leave for the restaurant by seven.
I was planning to do that.

① We'd better에서 고음으로 억양이 올라간다. we'd는 we had의 약자이지만, '위드'로 들린다. ② leave발음도 ve가 약화되어 거의 '리'로 들린다.

Yes, we'll leave it there.처럼 leave를 반복하는 동일단어반복 오답선지(6–12), I invited more than six.처럼 restaurant로부터 연상할 수 있는 연상작용 오답선지(6–15)가 출제될 가능성이 높다.

우리는 7시까지 식당으로 떠나는 게 좋을 거 같아.
나도 그렇게 계획하고 있었어.

Drill 22

We're available at noon, if you'd like to meet them.
Let's make it two o'clock instead.

① we're available부분을 듣기 위해 점진적 구간반복 mp3를 이용한다. ② Meet them는 '미뜸/미떰'으로 발음한다. t와 th가 비슷해 한 번만 발음한다.

No, I haven't met yet.처럼 질문의 meet를 반복하는 동일단어 오답선지(6–12)가 출제될 가능성이 높다.

니가 그들을 만나고 싶다면, 우리는 12시부터 시간이 비어.
대신 2시에 만나자.

Drill 23

You want me to reorder supplies, don't you?
If you think we need to.

① **You want**와 **You won't**의 발음을 구별해야 하나 쉽지 않으므로, 전후 문맥으로 파악한다. ② **reorder**에서 **re**발음을 놓치지 않는다. ③ **need to**에서 **d**발음이 안 들리고 '니투'로 들린다.

Yes, they're very organized.처럼 **reorder**와 발음이 유사한 **organize**를 포함하거나, **No, she wasn't surprised.**처럼 **supplies**와 발음이 유사한 **surprise**를 포함한 유사발음 오답선지(6-14)가 출제될 가능성이 높다.

너는 내가 사무용품을 재주문하기를 바라지, 그렇지?
우리에게 필요하다고 너도 생각한다면.

Drill 24

Did you know that the concert will be outdoors?
I hope it doesn't rain.

중간에 **that**이 들리는가? '댓'이라기보다는 '덧'으로도 들린다.

concert에서 연상할 수 있는 **We left after the intermission.** 혹은 **No, I don't know the name of the artist.** 같은 선지가 연상작용 오답선지(6-15)로 출제될 수 있다.

콘서트가 실외에서 열린다는 것을 알고 있었니?
비가 오지 않기를 바래.

Drill 25

Why don't you ask Mr Arnold if you can leave early morning?
Oh, I already did.

소리포인트

Why don't you(와이돈유)부분의 발음과 **leave**의 발음을 익혀둔다. 비교적 문장이 긴 편이므로 점진적 구간반복 mp3파일을 반드시 들어보는 것이 좋다.

유력오답선지

He will ask me.처럼 질문의 **ask**를 반복하는 동일단어반복 오답선지(6-12)가 출제될 가능성이 높다. '이미 ~했다'는 대답은 어떤 질문과도 궁합이 잘 맞는 전가의 보도 같은 정답선지이다.

해석과 단어

미스터 아놀드에게 내일 아침 일찍 떠날 수 있는지 물어보는 게 어때?
벌써 물어봤지.

Drill 26

Won't they be here by seven?
That's what they told me.

소리포인트

Won't they 발음을 익혀둔다. '원때이'로 들린다.

유력오답선지

I can't hear you. 처럼 질문의 **here**와 유사발음인 **hear**를 포함한 유사발음 오답선지(6-14)가 출제될 가능성이 높다.

해석과 단어

그들이 7시까지 여기에 온다고 하지 않았니?
일단 그들이 그렇게 내게 말했었어요.

Drill 27

Would you like some tea?
Yes, with milk please.

would you 는 '우쥬'로 들린다. **milk**도 l발음이 거의 들리지 않아 '미역/멱'에 가깝다.

In the cupboard.처럼 **tea**로부터 연상할 수 있는 **cup**을 포함한 연상작용 오답선지(6–15)가 출제될 가능성이 높다. 이 문제는 차에 원래 설탕 대신 우유를 타서 먹는다는 상식을 알아야 풀 수 있는 문제이다.

차 좀 마실래?
네. 우유랑 같이 주세요.

Drill 28

Was the heater off all night?
Yes, I think it's broken.

heater(히터)는 t가 약화되어 '히얼'로 들려서 **here**로 오해하기 십상이다.

heater에서 연상할 수 있는 **We already had one.**과 같은 연상작용 오답선지(6–15)가 출제될 수 있다.

밤새 히터가 꺼져 있었나?
응, 고장났었던 거 같아.

Drill 29

Are the best seats up front or in the balcony?
You can see better from the balcony.

up front부분이 잘 들리지 않는다. 점진적 구간반복 mp3를 꼭 들어본다.

seat와 balcony에서 연상할 수 있는 **At the ticket counter.**과 같은 연상작용 오답선지(6-15)가 출제될 가능성이 높다.

제일 좋은 좌석은 앞쪽 좌석이니 아니면 발코니 좌석이니?
너는 발코니에서 더 잘 볼 수 있어.

Drill 30

Half of the data was entered incorrectly.
Okay, I'll take care of it.

half of에서 of는 '어브'로 들린다.

By the entrance.처럼 enter의 파생어이자 유사발음 단어(6-14)를 포함한 오답선지가 출제될 가능성이 높다.

절반 정도의 데이터가 잘못 입력되었네.
알았어. 내가 살펴볼게.

점진적 구간반복 MP3 녹음파일을 듣고,
단계별로 끊어서 소리나는대로 한글로 적어봅시다.

21
① ___________________________
② ___________________________ ___________________________ .
① I was ___________________________ .

22
① ___________________________
② ___________________________ ___________________________
③ ___________________________ ___________________________ ___________________________ .
① Let's ___________________________ .

23
① You ___________________________
② You ___________________________ ___________________________ ?
① ___________________________
② ___________________________ ___________________________ .

24
① ___________________________
② ___________________________ ___________________________ ?
① I ___________________________ .

25
① ___________________________
② ___________________________ ___________________________ ?
① Oh, ___________________________ .

26
① ___________________________
② ___________________________ ___________________________ ?
① That's ___________________________
② That's ___________________________ ___________________________ .

27
① ______________________
② ______________________ ______________________?
① Yes, ______________________
② Yes, ______________________ ______________________ .

28
① ______________________
② ______________________ ______________________?
① Yes, ______________________ .

29
① ______________________
② ______________________ ______________________?
① You ______________________
② You ______________________ ______________________ .

30
① ______________________
② ______________________ ______________________ .
① Okay, ______________________ .

Drill 31

You know where Mr Cup's office is, don't you?
No, could you show me?

소리포인트

① **Cup**이 '물컵'이 아니라 사람이름이다. 이렇게 일부러 출제할 수 있으니 주의한다. ② 's office is에서 '스' 발음이 연이어서 3번(s, ce, is) 나오므로 주의한다.

유력오답선지

office에서 연상할 수 있는 선지인 **They weren't be there.** 혹은 **Yes, quite often.** 처럼 연상작용 오답선지(6-15)로 출제될 가능성이 높다. 항상 반문하는 선지(6-17)는 정답이 될 가능성이 높다는 사실도 알아두자.

해석과 단어

미스터 컵의 사무실이 어딘지 너는 알고 있지, 그렇지?
아니요. 몰라요. 나한테 가르쳐 줄 수 있겠어요?

Drill 32

Who does this briefcase belong to?
Is there a name tag on it?

소리포인트

Who로 시작하는 쉬운 문장이나, 고음의 미국여자 특성상 **who does**부분이 고음으로 올라가면서 놓치는 경향이 있는 문장이다.

유력오답선지

It won't be very long.처럼 **belong**과 유사한 발음을 담고 있는 유사발음 오답선지(6-14), **briefcase**에서 연상할 수 있는 **I like the black one.**처럼 연상작용 오답선지(6-15)가 출제될 가능성이 높다.

해석과 단어

이 서류가방은 누구 거니?
거기 이름표가 붙어 있지? (이름표를 보라는 취지)

Drill 33

Could I speak with a mechanic?
I'll see if he is available.

① **could I** 는 '구다이'로 들린다. ② **I'll** 도 '알'로 들린다.

질문 속 단어인 **speak**를 반복하는 **He'll be speaking after the president.**와 같은 동일단어반복 오답선지(6-12)가 출제될 수 있다.

내가 기계공이랑 말할 수 있겠어?
그 기계공이 (대화가) 가능한지 한 번 알아볼게. (**see if**: 알아보다)

Drill 34

Why were these desks removed from the conference room?
We are getting new ones.

Why were these부분이 쉽고 짧은 단어가 3개 연속되는 부분임에도 잘 들리지 않는다. 이런 부분에서 점진적 구간반복**mp3**가 효과적이다.

desk와 **remove**로부터 연상할 수 있는 '창고'를 담고 있는 **To the storage room.**과 같은 연상작용 오답선지(6-15)가 출제될 가능성이 높다.

이 책상들이 왜 회의실에서 제거된 거니?
우리는 새로운 것을 샀거든.

Drill 35

How would you get to the warehouse?
Mr. Lee gave me money for a cab.

warehouse에서 ware부분이 where나 wear로 오해하기 쉽다.

To take inventory.(재고조사하러)처럼 warehouse에서 연상할 수 있는 연상작용 오답선지(6-15)가 출제될 가능성이 높다. 또 **No, I don't wear glasses.**처럼 ware를 wear(입다)로 착각한 사람들을 낚기 위한 유사발음 오답선지(6-14)도 출제될 가능성이 높다.

창고까지 어떻게 갈래?
미스터 리가 택시 잡으라고 돈을 주었어.

Drill 36

You were going to order supplies today, weren't you?
Jim already did.

① supplies(사무용품)의 발음을 꼭 알아둔다. '공급'이라는 의미가 아니다. ② be going to가 들리면 두 가지 가능성을 열어둔다. 즉, 뒤에 동사원형이 오는 경우는 '~을 할 것이다'라는 의미로, 뒤에 장소가 오면 '~에 갈 것이다'라는 의미로 생각한다. ③부가된 weren't you(워운츄?)의 발음도 잘 익혀둔다.

I'm older than she is.처럼 order와 유사발음인 older를 포함한 유사발음 오답선지(6-14)가 출제될 가능성이 높다.

너는 오늘 사무용품을 주문할 계획이었지, 그렇지?
짐이 벌써 했어.

Drill 37

Are you planning on taking some time off this winter?
No, I have too much work.

planning on taking에서 **ing**가 두 번 반복되면서 리듬을 타서 잘 들리지 않는다.

She forgot to buy the plants.처럼 **plan**과 유사한 발음인 **plants**가 등장하는 유사발음 오답선지(6-14)가 출제될 가능성이 높다.

이번 겨울에 휴가를 좀 쓸 계획이야?
아니, 일이 너무 많아.

Drill 38

Why hasn't the project proposal finished yet?
Mr Eric was away last week.

① **Why hasn't**는 '와이해즌'으로 들려야 맞는데, 뒤에 **the**가 와서 사실상 '와이해즈'로 들리므로 주의한다. ② **was away**부분이 **a**약화로 **way**에 가깝게 들리므로 주의한다. 더불어 ③ **on one's way**(오는 도중이야)도 알아둔다.

why로 시작하는 의문문(6-05의 22번 유형)이므로, **Because we wouldn't start.** 같은 오답선지로 낚시할 가능성이 높다. **Why** 다음에 부정조동사가 나올 때, 부정의 이유를 골라야 하므로 항상 주의한다. 즉, 어떤 부재 상황과 같은 핑계거리나 부정적인 것이 정답이다.

왜 프로젝트 제안이 아직 안 끝난 거니?
미스터 에릭이 지난 주에 떠나서 그래.

Drill 39

Who is the firm's representative on the conference committee?
I volunteer to do it.

firm의 발음은 '퍼엄'에 가깝다.(film의 '퓌움'과 구별한다.) 그리고 firm's처럼 소유격이 들리면 그 뒷단어에도 주목한다.

who로 질문하는 경우 대체로 사람이름이 나올 경우 정답이기는 하나, **Ms. Margaret has one.**처럼 사람이름이 나오나 동사가 틀린 오답일 수도 있음에 주의한다. 이런 경우 이 문제처럼 '내가 한다'류의 정답선지가 나온다.

누가 회의 위원회에서 회사의 대표이니?
내가 자원하지.

Drill 40

Did you send the letter by regular or express delivery?
Oh, I haven't been to the post office yet.

① **send the**는 d와 th가 비슷한 발음이므로 '센더'로 한 번만 발음된다. **haven't been to**의 발음은 '해븐 빈두'이다. ② **to**가 '투'가 아니라 '두'인 셈이다.

She was at a press conference. (at a 가 **error**로 들릴 때가 많다)처럼 **express**와 유사한 **press**를 담고 있는 유사발음 오답선지(6–14), 또는 **Has he read it?**처럼 **letter**로부터 연상할 수 있는 연상작용 오답선지(6–15)가 출제될 가능성이 높다.

편지를 일반 우편으로 보냈니 아니면 특급우편으로 보냈니?
아직 우체국에 가질 못했네.

 점진적 구간반복 MP3 녹음파일을 듣고,
단계별로 끊어서 소리나는대로 한글로 적어봅시다.

31

① ____________________
② ____________________ ____________________
③ ____________________ ____________________ ____________________ ?
① No, ____________________ ?

32

① ____________________
② ____________________ ____________________
③ ____________________ ____________________ ____________________ ?
① Is ____________________
② Is ____________________ ____________________ ?

33

① ____________________
② ____________________ ____________________ ?
① ____________________
② ____________________ ____________________ .

34

① ____________________
② ____________________ ____________________ ?
① We ____________________ .

35

① ____________________
② ____________________ ____________________ ?
① Mr. Lee ____________________
② Mr. Lee ____________________ ____________________ .

36

① ________________
② ________________ ________________
③ ________________ ________________ ________________ ?
① Jim ________________ .

37

① ________________
② ________________ ________________ ?
① No, ________________ .

38

① ________________
② ________________ ________________
③ ________________ ________________ ________________ ?
① Mr. Eric ________________
② Mr. Eric ________________ ________________ .

39

① ________________
② ________________ ________________ ?
① I ________________ .

40

① ________________
② ________________ ________________ ?
① Oh, ________________
② Oh, ________________ ________________ .

Where do we turn in our travel expenses?
I gave mine to Tom.

소리포인트

where do we에서 where는 '윌' 또는 '월'로 들린다.

유력오답선지

travel로부터 연상할 수 있는 **The train's faster.** 또는 expense로부터 연상할 수 있는 **The rents are expected to go up.** 처럼 연상작용 오답선지(6–15)가 출제될 수 있다. (rents가 t 없이 '렌'으로 들리는 경향이 있고, 물가나 집세가 오른다는 표현으로 be expected to go up이 자주 출제된다.)

해석과 단어

여행 경비 내역서를 어디에 내야지?
나는 톰한테 줬어.

Would you prefer to pick up your order at the store or have it delivered?
We'll come to the store.

소리포인트

① prefer는 '프리퍼'가 아니라 '펄퍼'로 발음한다. ② we'll come이 마치 welcome으로 들릴 때가 많으니 주의한다.

유력오답선지

질문의 prefer를 담고 있는 **I prefer the lighter one.** 또는 질문의 order를 반복하고 있는 **Yes, I ordered it yesterday.** 처럼 동일단어반복 오답선지(6–12)가 출제될 가능성이 높다.

해석과 단어

너희는 주문품을 상점에서 직접 가져가길 바라니, 아니면 배달시키기를 바라니?
우리가 상점으로 갈게.

Drill 43

Are you going to the bank later today?
No, I don't plan to.

① 영국식 영어에서는 bank를 '방크'로 마치 독일어처럼 발음한다. ② 이 경우가 36번에서 말한 be going to 다음에 장소가 나오는 경우에 해당한다.

Some payable vouchers.처럼 bank로부터 연상할 수 있는 연상작용 오답선지 (6-15)가 출제될 가능성이 높다.

오늘 나중에 은행 갈 계획 있어?
아니 없어.

Drill 44

Aren't we suppose to turn off the lights before we leave?
They'll go off automatically.

① aren't we는 '안위'로 들린다. ② they'll은 '델'로 들린다.

The first turn on the left.처럼 질문의 마지막 단어인 leave를 반복하는 마지막단어반복 오답선지(6-13), We were supposed to leave early in the morning.처럼 suppose를 반복하는 동일단어반복 오답선지(6-12)가 출제된다.

우리가 떠나기 전에 전등을 끄지 않아도 되니?
그것들은 저절로 꺼져.

Drill 45

Are you busy this afternoon, or can you help me with the inventory?
I'm free after 3 o'clock.

inventory는 자주 나오는 토익 단어이므로 발음을 익혀둔다.

busy를 반복하는 No, the line is busy. 또는 질문의 help를 반복하는 Yes, they were a big help.처럼 동일단어반복 오답선지(6-12)가 출제될 가능성이 높다.

오후에 바쁘니? 아니면 재고조사 좀 도와줄래?
3시 이후에 아무 일 없어.

Drill 46

Where does the company have its headquarters?
It's about 30 minutes from here.

where가 '윌 / 월'로 빨리 지나가므로 where does발음을 묶어서 익힌다.

He is the company director.처럼 질문의 company를 반복하는 동일단어반복 오답선지(6-12)가 출제될 수 있다.

회사는 어디에 본사를 두고 있니?
여기로부터 30분 거리에 있어.

Drill 47

When is Douglas mailing the proposal?
As soon as he finishes it.

proposal는 **al**로 끝나지만 명사인 단어로서, 토익에 자주 나오는 단어이므로 발음을 익혀둔다.

when으로 시작하는 When의문문(6–05의 3번 유형)이므로 언제에 관한 대답이 정답이기는 하나, **Until the end of July.**처럼 **until**로 시작하는 선지는 정답이 될 수 없다. 시점이 아니라 지속적인 기간이기 때문이다.

더글라스는 언제 제안서를 메일로 보내줄 거니?
그가 그것을 끝내자마자.

Drill 48

Don't you need your glasses to read the newspaper?
Yes, I'd really appreciate it.

① **don't you**는 '돈츄'로 들린다. ② **need**의 d는 발음되지 않는다. ③ **read the**처럼 d와 th가 반복되면 유사발음은 한 번만 발음되어 '리더'로 들린다.

glasses는 '안경' 혹은 '유리잔'이라는 뜻이 있으므로, **No, I am not thirsty.**처럼 다의어로부터 연상할 수 있는 선지(6–15)가 출제될 수 있다.

신문을 읽으려면 안경이 필요하지 않니?
응, 그거 정말 고마울거야.

Drill 49

Who left this note on my desk?
It might have been Smith.

① 토익 LC에서는 left의 의미가 '떠나다'가 아니라, '남겨두다'로 쓰일 때가 굉장히 많음에 주의한다. left는 leave의 과거형인데 '렙'으로 들린다. ② It might have been에서 might는 '마잇'으로, have been은 '해삔'으로 들린다.

Bryan left it at the front desk.처럼 질문의 마지막 단어인 desk를 반복하는 동일단어반복 오답선지(6-12) 혹은 It's in the top drawer.처럼 desk로부터 연상할 수 있는 연상작용 오답선지(6-15)가 출제될 수 있다.

누가 내 책상에 쪽지를 남겨두고 떠났니?
아마도 스미쓰일 거야.

Drill 50

When was the copier repaired?
It was last Wednesday.

copier 발음을 coffee로 오해하지 않도록 주의한다.

copy를 반복하는 Six copies please. 또는 copier를 반복하는 We'll call the copier next morning.처럼 동일단어반복 오답선지(6-12)가 출제될 가능성이 높다. coffee를 포함한 유사발음 오답선지(6-14)가 출제될 수도 있다.

복사기는 언제 고쳐졌니?
지난주 수요일에.

 점진적 구간반복 MP3 녹음파일을 듣고,
단계별로 끊어서 소리나는대로 한글로 적어봅시다.

41
① ______________________________
② ________________________ ________________________ ?
① I ________________________ .

42
① ______________________
② ________________ ________________
③ ________________ ________________ ________________ ?
① ________________
② ________________ ________________ .

43
① ________________________________
② ________________________ ________________ ?
① No, ________________ .

44
① ________________________________
② ________________________ ________________ ?
① ________________
② ________________ ________________________ .

45
① ________________________
② ________________________ ________________________ ?
① I'm ________________________ .

46
① ________________________________
② ________________________ ________________ ?
① It's ________________________ .

47

① ______________________________

② ______________________________ ______________________________?

① As ______________________________ .

48

① ______________________________

② ______________________________ ______________________________?

① Yes, ______________________________ .

49

① ______________________________

② ______________________________ ______________________________?

① It ______________________________

② It ______________________________ ______________________________ .

50

① ______________________________

② ______________________________ ______________________________?

① It ______________________________ .

Drill 51

Didn't you organize the company dinner last year?
Yes, did you attend?

① **didn't you**는 '딘츄'로 들린다. ② **last year**는 '레스치어/레스츄어'로 들린다.

질문 속 **organize**로부터 연상할 수 있는 **plan**을 담고 있는 **I planned to order some soon.** 또는 질문 속 **dinner**로부터 연상할 수 있는 **No, I've eaten already.**와 같은 연상작용 오답선지(6-15)가 출제될 수 있다.

작년 회사 만찬을 니가 기획하지 않았었니?
응. 너 거기 참석했었어?

Drill 52

Couldn't you find the place to sit down?
No, the restaurant is full.

couldn't you는 '쿤츄'로 들린다.

Just set it over there.처럼 **place**로부터 연상할 수 있는 **there**가 등장하는 연상작용 오답선지(6-15)가 출제될 수 있다.

앉을 자리를 찾을 수 없겠니?
응. 없어. 식당이 꽉 찼어.

It looks like I left my wallet in my office upstairs.
I'll wait for you to get it.

소리포인트

① I'll은 '아일'이나 거의 '알'로 들린다. ② **you to get it** 이 모두 짧은 단어라서 순식간에 지나가면서 '류루게릿'으로 들린다.

유력오답선지

It does not look familiar.처럼 질문 속 **look**을 반복하는 동일단어반복 오답선지 (6-12), **No, I don't remember.**처럼 **look like**로부터 연상할 수 있는 연상작용 오답선지(6-15)가 출제될 수 있다.

해석과 단어

아무래도 위층 내 사무실에 지갑을 두고 온 거 같아.
내가 기다려줄게.

Wouldn't you like to try something from this fruit basket?
I'll have an apple, thanks.

소리포인트

① **wouldn't you**는 '우든유'로 들린다. ② I'll은 '아일'이나 거의 '알'로 들린다.

유력오답선지

The basket looks good.처럼 질문의 마지막 단어인 **basket**을 반복하는 마지막단 어반복 오답선지(6-13)가 출제될 수 있다.

해석과 단어

과일 바구니로부터 몇 개 가져갈래?
응 사과를 가져갈게. 고마워.

Drill 55

Why didn't Ms. Chu order the new printer?
It was too expensive.

소리포인트

① why로 시작하는 부정의문문은 꼭 체크한다. ② order발음이 '우더'로 들리기도 한다.

유력오답선지

printer에서 연상할 수 있는 Make 35 copies.같은 연상작용 오답선지(6-15) 또는 order와 유사한 Yes, that's the old one.처럼 유사발음 오답선지(6-14)가 출제될 수 있다.

해석과 단어

왜 미스 츄가 새로운 프린터기를 주문하지 않았니?
너무 비싸서.

Drill 56

Have you contacted the insurance agency or do you want me to call them?
I already sent the e-mail in the morning.

소리포인트

① want me부분은 '원미'로 들린다. ② I already에서 I al 부분 때문에 역시 '알'로 들려서 I'll과 구별이 어려우므로 주의한다.

유력오답선지

Let me know your phone number?와 같이 contact나 call에서 연상할 수 있는 연상작용 오답선지(6-15)가 출제될 가능성이 높다.

해석과 단어

보험사에 직접 연락했니 아니면 내가 연락해줄까?
내가 오늘 아침에 이메일로 벌써 했어.

Drill 57

How do you get to work every day?
I walk there.

work와 **walk**의 발음 구별을 묻는 문제는 리스닝 문제의 고전이다.

work로부터 연상할 수 있는 **Around 9.** 또는 **Yes, 4 times a week.**처럼 연상작용 오답선지(6-15)가 출제될 수 있다.

매일 직장까지 어떻게 가?
걸어서 가.

Drill 58

What will you do with the extra printers?
They can go in the closet.

① **extra**는 '엑셋트라'로 들린다. ② **go in the closet**은 거의 숙어이므로 발음도 덩어리로 익힌다.

Six sets of copies.처럼 **printer**로부터 연상할 수 있는 연상작용 오답선지(6-15)가 출제될 수 있다.

여분의 프린터기로 뭘 할 거니?
수납장 안에 두어야지.
(여기서 **go**의 의미는 '가다'가 아니라, '서랍 속에 들어 앉히다/내보내다'의 의미이다.)

Drill 59

Would you like to read the newspaper when I finish?
Thanks but I already bought a copy.

bought가 '보트'로 들려서 but 혹은 boat로 느껴지기도 한다.

I'd be happy to lead. 처럼 read와 lead의 발음상 혼동을 일으키는 유사발음 오답선지(6-14)가 출제될 가능성이 높다.

내가 읽은 뒤에 신문을 읽을래?
고마워, 그렇지만 벌써 한 부 샀어.

[참고] Would you로 시작하면 '제안'인데, 이 말의 의미가 '너가 읽어줄래?'가 아니라 '너 읽을래?'이다. Would you like coffee?라고 하면 '나 커피 타줄래?'가 아니라 '너 커피 마실래?'이듯이, 마찬가지로 Would you like a ride? 라면 '나 태워 줄래?'가 아니라 '너 라이드 할래?(너 탈래?)'의 의미이다.

Drill 60

Wouldn't these flowers be good for the reception?
I think they're perfect.

① wouldn't는 '우든트'가 아니라 '우든'이다. ② they're가 '데아'로 들린다.

be good for 에서 연상할 수 있는 It's very useful. 또는 flower에서 연상할 수 있는 A table for 5.처럼 연상작용 오답선지(6-15)가 출제될 수 있다.

이 꽃들이 리셉션(만찬회)에 어울린다고 생각해?
응 완벽해!

 점진적 구간반복 MP3 녹음파일을 듣고,
단계별로 끊어서 소리나는대로 한글로 적어봅시다.

51
① _______________
② _______________ _______________
③ _______________ _______________ _______________ ?
① Yes, _______________ ?

52
① _______________
② _______________ _______________ ?
① No, _______________ .

53
① It _______________
② It _______________ _______________ .
① _______________
② _______________ _______________ .

54
① _______________
② _______________ _______________ ?
① I _______________
② I _______________ _______________ .

55
① _______________
② _______________ _______________ ?
① It _______________ .

56
① _______________
② _______________ ?
① I _______________
② I _______________ _______________ .

57
① ____________________
② ____________________ ____________________?
① I ____________________ .

58
① ____________________
② ____________________ ____________________?
① They ____________________ .

59
① ____________________
② ____________________ ____________________?
① Thanks ____________________
② Thanks ____________________ ____________________ .

60
① ____________________
② ____________________ ____________________?
① I ____________________
② I ____________________ ____________________ .

점진적 구간반복 PART3
스크립트 자료 25지문

정상녹음

점진적 구간반복

언뜻 Part3와 Part4 스크립트가 각 25개씩이므로, Part1의 220개, Part2의 60개에 비해 부족한 것이 아닌가 생각할 수 있다. 그러나 아래의 Part3와 4는 실제 토익 시험장에서 출제되는 스크립트보다 각 스크립트에 포함된 문장의 갯수가 조금 더 많은 편이다. 따라서 이들 스크립트 50개에는 토익커들이 익혀야 할 문장과 단어가 중복되지 않으면서도 자연스럽게 모두 녹아 있다.

21~25번 지문은 新토익의 3인 대화 또는 5턴 이상 지문에 대비한 것이다. 이들 지문 때문에 新토익에서 난이도 변화 폭은 Part4보다 Part3에서 더 크다. 필자는 舊토익 시절부터 Part3가 Part4보다 더 어렵다고 주장해 왔다. 중간 중간에 흐름이 바뀌는 Part3는 조금만 집중하지 않으면 흐름을 놓쳐 버리기 때문이다. 新토익에서 그 점이 심화될 수 있으니 Part3에 만전을 기하기 바란다.

문제보다도 스크립트(대본)자체에 주목한 이유는 일단 '귀를 뚫는 것'이 선행되어야 하기 때문이다. 특히 Part3와 4 스크립트에 대한 점진적 구간 반복 mp3파일을 반복적으로 들으면, 비단 토익 리스닝뿐만 아니라, CNN 이나 드라마 리스닝 같은 영어리스닝의 기본 토대를 닦는 결과를 가져올 것이다.

Drill 01 회의자료 복사

W Good afternoon, Warner. I really need to get these documents copied and put it in the mail but I have a meeting in an hour. Has the new photocopier been set up?

M Not yet. It was supposed to arrive three hours ago, but the shipping company called me and scheduled another time in the evening.

W Well, then it might be a good idea for us to use the copy machine in human resources for the moment.

M Yeah. That way, I'll be able to make copies of the agenda for our conference.

소리포인트

① 처음에는 고유명사인 **Warner**가 마치 **warn**(경고하다)과 관련된 단어처럼 느껴진다. 그러나 방송 초반부에 모르는 단어가 나오면 의외로 별 것 아닌 고유명사일 수 있음을 알고 넘길 줄 알아야 한다. 처음에는 고유명사 중에 희한한 사람이름이 리스닝을 방해하지만, 익숙해지면 전후 맥락을 통해 고유명사임을 저절로 느끼게 되니 너무 걱정하지 않아도 된다. ② 동사로 쓰인 **schedule**(스케줄을 조정하다), 명사로 쓰인 **human resources**(인사부), **agenda**(회의주제)는 중요한 토익 단어이므로 소리로 익혀 둔다.

해석과 단어

미국녀 좋은 오후! Warner 씨. 이 서류들을 당장 복사해서 우편으로 부쳐야 하는데, 1시간 후에 회의가 있어요. 새로운 복사기는 설치됐나요?

미국남 아직요. 원래 3시간 전에 도착 예정이었는데, 배달회사가 전화가 와서 오늘 저녁에 다른 시간에 온대요.

미국녀 그래요. 그렇다면 지금 당장은 인사과에 있는 복사기를 쓰는 게 좋겠군요.

미국남 네. 그렇다면, 저는 회의 주제를 몇 부 복사할 수 있겠네요.

 점진적 구간반복 MP3 녹음파일을 듣고,
단계별로 끊어서 소리나는대로 한글로 적어봅시다.

01-W

Good afternoon, ___________________
① I really ___________________________________
② I really ___________________________________ ___________________
① but I ___________________________________
② but I ___________________________________ ___________________ .
① Has ___________________________________
② Has ___________________________________ ___________________?

01-M

Not yet. It was supposed to arrive three hours ago,
① but ___________________________
② but ___________________________ ___________________________ .

01-W

① Well, then ___________________________
② Well, then ___________________________ ___________________________
③ Well, then ___________________________ ___________________________
___________________________________ .

01-M

Yeah,
① ___________________
② ___________________ . ___________________________________ .

M There's no way I can finish the sales report by 7 o'clock and I have to present it at the meeting Monday morning. So I thought I'd stay late tonight to get it done.

W Well, don't forget that they're going to be installing new security software tonight. The whole computer network system will be shut down at six.

M Really? I hadn't heard about that. If you are right, I'll have to finish this report at home this weekend.

W No worries. you could get here earlier on Monday morning. The technicians have promised that the computer network will be up and running by 8 o'clock.

M Oh, that's a good idea.

소리포인트

① **There's no way**에서 **no**같은 부분에 강세가 있다고 해서 그 다음을 놓치는 우를 범하지 말아라. ② 순식간에 지나가는 **get it done**(게리떤)같은 부분은 덩어리로 소리를 암기해 둔다. ③ 전형적인 영국여자의 발음을 익힐 수 있는 좋은 지문이다. 특히 리듬을 타는 듯이 속도감 있게 지나가는 **don't forget that they're** 부분은 반드시 점진적 구간반복을 통해 소리를 익히는 것이 필요하다. ④ **shut down**(차단하다), **be up and run**(가동되다)이라는 표현도 소리로 익혀둔다.

해석과 단어

미국남 7시까지 영업보고서를 끝낼 방법이 없네. 월요일 아침 회의에 그것을 발표해야만 해. 그래서 오늘 밤 늦게까지 남아서 그것을 해야겠어.

영국녀 글쎄, 그들이 새로운 보안 소프트웨어를 오늘 밤에 설치할 예정이라는 것을 잊지마. 전체 컴퓨터 네트워크 시스템은 6시에 차단될 거야.

미국남 정말? 나는 들은 바 없는데. 니 말이 맞다면, 나는 이번 주말에 집에서 이 보고서를 마무리해야 한다는 말이군.

영국녀 걱정마. 월요일 아침 일찍 오면 될 거야. 기술자들이 8시까지는 컴퓨터 네트워크가 작동할 수 있도록 해준다고 약속했거든.

미국남 오, 좋은 생각!

 점진적 구간반복 MP3 녹음파일을 듣고,
단계별로 끊어서 소리나는대로 한글로 적어봅시다. 

02-M

① There's ___________________
② There's ___________________ ___________________
① and I ___________________
② and I ___________________ ___________________ .
① So I ___________________
② So I ___________________ ___________________ .

02-W

① Well, ___________________
② Well, ___________________ ___________________ .
① The Whole ___________________
② The Whole ___________________ ___________________ .

02-M

Really? I hadn't heard about that. If you are right,
① ___________________
② ___________________ ___________________ .

02-W

No worries.
① ___________________
② ___________________ ___________________ .
① The ___________________
② The ___________________ ___________________ .

02-M

Oh, That's a good idea.

Drill 03   자동차 부품공장 이전

M I heard that Wentworth branch of our auto parts factory is closing. Do you know anything about that?

W Yes, I've heard about that. The company is trying to cut costs and Wentworth was just far away from our major shipment routes. It costs too much to send everything here for us. So, they're actually going to be moving all the equipment and employees here.

M Oh, I see. And moving the branch won't just reduce costs. Our customers should get their goods sooner too since everything can be shipped directly. So, are they going to be adding a new building here?

W We had some warehouse space that is not being used. So, they'll do some renovations this winter to get it ready. The new facility will not only help us produce better equipment, but it will also attract a much larger number of clients and investors.

소리포인트

① **Wentworth**라는 고유명사는 **went**와 **worth**의 결합이므로 모르는 단어로 느껴지지만 당황하지 않는다. ② **auto parts**(자동차 부품)는 '오로 팔츠'로 들린다. ③ **just far away from**과 **won't just**에서 **just**가 잘 들리는지 체크해본다. ④ **warehouse**의 **ware**부분이 **where**나 **wear**로 착각하기 쉽다. ⑤ **get it done**(게리떤)이나 **get it ready**처럼 **get**으로 시작하는 5형식 구문은 덩어리로 익힌다.

해석과 단어

미국남 우리 자동차 부품 공장의 왠월쓰 지점이 문을 닫는다는 말을 들었어. 그것에 대해 아는 바 있어?

미국녀 응, 들었어. 회사는 경비절감을 위해 노력 중이거든. 왠월쓰 지점은 우리 회사 주요 배달 경로로부터 너무 멀어. 그래서 여기서 모든 것을 보내기에는 경비가 너무 많이 들어. 모든 장비와 직원들을 모두 여기로 옮길 예정이야.

미국남 아, 그렇구나. 지점을 옮기는 것은 단지 경비 절감뿐만 아니라, 모든 것을 바로 배송할 수 있게 되어서 고객들이 물품을 빨리 받아 볼 수 있게 될 거야. 그래서 여기에 새로운 건물을 짓는 거니?

미국녀 현재 사용하지 않는 창고가 몇개 있어. 그래서 이번 겨울에 그 창고들을 사용 가능하도록 리노베이션할 예정이래. 새로운 시설은 더 좋은 장비를 생산할 수 있도록 도와줄 뿐만 아니라, 더 많은 고객과 투자자들을 끌어들일 수 있을 거야.

 점진적 구간반복 MP3 녹음파일을 듣고,
단계별로 끊어서 소리나는대로 한글로 적어봅시다.

03-M

① I _______________
② I _______________ ____ .
Do you know anything about that?

03-W

Yes, I've heard about that.
① The company _________________________
② The company _____________ ___________________________
③ The company _____________ ___________________________
_________________________________ .

① It _________________
② It _________________ ___________________________ .
① So, _________________
② So, _________________ ___________________________ .

03-M

Oh, I see.
① And _____________________________
② And _____________________________ _________________ .
① Our _____________________________
② Our _____________________________ _________________
since everything can be shipped directly.
① So, _____________________________
② So, _____________________________ _________________ ?

03-W

① We _____________________________________
② We _____________________________ _____________________ .
① So, _____________
② So, _____________ _____________________________ .

① The _______________________

② The _______________________ ____ ,

① but _______________

② but _______________ ____ .

M Jennifer. Do you know if those new color printers have arrived yet? I think we ordered them about a month ago. Have you heard anything from the distributor?

W Yes, I just got an e-mail this morning saying that the printers are on the way and they should be here by Thursday. Apparently the new model we ordered was selling so fast that the manufacturer couldn't keep up with the demand.

M I'm not surprised about that. I know it's received perfect 5-star reviews and the price is really reasonable.

W Yes and best of all, the distributor said they won't charge us for shipping because of the delay.

소리포인트

① 문장 중간에 빈번히 끼어드는 **I think** 부분도 놓치지 않는다. ② 토익에 자주 나오는 단어인 **distributor**가 미국식 영어에서는 '디스트리뷰러'로 들린다. ③ **on the way**(오는 도중)라는 표현도 알아둔다. ④ **the new model we ordered**처럼 회화체에서는 관계대명사 **that**을 거의 생략해서 쓰므로 **LC**에서 명사 다음에 주어+동사가 오면 그 앞단어를 수식하는 부분임을 깨달아라.

해석과 단어

미국남 제니퍼! 새로운 컬러 프린터가 도착했는지 알고 있니? 한 달 전쯤에 주문했던 것을 알고 있어. 유통회사로부터 뭐 들은 거 없니?

미국녀 응. 오늘 아침에 프린터가 배달중이라는 이메일을 받았어. 그것들은 목요일까지 올 거라고 하네. 우리가 주문한 신 모델이 너무 빨리 팔려서, 제조회사가 수요를 따라잡지 못하고 있는 게 분명해.

미국남 놀랄 일도 아니지(당연하지). 그건 별 다섯 개짜리 리뷰를 받았고, 가격도 매우 합리적이야.

미국녀 응. 맞아. 그리고 무엇보다 유통회사가 배달지연으로 인해 운송료를 받지 않는다고 말했어.

 점진적 구간반복 MP3 녹음파일을 듣고,
단계별로 끊어서 소리나는대로 한글로 적어봅시다. 

04-M

Jennifer. Do you know if those new color printers have arrived yet?
① I ____________
② I ____________ ____________________________.
Have you heard anything ____________________?

04-W

Yes,
① I ____________
② I ____________ ____________________________
① and ____________________________
② and ____________________________ ____________ .
① Apparently ____________________________
② Apparently ____________________________ ____________
① that ____________________________
② that ____________________________ ____________ .

04-M

I'm not surprised about that.
① I ____________________
② I ____________________ ____________________________
and the price is really reasonable.

04-W

Yes and best of all,
① the ____________________
② the ____________________ ____________________________.

M Fran, I have to come up with a fresh idea for marketing our new fruit chewing gum. The first advertisement we created hasn't worked out as well as we'd hoped.
W That's too bad. I heard that those television ads were expensive to make. Well, what if you try some kind of taste test? It would definitely be cheaper. And you also need to see reports on all consumer taste tests.
M Hmm.., I like that. We can offer the new product to people on the street, and then fill in their comments. Thanks for the suggestion. I think I can get a proposal written up to present today's marketing meeting.

소리포인트

① **come up with**의 뜻은 꼭 기억해 둔다. ② **as well as we'd hoped**는 덩어리로 한단어처럼 소리를 익혀 준다. ③ **ads**의 발음도 알아둔다. ④ **what if**(～하면 어때?)라는 회화체 표현도 알아둔다. ⑤ **need to**는 d가 약화되어 '니투'로 들린다. ⑥ 5형식 표현인 **get a proposal written up**도 **get**발음과 리듬감을 익혀둔다.

해석과 단어

미국남 프란! 나는 우리의 새로운 신상품 과일 껌을 마켓팅할 신선한 아이디어를 떠올려야 해. 우리가 만들어냈던 지난 첫번째 광고는 우리 기대만큼 효과가 없었어.
미국녀 그거 참 안됐네. 텔레비전 광고는 만들기에 너무 비싸다고 들었어. 글쎄, 시음회 같은 걸 하면 어떨까?(what if: ～하면 어떨까?) 그건 분명히 더 쌀 거야. 게다가 소비자들의 성향 테스트 보고서를 볼 필요도 있잖아.
미국남 음, 그거 괜찮네. 우리는 새로운 상품을 사람들에게 길거리에서 선보이고, 그들의 코멘트를 받아적는 거지. 제안 고마워. 이 제안을 적어서 내일 마켓팅 회의 때 발표해야겠다.

 점진적 구간반복 MP3 녹음파일을 듣고,
단계별로 끊어서 소리나는대로 한글로 적어봅시다.

05-M

Fran,
① I ________________________________
② I ____________________________ ____________________________ .
① The ________________________________
② The ____________________________ ____________________ .

05-W

That's too bad.
① I ________________________________
② I ____________________________ ____________________ .
Well,
① what ________________
② what ____________ ____________________________ ?
① ________________________
② ____________________ ________________ .
① And ________________________
② And ____________________ ____________________________ .

05-M

Hmm.., I like that.
① We ________________________________
② We ____________________________ ____________________________ ,
and then fill in their comments.
Thanks for the suggestion.
① I ________________________________
② I ____________________________ ____________________________ .

M Hello, Ms Andrea. This is John Varvatos from Architects. I'm calling about the shopping mall your company is developing on Peachtree Avenue. You were going to send me some information regarding the project.

W Oh, yes. I mailed that out over a week ago. I sent you a map of the site and the specifications for the characteristics of the stores.

M That's strange. So far I haven't received anything, and I'll need that information to draft the preliminary drawings. I'd like to have the drawings ready to show you and your colleagues at our Tuesday's meeting.

W Well, since the documents haven't arrived, I'll mail you the copies. I'll send them by overnight express so that you will be sure to get them tomorrow.

소리포인트

① **a map of the site**는 연음처리 되어 '매퍼브더 사이트'로 들린다. ② **need that**은 '니댓'으로 들린다. ③ 긴 문장의 **that** 절 속에 들어 있는 **you will be** 부분은 점진적 구간반복 mp3 파일을 반드시 들어본다. **will be**는 '울비'로 들릴 때가 많다.

해석과 단어

미국남 안녕? 미스 안드레아! 나는 건축사무소의 존 바바르토입니다. 내가 전화한 것은 당신네 회사가 피치트리 거리에 개발중인 쇼핑몰에 관한 것 때문입니다. 당신은 제게 프로젝트에 관한 몇 가지 정보를 보내주기로 하셨었어요.

미국녀 오, 네. 저는 일주일 넘게 전에 그것을 메일로 보냈었는데요. 현장 지도와 상점의 특징에 관한 상세사항을 보냈어요.

미국남 이상하네요. 지금까지 저는 아무것도 받은 것이 없어요. 그리고 저는 기초적인 초안을 그리기 위한 정보가 필요합니다. 저는 당신과 당신의 동료들에게 화요일 미팅에서 보여줄 초안을 그리고 싶거든요.

미국녀 그래요, 아직까지 서류가 도착하지 않았다면, 제가 다시 복사본을 보내드릴게요. 당일 특급 우편으로 보내면, 내일까지 그것들을 분명히 받을 수 있을 것입니다.

 점진적 구간반복 MP3 녹음파일을 듣고,
단계별로 끊어서 소리나는대로 한글로 적어봅시다. 

Hello, Ms Andrea. This is John Varvatos _______________ .
① I'm _______________
② I'm _______________ _______________ .
① You _______________
② You _______________ _______________ .

Oh, yes.
① I _______________
② I _______________ _______________ .
① I _______________
② I _______________ _______________ .

That's strange. So far I haven't received anything,
① and _______________
② and _______________ _______________ .
① _______________
② _______________ _______________ .

Well, since the documents haven't arrived,
① _______________
② _______________ _______________ .
① _______________
② _______________ _______________ .

W Alright, Mr. Larsen. Your doctor faxed us the prescriptions for you new eye glasses, but unfortunately, we no longer have the frames you purchased in stock. We can order them today, but they won't be here until next Monday.

M Hmm.. I don't think I can wait that long. I'm going to travel to California for a wedding on the weekend and I'll be away for one week. I really want to take my new glasses on the trip with me.

W Well, if you can drop by the store, you can look at the frames we have in stock here. We have a wide range of selections. If you find a pair you like today, we can have the eye glasses ready for you tomorrow morning.

M OK. I'll come in this afternoon and take a look. If I can pick my eyeglasses up tomorrow, that would be perfect.

소리포인트

① 영국식 발음의 진수를 느낄 수 있는 지문이다. **doctor**를 '독터'라고 하고, **drop by**도 o발음을 그대로 읽어 '드롭 바이'라고 한다. ② **purchased**는 '펄쳐스드'로 들린다. ③ **here**가 '헤아/히아'로 들려서 **hair**로 느껴진다.

해석과 단어

영국녀 좋아요. 미스터 라슨. 당신의 주치의가 저에게 팩스로 당신의 새 안경에 대한 처방전을 보내왔습니다. 그러나 불행히도, 우리는 더 이상 당신이 구매한 안경테를 재고로 보유하고 있지 않습니다. 우리가 오늘 그것을 주문하면, 다음주 월요일 전까지는 여기에 도달하지 않을 것입니다.

미국남 음, 나는 그 때까지 기다릴 수가 없네요. 나는 주말에 결혼식 때문에 캘리포니아로 여행을 가야 하거든요. 그리고는 1주일간 떠나 있을 거예요. 이번 여행에 새 안경이 꼭 필요한데요.

영국녀 글쎄, 만약 오늘 상점에 들러주신다면, 여기 재고로 있는 안경테를 고르실 수 있습니다. 우리는 다양한 상품 목록을 구비하고 있어요. 당신이 원하는 안경테 한 쌍을 찾는다면, 우리는 내일 아침까지 안경을 준비할 수 있습니다.

미국남 알겠습니다. 그럼 오늘 오후에 가서 한번 둘러볼게요. 내일 아침까지만 안경을 찾을 수 있다면, 완벽합니다.

 점진적 구간반복 MP3 녹음파일을 듣고,
단계별로 끊어서 소리나는대로 한글로 적어봅시다. 

07-W

Alright, Mr. Larsen.
① Your ___________________________
② Your ___________________________ ___________________________ ,
① but ___________________________
② but ___________________________ ___________________________ .
We can order them today,
① but ___________________________
② but ___________________________ ___________________________ .

07-M

Hmm.. I don't think I can wait that long.
I'm going to travel to California for a wedding on the weekend
① and ___________________________
② and ___________________________ ___________________________ .
① I ___________________________
② I ___________________________ ___________________________ .

07-W

① Well, ___________________________
② Well, ___________________________ ___________________________ .
We have a wide range of selections.
① if ___________________________
② if ___________________________ ___________________________ ,
① we ___________________________
② we ___________________________ ___________________________ .

07-M

OK.
① I'll ___________________________
② I'll ___________________________ ___________________________ .
① If ___________________________
② If ___________________________ ___________________________ ,
① that ___________________________
② that ___________________________ ___________________________ .

M Lucy, at next morning's marketing meeting I'd like you to talk about the new apple soft drink that company is planning to launch this summer. I'm getting worried that we still haven't decided the name that we want to use. Are there any ideas for what to name the new product?

W Well, my team's come up with some really strong possibilities. I can put together a list of the best ideas we have. I'll bring it to tomorrow's meeting so we can get everyone's feedback.

M Please do that. Without a name we can't develop the radio commercials and we're scheduled to begin showing those on August.

소리포인트

① 유독 뒤에서 명사를 수식하는 **that**절이 많은 지문이다. 이렇게 되면 문장이 길어지게 되는데, 이 때 위력을 발휘하는 것이 점진적 구간 반복 **mp3**파일이다. 반드시 들어본다. ② 앞쪽에서 부터 끊어서 들으면서, 문장 전체를 정복한다.

해석과 단어

미국남 루시, 내일 아침 마케팅 회의에서 이번 여름에 회사가 출시할 새로운 사과 주스에 대해서 네가 말해줬으면 좋겠어. 우리는 아직까지 거기에 쓸 제품명을 정하지 않아서 걱정이야. 신제품 이름에 대한 좋은 아이디어 없니?

영국녀 글쎄, 우리 팀은 몇 가지 강력한 가능성이 있는 아이디어들이 떠올랐어. 내가 그 아이디어들 목록을 적어서 줄게. 그것을 내일 회의에 가지고 가서 우리가 모두의 피드백을 받아보자.

미국남 꼭 좀 그렇게 해줘. 새로운 이름이 정해지지 않고는, 라디오 방송도 할 수 없어. 그 방송들은 8월에 하기로 예정되어 있는데 말이야.

점진적 구간반복 MP3 녹음파일을 듣고,
단계별로 끊어서 소리나는대로 한글로 적어봅시다.

08-M

Lucy, at next morning's marketing meeting
① ____________________
② ____________________ ____________________ .
① I'm ____________________
② I'm ____________________ ____________________ .
① Are ____________________
② Are ____________________ ____________________ .

08-W

① Well, ____________________
② Well, ____________________ ____________________ .
① I ____________________
② I ____________________ ____________________ .
① I'll ____________________
② I'll ____________________ ____________________ .

08-M

Please do that.
Without a name we can't develop the radio commercials
① and ____________________
② and ____________________ ____________________ .

W Good Morning, Stevens. The supervisor at the construction site just called. He said he needs the revised building plan before he starts building up the wall.

M Yes, we just finished updating the plan this morning. I'll be in a meeting for the rest of morning though. So I was going to take that out to the site and show him after lunch.

W I think the supervisor needs to take a look at it before then. Why don't you give it to me? I have to go to the site anyway to deliver some other files. I'd be happy to deliver it this morning.

소리포인트

① **though**(그러나)의 위치가 우리말의 어순과 너무나 이질적이다. 우리는 '그러나'를 문장 앞에만 쓰지만, **though**는 위와 같이 문장 끝에 연속적으로 붙기도 한다. 따라서 '도우'가 들리면 문장 뒤에 붙은 **though**임을 깨닫자. ② **anyway**(어차피)의 위치도 마찬가지로 우리말과는 조금 다르게 쓰였다. ③ **need**에서 **d**는 항상 거의 안 들려서 '니~'로 들릴 때가 많다.

해석과 단어

미국녀 좋은 아침, 스티븐스. 현장 감독이 방금 전화를 했었어요. 그는 수정된 건물 계획이 벽면을 세우기 전에 필요하다고 했어요.

미국남 응, 오늘 아침 방금 업데이트를 마쳤어. 그런데 오늘 아침의 나머지 시간에 나는 회의에 들어가야 해. 그래서 점심 식사 후 그것을 가지고 현장으로 가서 그에게 보여줄 예정이었어.

미국녀 내 생각에는 현장 감독이 그 전에 한 번 보기를 원하는 거 같아요. 그것을 내게 주면 어때요? 내가 어차피 현장에 가서 전달해줄 다른 서류철이 있거든요. 기꺼이 오늘 아침에 전달해 드릴게요.

 점진적 구간반복 MP3 녹음파일을 듣고,
단계별로 끊어서 소리나는대로 한글로 적어봅시다.

09-W

Good Morning, Stevens.
The supervisor at the construction site just called.
① He ___________________________
② He ___________________________ ___________________________ .

09-M

① Yes, ___________________________
② Yes, ___________________________ ___________________________ .
I'll be in a meeting for the rest of morning though.
① So ___________________________
② So ___________________________ ___________________________ .

09-W

① I ___________________________
② I ___________________________ ___________________________ .
Why don't you give it to me?
① I ___________________________
② I ___________________________ ___________________________ .
I'd be happy to deliver it this morning.

M Isabell, I hear your architecture design company just won an award for the best new small enterprise! Congratulations, you must be doing very well.

W Yes, and because of the award, I'm even getting more new clients. It has resulted in more work than I can handle and I'm planning to hire an assistant. Do you have someone in mind?

M You know, my friend Erica studied interior design, and she's looking for a job. She is very talented. She doesn't have much business experience though so I don't know if you want to consider her.

W Oh, business experience isn't necessarily required. I need someone with creative ideas. I want to see Erica's resume. Why don't you have her send it to me?

소리포인트

① award에서 a는 거의 안들리다보니 언뜻 world로 느껴지기도 하니 각별히 주의한다. ② Drill 09과 마찬가지로 문장 끝에 오는 though를 놓치지 않도록 한다. ③ need someone 의 d 발음은 이 지문에서도 약화되어 '니'로 들린다. ④ 그러나 send it to me에서 d는 연음처리되어 '센딧두미'로 들린다.

해석과 단어

미국남 이사벨, 나는 당신네 건축 디자인 회사가 최우수 중소기업 상을 수상한 것을 들었어. 축하해, 니가 정말 잘한 덕분이야.

미국녀 응, 그런데 상을 받은 덕분에, 새로운 고객들이 늘었어. 그 결과 내가 처리할 수 있는 양보다 일이 늘었어. 그래서 새로운 조수를 고용할 계획이야. 누구 마음 속에 찜해 둔 인물 없어?

미국남 너도 알잖아, 내 친구 에리카라고, 인테리어 디자인 공부를 했고, 그녀가 지금 구직 중이야. 그녀는 매우 재능이 있지. 그런데 사업 경험이 부족해. 그래서 니가 그녀를 원할지 잘 모르겠네.

미국녀 오, 사업 경험은 필수적으로 요구되는 게 아니야. 나는 창조적인 아이디어를 가진 사람을 필요로 해. 에리카의 이력서를 보고 싶어. 나한테 보내달라고 하는 게 어때?

 점진적 구간반복 MP3 녹음파일을 듣고,
단계별로 끊어서 소리나는대로 한글로 적어봅시다. 

10-M

① Isabell, _______________________________________
② Isabell, _______________________________________ _______________ .
Congratulations, you must be doing very well.

10-W

Yes, and because of the award,
① I'm _______________________
② I'm _______________________ _______________________ .
① It _______________________
② It _______________________ _______________________ ,
① and _______________________
② and _______________________ _______________________ .
Do you have someone in mind?

10-M

You know, my friend Erica studied interior design,
and she's looking for a job. She is very talented.
① She _______________________
② She _______________________ _______________________
_______________________ .

10-W

Oh, business experience isn't necessarily required.
I need someone with creative ideas. I want to see Erica's resume.
① Why _______________________
② Why _______________________ _______________________ ?

W I've just started working here today and I can't access my on-line time sheet for some reason. I'm supposed to report my hours at the end of each day, right?
M Yes! The passwords to get in to the computer network system are included in orientation materials, didn't you receive yours?
W Yes and I've been using it to access other programs all day but for some reason it doesn't allow me to get into the time reporting system. I think something is wrong with it.
M Well, that password should work. But since this is your first day, maybe your name isn't in the time reporting system yet. I'd say you had better talk to your manager about it.

소리포인트

① **can**은 '큰'이고 **can't**는 '캐앤'이다. t발음이 안된다고 해서 정반대로 알아듣는 우를 범하지 말아라. ② **yours**는 '유얼스'보다는 '요얼스'에 가깝다.

해석과 단어

미국녀 저는 오늘 막 일을 시작했습니다. 그런데 무슨 이유인지 저의 온라인 타임 체크지에 접근할 수가 없군요. 매일 일이 끝나면 저의 근무시간을 보고하기로 되어 있지요? 그렇죠?

미국남 네. 컴퓨터 네트워크 시스템에 들어갈 때 쓸 비밀번호는 오리엔테이션 자료에 포함되어 있어요. 당신 것을 받지 못했나요?

미국녀 네, 받았어요. 저도 그것을 이용해서 하루종일 다른 프로그램에는 접근을 했어요. 그런데 무슨 이유인지 업무시간 보고 시스템에만 제가 들어가는 것을 허락하지를 않네요. 제 생각에 뭔가 잘못된 거 같아요.

미국남 글쎄요, 그 비밀번호가 작동할 것이 분명해요. 그러나 오늘이 첫 날이다보니, 아마도 아직 당신 이름이 업무시간 보고 시스템에 없는 거 같아요. 내 생각에는 매니저한테 그 사실을 말하는 편이 좋을 거 같아요.

 점진적 구간반복 MP3 녹음파일을 듣고,
단계별로 끊어서 소리나는대로 한글로 적어봅시다. 

11-W

① _______________
② _______________ _______________________________________ .
① I'm _______________
② I'm _______________ _______________________________________ .

11-M

Yes!
① The _______________________________________
② The _______________________________________ _______________ ,
didn't you receive yours?

11-W

① Yes _______________________________________
② Yes _______________________________ _______________________
① but _______________________________
② but _______________________________ _______________________ .
I think something is wrong with it.

11-M

Well, that password should work. But since this is your first day,
① maybe _______________________________
② maybe _______________________________ _______________________ .
① _______________________________
② _______________________________ _______________________ .

M Hi, Sophie. I heard you'll be on vacation next month. I wish I could take a trip like you. Where are you going to travel?

W To Tokyo. I'm visiting an old friend, a former coworker I got to know well when I had my job there. I can't wait to see him but I cannot have some time off. The latest schedule was so busy. I had six financial reports due last week.

M Things have been hectic for me, too. I am worried about completing reports on time. So then who'll be handling your assignments while you're out of the office?

W My manager will. She'll take care of anything urgent that comes up right away.

소리포인트

① 순식간에 지나가는 **you'll be** 를 알아듣기가 정말 힘들지만, 사실상 **you**는 거의 안들리고 '율비' 또는 '울비'로 들린다. ② 동격의 콤마로 이어지는 **coworker** 부분이 그 앞의 명사를 설명하는 부분임을 깨달아야 한다. ③ 영국식 발음에서 **job**은 '촵/좁'이고, **schedule**은 '쉐쥴'이니, 반드시 익혀둔다. ④ **She'll**은 '쉬일' 또는 '쉬울'로 들린다.

해석과 단어

미국남 안녕, 소피. 다음달 휴가를 떠난다고 들었어. 나도 너처럼 여행가고 싶다. 어디로 여행 갈 거니?

영국녀 도쿄로. 내 오랜 친구이자 내가 거기서 일할 때부터 알고 지내던 옛 동료를 방문할 거야. 그를 보는 것을 기다리지 못할 만큼 보고 싶은데, 쉴 수가 없네. 최근 스케줄이 너무 바빴어. 지난주까지 해야 할 6개의 재무 리포트를 갖고 있었거든.

미국남 상황이 바쁘게 돌아가는 건 나도 마찬가지야. 제 시각에 리포트를 마감할 수 있을지 걱정이야. 그렇다면, 누가 니가 사무실을 떠나있는 동안 너의 업무를 처리할 거니?

영국녀 나의 매니저가 해 줄 거야. 그녀가 당장 해야 할 긴급한 것들을 살펴줄 거야.

 점진적 구간반복 MP3 녹음파일을 듣고,
단계별로 끊어서 소리나는대로 한글로 적어봅시다.

12-M

Hi, Sophie.
① I ___________________________
② I ___________________________ ___________________________.
① I ___________________________
② I ___________________________ ___________________________.
Where are you going to travel?

12-W

To Tokyo. I'm visiting an old friend,
① a ___________________________
② a ___________________________ ___________________________.
I can't wait to see him but I cannot have some time off.
① The ___________________________
② The ___________________________ ___________________________.
I had six financial reports ___________________________.

12-M

① ___________________________
② ___________________________ ___________________________.
I am worried about completing reports on time.
① So ___________________________
② So ___________________________ ___________________________?

12-W

My manager will.
① ___________________________
② ___________________________ ___________________________.

M Did you see today's newspaper? There's a story about the new line of athletic shoes we've just started producing. The first consumer reactions to our latest product is great.

W That article should be a good advertising for our company. Not many other stores are selling that line of shoes yet.

M Yeah. Have you tried the shoes? They are really well designed for comfort.

W Yeah. I bought a pair of shoes last week. They were so comfortable. I wore them all weekend.

소리포인트

① 미국식 영어는 굴리는 것이 심해서 **athletic**이 '애쓸래릭'으로 들린다. ② **buy**의 과거형인 **bought**의 발음이 어렵다. 심지어 **boat**나 **but**로 들리기도 하니 주의한다. ③ **wore them**은 **wear**의 과거형인데 '오우뎀'으로 들린다. **wore**는 어려운 발음이므로 미리 익혀둔다.

해석과 단어

미국남 오늘 신문 봤어? 우리가 막 생산을 시작한 새 운동화 라인에 대한 이야기가 있어. 우리 최신 상품에 대한 첫 번째 소비자 반응은 정말 좋아.

영국녀 기사는 분명 우리 회사에 대한 좋은 광고가 될 거야. 아직 많은 상점들이 그 운동화 라인을 판매중이지는 않아.

미국남 응 그래. 너 그 신발 신어봤어? 정말로 편안하게 잘 설계되었어.

영국녀 응 지난 주에 한 켤레 샀지. 정말로 편안하더라고. 주말 내내 신었어.

 점진적 구간반복 MP3 녹음파일을 듣고,
단계별로 끊어서 소리나는대로 한글로 적어봅시다. 

13-M

Did you see today's newspaper?
① ____
② ____ _______________ .
① The _______________________________________
② The _______________________________________ _______________ .

13-W

① That _______________________________________
② That _______________________________ _______________ .
Not many other stores are selling that line of shoes yet.

13-M

Yeah. Have you tried the shoes?
They are really well designed for comfort.

13-W

Yeah.
① ___________________________
② ___________________ ___________________________ .
They were so comfortable.
① ___________________________
② ___________________ ___________________ .

Drill 14   피추천자 검증

W Hi Mr. Palmer. This is Elizabeth Reynolds from the Front Pioneer Advertising. Robert Cornelius is applying for the research & development position in our organization and he put your name down as reference. I was hoping you could tell me something about how he gets along with his coworkers.

M Robert? Well, I've known him for over ten years. And I've definitely enjoyed working with him. He is easy to get along with and everybody has always good things to say about him, particularly our clients. Since he is so good with people, Robert's being asked to lead a lot of group projects.

W I'm really glad to hear that. Could you describe projects he's currently working on?

M Hmm, that sounds like a better idea. He is in charge of directing the Transportation Design Project.

소리포인트

① 토익 빈출단어인 **research & development**(연구개발), **reference**(추천서), **get along with**(잘지내다), **lead**(이끌다)는 반드시 소리로 익혀둔다.

해석과 단어

영국녀 안녕하세요, 미스터 파머. 저는 프론트 파이오니어 광고 회사의 엘리자베스 레이놀드입니다. 로버트 코넬리어스씨가 우리 조직의 연구개발 부서에 지원을 하셨어요. 그리고 그는 당신의 이름을 추천서에 적어두었네요. 저는 그(로버트씨)가 동료들과 잘 지냈는지에 관한 몇 가지에 대해 좀 당신이 말씀해주시기를 바랍니다.

미국남 로버트? 저는 그를 10년 넘게 알고 지내왔죠. 그리고 나는 그와 일하는 것을 정말로 즐겼어요. 그는 잘 지내기 쉬운 사람이어서 모든 사람들이 그에 대해 좋은 말만 했습니다. 특히 우리 고객들이요. 그가 사람들과 잘 지내기 때문에 로버트는 현재 많은 그룹 프로젝트를 이끌어달라고 요청되어 있는 상황이에요.

영국녀 그런 말을 들으니 기쁘군요. 현재 그가 몸담고 있는 프로젝트에 대해 좀 묘사해 줄 수 있을까요?

미국남 음, 그거 좋은 생각이군요. 그는 지금 교통 설계 프로젝트를 지휘하는 것을 맡고 있어요.

 점진적 구간반복 MP3 녹음파일을 듣고,
단계별로 끊어서 소리나는대로 한글로 적어봅시다. 

14-W

Hi Mr. Palmer. This is Elizabeth Reynolds ________________________ .
① ________________________
② ________________________ ________________________ .
and he put your name down ________________ .
① ________________________
② ________________________ ________________________ .

14-M

Robert? Well, I've known him for over ten years.
And I've definitely enjoyed working with him.
He is easy to get along with and
① everybody ________________________
② everybody ________________________ ________________________ ,
particularly ________________________ .
Since he is so good with people,
① ________________________
② ________________________ ________________________ .

14-W

I'm really glad to hear that.
① Could ________________________
② Could ________________________ ________________________ ?

14-M

Hmm, that sounds like a better idea.
① He ________________________
② He ________________________ ________________________ .

M Hey, I read your article on art programs at the elementary school. I was deeply impressed with it and the photos of the children looked great.
W Yeah! Weren't they good? When the editor asked me to write that story, he also assigned a new photographer. Have you met Isabel Phillips?
M Sure, I know Isabel. After seeing her work for your article, I'd like to have her come with me on my next assignment. I'm interviewing the new director of the City Zoo and there'll definitely be some good photo opportunities there.

소리포인트

① **weren't they**는 '원때이'로 들린다. ② 워낙 짧게 지나가는 **met**은 '멧'으로 들리고 **meet**의 과거형이다. ③ **assignment**는 '어자인먼트'가 아니라 '어싸인먼트'이다. ④ **definitely**는 **ly**앞에서 잠시 끊어 읽어 '데피닛리'로 들린다. ⑤ 마지막 두 문장처럼 회화체에서 현재진행시제와 미래시제가 섞여 쓰이는 경우가 있다.

해석과 단어

미국남 어이! 나 초등학교 미술 프로그램에 관한 네 기사 읽었어. 정말로 감명깊었어. 그리고 아이들 사진들도 보기 좋던데.
미국녀 아 그래? 정말로 좋지 않아? 편집장이 그 기사에 대해 쓰라고 요구했을 대, 그는 새로운 사진기사도 내게 배정해 주었거든. 이자벨 필립이라고 들어봤니?
미국남 응, 이자벨 알아. 내가 그녀의 작품을 너의 기사를 통해 본 뒤에, 나도 나의 다음 업무에 그녀를 대동하기를 원하게 되었어. 나는 시립 동물원 신임관장을 인터뷰하는 중이야. 그리고 거기서 좋은 사진을 찍을 기회가 분명히 있을 거야.

 점진적 구간반복 MP3 녹음파일을 듣고,
단계별로 끊어서 소리나는대로 한글로 적어봅시다.

15-M

① Hey, __________________ 169

② Hey, __________________ __________________________________ .

I was deeply impressed with it and the photos of the children looked great.

15-W

Yeah!

① __________________

② __________________ __________________ ?

① When __________________

② When __________________ __________________ ,

he also assigned a new photographer.

① Have __________________

② Have __________________ __________________ ?

15-M

Sure, I know Isabel.

After seeing her work for your article,

① __________________

② __________________ __________________ .

I'm interviewing the new director of the City Zoo

① and __________________

② and __________________ __________________ .

W Excuse me, is our table ready yet? We've been waiting for about half an hour.

M Well, I'll seat you as soon as I can. But your dinner reservation was for five people and now there are eight people in your group. We don't have a table large enough to coordinate you at the moment.

W I'm sorry. The others joined us just after we left the office, so we didn't have time to change the reservation. But if we wait much longer, we have to be back for a meeting at 8 o'clock and it's already 7 o'clock now.

M There's a large group in the back room, and they might be ready to leave soon. I'll go and take a look now.

소리포인트

① 이 지문처럼 실랑이하는 상황도 출제될 가능성이 크다. ② I'll은 '알'로 들린다. ③ 이 지문을 통해 **ready**와 **already**를 구별해보는 것도 좋다. **already**에서 a가 거의 약화되어 사실상 두 단어가 비슷하게 들린다는 것도 알아둔다. 문맥으로 구별한다.

해석과 단어

영국녀 실례지만, 우리 테이블 준비는 아직 안 되었나요? 우리는 30분째 기다리고 있어요.

미국남 아, 가능한 빨리 앉혀드리겠습니다. 그러나 당신네 저녁 예약은 5명이었는데, 지금 오신 분들은 8명이잖아요. 우리는 당장 당신네들을 안내할 그렇게 큰 테이블이 없어요.

영국녀 미안해요. 우리가 사무실을 나온 뒤에 몇몇이 우리한테 합류했어요. 그래서 예약을 바꿀 시간이 없었어요. 그러나 우리가 지금 더 기다린다면, 우리는 8시 회의 때문에 돌아가 봐야 해요. 지금 벌써 7시예요.

미국남 지금 뒤쪽 방에 여러 명이 손님이 와 계신 데가 있어요. 그들이 곧 떠날 예정이에요. 그러면 제가 가서 한번 둘러보고 올게요.

 점진적 구간반복 MP3 녹음파일을 듣고,
단계별로 끊어서 소리나는대로 한글로 적어봅시다. 

16-W

Excuse me,
① ________________________
② ________________________ ________________ ?
We've been waiting for about half an hour.

16-M

Well,
① ________________
② ________________ ________________________ .
But your dinner reservation was for five people
and now there are eight people in your group.
① We ________________________________
② We ________________________ ________________________ .

16-W

I'm sorry. The others joined us ________________________________ ,
① so ________________
② so ________________ ________________________ .
① But ________________
② But ________________ ________________________ ,
we have to be back for a meeting at 8 o'clock ________________ .

16-M

There's a large group in the back room,
① ________________________
② ________________________ ________________________ .
I'll go and take a look now.

W Polanski, has the real estate agent sent you the financial information about K7 Exercise the fitness center that's for sale on Creek Street? I walked to pass there again in lunch time and I convinced it would be a really great investment for our company.
M Well, I e-mailed their agent Monday morning to get a statement of the income and operating expenses. But I haven't had a response from him yet.
W Hmm.. maybe you can give him a call so that we can take a look at those figures as soon as possible. That fitness center has a great location so I'm sure there would be a lot of interests in buying it.

소리포인트

① 모든 문장의 길이가 상당히 길게 구성된 난이도가 있는 지문이다. ② 특히 **that's for sale on Creek Street**부분은 뒤에서 앞을 수식하는 부분이다. 영어 리스닝은 앞에서부터 들어가는 구조이므로, 우리말 어순과의 차이를 몸으로 느껴야 한다. 역시 점진적 구간반복 **mp3**파일을 꼭 들어보아야 하는 지문이다.

해석과 단어

미국녀 폴란스키! 부동산 중개업자가 너한테 Creek거리에서 매각 중인 **K7 Exercise**라는 휘트니스 센터에 대한 금융정보를 보내왔어? 오늘 점심시간에 내가 거기를 다시 걸어서 가봤거든. 내가 정말 확신하는데, 그 투자는 우리 회사에게 최고의 투자가 될거야.

미국남 글쎄요, 제가 월요일 아침에 그들 중개업자에게 수입내역과 경비 지출 내역을 얻기 위해 이메일을 보냈어요. 그러나 아직까지 그로부터 반응이 없네요.

미국녀 음, 아마도 니가 전화를 해야, 우리가 가능한 한 빨리 그 수치를 훑어 볼 수 있을 거야. 그 휘트니스 센터는 정말 위치가 좋아서, 내가 확신하건대 그것을 매입하는 데 많은 관심이 있을 거야.

17-W

Polanski,
① has ___________________
② has ___________________ ___________
③ has ___________________ ___________ ___________

____
① the ___________________
② the ___________________ ___________________.
I walked to pass there again in lunch time
① and ___________________
② and ___________________ ___________________.

17-M

① ___________________
② ___________________ ___________________

___________________ .
But I haven't had a response from him yet.

17-W

Hmm.. maybe you can give him a call
① ___________________
② ___________________ ___________________.
That fitness center has a great location
① so ___________________
② so ___________________ ___________________
③ so ___________________ ___________________

___________________ .

W Hello, I'm calling to see if you have any rental cars available for this Friday morning. My flight arrives in Washington at 9:30 A.M. When I arrive, I pick up a rental car at the airport, is that right?
M Certainly. We'll have several cars available for you on Friday. Would you return the car to the Washington airport?
W I'm attending a conference in Washington but when it ends, I'm planning to drive down to Seattle. I'll be flying out of the Seattle airport on Saturday. So will I drop the car off at that airport?
M That's no problem. However if you return the vehicle to a different location, we do charge additional fee.

소리포인트

① 영국식 발음에서 **calling**이 '쿨링'으로 들림에 주의한다. ② **we'll**은 '윌'로 들린다. ③ **off at that airport**에서 **that**은 '덧'으로 들려서 **at that**은 '엣덧'이 숨가쁘게 들린다. 미리 익숙해질 필요가 있다.

해석과 단어

영국녀 여보세요, 저는 이번주 금요일 아침에 자동차를 렌트하는 것이 가능한지 알아보려고 전화했어요. 제 비행기는 워싱턴에 오전 **9**시**30**분에 도착해요. 제가 도착했을 때, 저는 공항에서 렌터카를 픽업할 예정이에요. 가능할까요?
미국남 당연하죠. 우리는 금요일에 당신이 이용할 만한 몇 개의 차를 구비하고 있습니다. 차는 워싱턴 공항으로 다시 반납하실 건가요?
영국녀 저는 워싱턴에서 하는 회의에 참석할 예정이지만, 그것이 끝나면, 시애틀로 운전하고 갈 계획입니다. 그래서 토요일에 시애틀 공항으로부터 비행기에 탑승할 것입니다. 따라서 저는 그 공항(시애틀 공항)에 차를 반납해야겠죠?
미국남 그것도 문제 없습니다. 다만, 차량을 다른 곳에 반납하실 경우, 우리는 추가 요금을 물리게 됩니다.

 점진적 구간반복 MP3 녹음파일을 듣고,
단계별로 끊어서 소리나는대로 한글로 적어봅시다. 

18-W

Hello,
① _______________________________
② _______________________________ _______________________________ .
My flight arrives in Washington at 9:30 A.M.
When I arrive, I pick up a rental car at the airport, is that right?

18-M

Certainly.
① _______________________________
② _______________________________ _______________________ .
① _______________________________
② _______________________________ _______________________________ ?

18-M

I'm attending a conference in Washington _______________________ ,
I'm planning to drive down to Seattle.

18-M

① _______________________________
② _______________________________ _______________________ .
① So _______________________________
② So _______________________________ _______________________________ ?

18-W

That's no problem.
However if you return the vehicle to a different location,
we do charge additional fee.

M I'm glad our office is moving to the vacant room on the third floor. It will be a lot quieter and operations efficiency will go up.
W Yes, but I hope the personnel manager remember to update our extension numbers in the staff directory this time. I missed a bunch of important calls the last time we changed rooms.
M Don't worry. I've already spoken to him and he assured me that he wouldn't make the same mistake twice.
W That's a relief. Hopefully everything will be organized before we begin working on the new project next week.

소리포인트

① 영국식 발음에서 **calls**는 '쿨즈'로 들린다. ② **wouldn**'t에서 **t**는 들리지 않고 '우든'으로 들린다.

해석과 단어

미국남 우리 사무실을 3층의 빈 방으로 옮기게 되어서 너무 기뻐. 거기는 훨씬 조용하고, 업무수행 효율도 올라갈 거야.

영국녀 응, 그러나 이번에는 인사과장한테 직원들의 내선 번호를 업데이트 하는 걸 다시 한번 상기시켜 줬으면 해. 지난번에 방을 바꿀 때 그것 때문에 중요한 전화를 엄청 놓쳤었거든.

미국남 걱정마. 내가 벌써 그에게 말해놨고, 그도 나에게 같은 실수를 두 번 하지는 않는다고 확신시켜줬어.

영국녀 그렇다니 다행이군. 우리가 다음 주 새로운 프로젝트를 시작하기 전에 모든 것들이 순조롭게 진행되어 가는 거 같네.

 점진적 구간반복 MP3 녹음파일을 듣고,
단계별로 끊어서 소리나는대로 한글로 적어봅시다.

19-M

① _______________________________
② _______________________________ _______________________________ .
① _______________________________
② _______________________________ _______________________________ .

19-W

① Yes, _______________________________
② Yes, _______________________________ _______________________________
_______________________________ .
① I _______________________________
② I _______________________________ _______________________________ .

19-M

Don't worry.
I've already spoken to him
① and _______________________________
② and _______________________________ _______________________________ .

19-W

That's a relief.
① Hopefully _______________________________
② Hopefully _______________________________ _______________________________ .

M Hello, Ruth. I just spoke to the designer of Larkin Printing. He wants to check if there were changes in the list of phone numbers for the entire staff before he starts printing our business cards.

W Okay, my assistant completed updating the list yesterday and I e-mailed it to you last night. I have to prepare a presentation right now, but I could forward the list to the designer before I leave the office.

M Oh, I haven't had a chance to check my e-mail today. Since you've already given me a copy of the list, I'll just e-mail it to the designer myself.

소리포인트

① 모든 문장의 길이가 상당히 길고 빠르게 흘러가는 난이도가 있는 지문이다. ② 뒤를 볼 수 있는 독해(**RC**)와 달리 앞에서부터 듣기만 해야 하는 청취(**LC**)의 경우, 우리말 어순과의 차이를 몸으로 느껴야 한다. 역시 점진적 구간반복 **mp3**파일을 꼭 들어보아야 하는 지문이다.

해석과 단어

미국남 안녕하세요? 루쓰. 저는 라킨 인쇄소의 디자이너와 대화를 나눴습니다. 그는 우리들의 새 명함을 인쇄하기 전에, 전직원의 전화번호 리스트에 변화가 있는지 체크해주기를 원했어요.

영국녀 알았어요, 제 조수가 어제 업데이트된 리스트를 모두 완성했어요. 내가 그것을 어젯밤 당신에게 이메일로 보내놓긴 했어요. (그런데) 내가 지금 프리젠테이션을 준비해야 하거든요. 그러나 내가 사무실을 나가기 전에 그 리스트를 디자이너에게 전달해 둘 수 있을 거 같아요.

미국남 오, 내가 오늘 이메일 체크할 시간이 없었네요. 만약 당신이 내게 이미 리스트 복사본을 보내놨다면, 제가 직접 디자이너에게 이메일을 보낼게요.

 점진적 구간반복 MP3 녹음파일을 듣고,
단계별로 끊어서 소리나는대로 한글로 적어봅시다.

20-M

Hello, Ruth.
① I ________________________
② I ________________________ ________________________ .
① He ________________________
② He ________________________ ________________________
before he starts printing our business cards.

20-W

Okay,
① ________________________
② ________________________ ________________________
① and ________________________
② and ________________________ ________________________ .
I have to prepare a presentation right now,
① but ________________________
② but ________________________ ________________________ .

20-M

① Oh, ________________________
② Oh, ________________________ ________________________ .
① Since ________________________
② Since ________________________ ________________________ ,
① ________________________
② ________________________ ________________________ .

Refer to the following conversation with three speakers.

M Did you two hear that our company is going to launch a TV advertising for our new B220 air conditioner?

W1 Yes, I've heard. Where will this ads be probably broadcast?

M On a sport channel.

W2 Who'll take over the assignment of producing the TV ads?

M It's not decided yet.

W2 I think we need to implement aggressive marketing strategy.

W1 Of course. The previous marketing strategy didn't seem to be having much effect on sales.

M I don't think so. Our company has spent too much money into research and development on this B220. It's better to maintain current levels of budgets for marketing.

소리포인트

① 첫 문장에서 **Did you two hear that**이라는 표현이 등장해서 이 지문이 3인 대화임을 예고하는 경우가 많다. 이렇게 되면 3인이 등장할 것임을 예상하고 듣는 것이 대화의 흐름을 좇아가기에 좋다. ② **Where will**이라는 '의문사+조동사' 발음을 잘 들어본다. 의문사 의문문에서 be의 위치와 관련해 어순에도 주목한다. ③ **take over the assignment**는 자주 나오는 표현이며 assignment(어싸인먼트)의 발음도 중요하다. ④ **implement strategy**나 **research and development**(연구개발, R&D)는 비지니스 관련 중요 표현이다. ⑤ **didn't seem to be having**도 주의하여 들어본다.

해석과 단어

미국남 너희들 우리 회사가 신규 에어콘 B220에 대한 **TV**광고를 출시하는 걸 들었니?

영국녀 응, 들었지. 그 광고가 어디에서 방송되니?

미국남 스포츠 채널

미국녀 누가 그 **TV** 광고를 만드는 일을 맡았니?

미국남 그건 아직 결정되지 않았어.

미국녀 나는 우리가 좀 더 적극적인 마케팅 전략을 시행해야 할 필요가 있다고 봐.

영국녀 물론이지. 이전의 마케팅 전략은 판매 면에서 별로 효과가 없었던 것 같아.

미국남 난 그렇게 생각하지 않아. 우리 회사는 **B220** 연구개발에 너무 많은 돈을 쏟아 부었어. 마케팅을 위한 예산은 현재 수준을 유지하는 게 낫다고 봐.

 점진적 구간반복 MP3 녹음파일을 듣고,
단계별로 끊어서 소리나는대로 한글로 적어봅시다.

21-M
① ___________________________________
② _________________________________ __________________________________
③ _________________________________ __________________________________
_________________________________ ?

21-W¹
Yes, I've heard.
① ___________________________________
② _________________________ __________________________ ?

21-M
On a sport channel.

21-W²
① ___________________________________
② _________________________ __________________________ ?

21-M
It's not decided yet.

21-W²
① ___________________________________
② _________________________ __________________________ .

21-W¹
Of course.
① ___________________________________
② _________________________ __________________________ .

21-M
I don't think so.
① ___________________________________
② _________________________ __________________________ .
① It's better to ___________________________________
② It's better to _________________________ __________________________ .

181

Refer to the following conversation with three speakers.

W1 The numbers for the month of June are in, and they're worse than expected. Do either of you have any suggestions?

W2 What if we change the interior of our restaurant? Good atmosphere is an essential prerequisite for fine dining. It is a huge draw.

M I wonder about that. and we're on a limited budget, you know.

W2 But if we budget carefully we can afford to renovate our shop.

W1 I've come up with another solution. We could develop seasonal foods and beverages. The menu hasn't changed for a long time.

W2 Great! Based on customer response, we can incorporate possibly one seasonal menu in our regular dishes starting in July.

M Yeah, and I bet there would be more guests if our selection of dishes will appeal to the palate and the eye.

W2 I also saw an article about the popularity of some seasonal food in the latest issue of Chef's Magazine.

소리포인트

① 두번째 문장에서 **Do either of you**라는 표현이 등장해서 이 지문이 3인 대화임을 예고하는 경우가 많다. **either**가 영국발음으로는 '아이더'이다. ② **prerequisite**(전제 조건), **huge draw**(강력한 유인 요소), **come up with**(아이디어가 떠오르다), **incorporate**(포함시키다), **appeal**(호소하다) 등은 발음과 뜻이 모두 중요한 단어들이다.

해석과 단어

영국녀 6월의 수치가 입수되었는데, 우리 기대치보다 더 나빠. 너희 둘은 어떤 제안 거리가 있니?

미국녀 식당 인테리어를 바꿔보면 어떨까? 좋은 분위기는 고급 레스토랑의 필수 전 제조건이야. 그것은 강력한 유인 요소지.

미국남 그 점에 대해서는 상당히 의문이군. 또, 너도 알다시피 우리 예산은 한정적이야.

미국녀 그러나 우리가 예산을 꼼꼼히 집행하면, 가게 리모델링을 할 수도 있어.

영국녀 나는 또 다른 해결책이 떠올랐어. 우리가 새로운 계절 음식과 음료를 개발하 는 거야. 메뉴가 오랫동안 바뀌지 않았었잖아.

미국녀 좋다! 고객들의 반응을 토대로, 7월부터 기본 음식에 가능한 1가지 계절 메 뉴를 포함시킬 수 있어.

미국남 오, 메뉴 선택이 사람들의 미각과 시각을 자극하면, 많은 손님이 올 거라고 확신해

미국녀 나 또한 쉐프 매거진 지난 호에서 몇 가지 계절음식의 인기에 대한 기사를 봤어.

 점진적 구간반복 MP3 녹음파일을 듣고,
단계별로 끊어서 소리나는대로 한글로 적어봅시다. 

22-W¹
① The numbers ____________________ ,
② The numbers ____________________ , ____________________ .
① Do ____________________
② Do ____________________ ____________________ ?

22-W²
____________________ we changed the interior of our restaurant?
① Good ____________________
② Good ____________________ ____________________ .
It is a ____________ .

22-M
I wonder about that. and we're ____________ , you know.

22-W²
But if we budget carefully we can ____________________ .

22-W¹
____________________ another solution.
We could develop seasonal foods and beverages.
The menu hasn't changed for a long time.

22-W²
Great! Based on customer response,
① ____________________
② ____________________ ____________________ .

22-M
Yeah, and I bet
① ____________________
② ____________________ ____________________ .

22-W²
① I ____________________
② I ____________________ ____________________ .

183

Refer to the following conversation with three speakers.

M Would either of you like to go to Lexington Hotel today?

W1 It seems a good idea. I heard it was recently selected by Accommodation Magazine as the best hotel in our city.

M Yes. I saw an article about it in the local newspaper.

W2 It has four fine restaurants and the food is very authentic and perfectly seasoned. We can also play at the swimming pool.

W1 Wow, great!

W2 But is it possible to use the hotel facilities without a reservation in advance? I think it has already fully booked in this peak season.

M Oh, don't worry about that. I have this voucher that is the additional service of my credit card. This voucher can be applied to this hotel.

W1 OK, let's go!

소리포인트

① 두번째 문장에서 **Do either of you**라는 표현이 등장해서 이 지문이 3인 대화임을 예고하는 경우가 많다. ② **was recently selected by ~ as ~** (~로서 최근에 선정되다)라는 수동태 표현은 자주 출제된다. ③ **authentic**(정통의), **seasoned**(계절적인), **voucher**(바우처)는 발음과 뜻이 모두 중요하다. ④ **hotel facilities**(설비)라는 표현 외에 **amenity**(부대시설, 생활편의시설)라는 표현도 자주 나오는 토익 단어이다.

해석과 단어

미국남 너희 둘 오늘 렉싱턴 호텔에 가지 않을래?

영국녀 그거 좋은 아이디어 같다. 최근에 그 호텔이 숙박 매거진에 의해 우리 도시 내에서 최고의 호텔로 선정되었다는 걸 나도 들었어.

미국남 응. 나도 그것에 대해 지역 신문에서 보았지.

미국녀 그 호텔은 4개의 고급 식당이 있고, 음식이 매우 정통하고, 계절에 딱 맞대. 게다가 우리가 수영장에서 놀 수도 있어.

영국녀 와! 대단하다!

미국녀 그런데 미리 예약 없이 호텔 부대시설을 이용하는 것이 가능할까? 내 생각에, 지금과 같은 성수기엔 벌써 모든 예약이 다 찼을 것 같은데.

미국남 오! 그 점은 걱정 안 해도 돼. 내 신용카드의 부대 서비스의 일환으로 받은 바우처가 있거든. 이 바우처는 이 호텔에 적용 가능해.

영국녀 그렇다면 가자!

점진적 구간반복 MP3 녹음파일을 듣고,
단계별로 끊어서 소리나는대로 한글로 적어봅시다.

23-W
① ____________________
② ____________________ ____________________ ?

23-W¹
It seems a good idea.
① ____________________
② ____________________ ____________________ .

23-M
Yes. I saw an article about it in the local newspaper.

23-W²
① It ____________________
② It ____________________ ____________________ .
We can also play at the swimming pool.

23-W¹
Wow, great!

23-W²
① But ____________________
② But ____________________ ____________________ ?
① I ____________________
② I ____________________ ____________________ .

23-M
Oh, don't worry about that.
① I ____________________
② I ____________________ ____________________ .
This voucher can be applied to this hotel.

23-W¹
OK, let's go!

Drill **24**   이직률 관리 방안 3인 대화 + 동종업계 조사 그래프 자료

Refer to the following conversation with three speakers.

M   Do you have ideas for lowering the turnover of staff? The turnover rate has doubled in comparison to last year.

W1 How about implementing the paid maternity leave? Almost 95 percent of the companies surveyed offer employees some kind of paid maternity leave.

W2 It deserves much consideration. The government even gives subsidies to companies that help women with having babies.

M   Is there any other policy that we would use?

W1 Some company in our industry provide all women with maternity leave allowances.

W2 Oh, really? Our company's welfare system is too outdated.

M   We need to contact a couple of consulting firms to get some information. That'll help us figure out whether it's feasible.

소리포인트

① 新토익에서 시각자료로서 **graph**가 자주 등장하므로, **double**(2배가 되다), **rate**(비율), **in comparison to last year**(작년과 비교하여) 등 그래프를 읽을 때 쓰는 표현이 중요해졌다. 이 지문이라면, 문제지에 이직률 그래프가 꺾은 선 그래프로 나와 있고, 올해가 몇 년도인가를 묻는 문제가 출제될 수 있다. 그러면 이직률이 2배로 오른 해를 고르면 정답이다. ② **surveyed**는 뒤에서 앞의 명사를 수식하는 분사이다. ③ **maternity leave allowances**(출산 수당), **subsidies**(보조금)는 발음과 뜻이 중요하다.

해석과 단어

미국남 직원들의 이직을 낮출 방안이 있나? 이직률이 지난 해에 비해 2배가 되었어.

영국녀 유급 출산 휴가를 시행하는 것이 어떨까요? 조사한 회사들의 거의 **95%**가 피고용인들에게 어떤 형태의 유급 출산 휴가를 제공하고 있어요.

미국녀 그것을 고려할 가치가 있다고 봐요. 정부는 심지어 아기를 가진 여성들을 돕는 회사에게 보조금도 주고 있잖아요.

미국남 그 외 우리가 쓸 만한 다른 정책은 없어?

영국녀 동종업계의 몇몇 회사들은 모든 여성들에게 출산 수당까지 제공한대요.

미국녀 오, 정말? 우리 회사 복지 시스템은 후진적이군.

미국남 정보를 얻기 위해 우리가 컨설팅 회사 한두 곳을 접촉할 필요가 있겠어. 그것이 우리의 정책이 타당한지 이해하는 데에 도움을 줄거야.

 점진적 구간반복 MP3 녹음파일을 듣고,
단계별로 끊어서 소리나는대로 한글로 적어봅시다.

24-M
① ______________________________
② ______________________________ ______________ ?
① ______________________________
② ______________________________ ______________ .

24-W¹
① ______________________________
② ______________________________ ______________ ?
① ______________________________
② ______________________________ ______________ .

24-W²
It deserves much consideration.
① ______________________________
② ______________________________ ______________ .

24-M
① Is ______________________________
② Is ______________________________ ______________ ?

24-W¹
① Some ______________________________
② Some ______________________________ ______________ .

24-W²
Oh, really? Our company's welfare system is too outdated.

24-M
① We ______________________________
② We ______________________________ ______________ .
① ______________________________
② ______________________________ ______________ .

Refer to the following conversation and map.

W I hope to participate in the monthly business symposium during next week. Different topics will be offered monthly.

M It is worth a visit. It focuses on environmental sustainability and its impact on business practices, which is a controversial theme.

W But I'm sorry that it will be held at a commercial building on Allen Street where the traffic jam is always terrible.

M Oh, You were wrong about the venue. It's the convention center next to the City Hall where is adjacent to my company. To attend the forum, take the elevator to the forth floor of the building and it's the first door on your left after you pass the auditorium.

W Please save a seat for me at the first session if you arrive on time before me.

M OK. Several presentations on technology and business ethics will occur over the first two sessions. I wouldn't miss them.

소리포인트

① 이 지문처럼 新토익에서 시각자료로서 **map**이 자주 등장하게 되어, 위치 관련 표현이나 특정 장소로 가는 방법을 설명하는 표현이 중요해졌다. **venue**(행사장소), **take the elevator, after you pass, on your left** 등의 표현이 그것이다. ② 특히 **adjacent**(어제이슨트)의 발음과 뜻에 주목한다.

해석과 단어

미국녀 나는 다음 주에 있는 월례 비지니스 심포지움에 참가하고 싶어. 매달 다른 주제들이 제공되거든.

미국남 그것은 가볼 만해. 그것은 환경적 지속 가능성과 그것이 비지니스 실무에 미치는 충격에 초점을 맞추고 있어. 그것은 논쟁적인 테마이지.

미국녀 하지만 그것이 항상 교통체증이 심한 앨런 거리의 상업 빌딩에서 개최된다는 건 유감이야.

미국남 오, 넌 행사 장소를 잘못 알고 있구나. 시청 옆의 컨벤션 센터야. 내 회사와 가깝지. 포럼에 참가하려면 그 건물 4층으로 가는 엘리베이터를 타서, 강당을 지나자마자 왼편의 첫 번째 문이야.

미국녀 만약 나보다 먼저 제 시간에 도착한다면, 나를 위해 자리를 좀 맡아줘.

미국남 응, 기술과 비지니스 윤리에 관한 몇몇 프리젠테이션이 첫 두 개의 세션에서 진행될 거야. 난 그것들을 절대 놓치지 않을 거거든.

 점진적 구간반복 MP3 녹음파일을 듣고,
단계별로 끊어서 소리나는대로 한글로 적어봅시다.

25-W

① I _____________
② I _____________ _____________________________ .
① _________________________
② _____________________________ _______________ .

25-M

It is worth a visit.
① _________________________________
② _________________________________ _______________ ,
③ _________________________________ _______________ ,
_________________________ .

25-W

① But _________________________________
② But _________________________________ _______________
③ But _________________________________ _______________
_________________________ .

25-M

Oh, You were wrong about __________ .
① _________________________________
② _________________________ _________________________ .
① To _________________________
② To _________________________ _________________________ .

25-W

Please save a seat for me at the first session if you arrive on time before me.

25-M

① OK. _________________________________
② OK. _________________________________ _______________ .
I wouldn't miss them.

189

점진적 구간반복 PART4
스크립트 자료 25지문

정상녹음

MP3

점진적 구간반복

토익의 점수 배점 구조는 명확히 밝혀져 있지 않지만, 조조만 아는 토익독해기술 8-01에서 설명하였듯이, 어려운 문제에 고배점을 할당하는 것으로 추측된다. 따라서 LC에서 Part 4를 거의 모두 맞추지 않고서는 결코 고득점을 획득할 수 없다.

재미있는 사실은, Part 3와 Part 4를 비교해볼 때 의외로 Part 3보다 Part 4가 쉽게 느껴지는 스크립트가 많다는 것이다. 그 이유는 Part 3는 두 명의 등장인물이 나타나서 이야기의 흐름이 한 방향으로 흘러가다가도 다시 다른 방향으로 꺾이는 경우가 많으나, Part 4는 한 사람의 목소리와 리듬으로 일관된 논리의 흐름 속에서 진술하고 끝나버리기 때문이다. 이 점을 유념한다면 Part 4에 대한 트라우마에서 조금이나마 벗어날 수 있지 않을까?

21~25번 지문은 新토익의 시각자료 활용 문제에 대비한 지문이다. 따라서 수치, 그래프, 지도 등에 나올 법한 표현들이 다수 등장한다. 이러한 표현의 중요성이 예전보다 커졌음은 분명하다.

Refer to the following radio advertisement.
Fair Haven Books your number one store for great books, music and more is celebrating its fifth anniversary. And to thank you for your patronage, we're offering books on the bestseller list at 50% off. Be sure to stop by for this two weeks anniversary promotion. And have you heard about our preferred customer list? As a preferred customer, you'll receive invitations to upcoming events at the store such as "Readings by authors" and book club meetings. Book club members receive a new full-color catalog approximately every two weeks. To sign up, just drop by the customer service desk and give us your phone number. We look forward to seeing you at Fair Haven Books.

소리포인트

① 일단 **fair**의 발음이 '페어'가 아니라 '풰~'로서 독특하다. ② 고유명사가 나오고 그 뒤에 **your number one store**처럼 동격으로 그 고유명사에 대해 설명하는 경우가 많다. ③ **music and more**도 연음이 되어 '뮤지큰무어'로 들린다. ④ **offering**이 영국식 발음에서는 '우퍼링'에 가깝게 들린다. ⑤ **prefer**의 발음도 '프리퍼'가 아니라 '펄~퍼'로 들린다. ⑥ **author**는 영국식 발음에서는 '어써'보다는 '오써'로 들린다. ⑦ **stop by, drop by, come by**는 모두 '잠깐 들르다'의 의미이다.

해석과 단어

다음의 라디오 광고에 관하여

좋은 책, 음악 그 이상의 것들을 파는 최고의 상점인 페어 헤이븐 서점은 5주년 기념 행사를 하려 합니다. 여러분의 구매에 감사하는 뜻으로, 우리는 베스트셀러 리스트를 50% 가격에 제공하고자 합니다. 2주간의 기념 프로모션 행사 동안 꼭 방문해주세요. 그리고 우리의 우대 고객 리스트라는 것에 대해 들어보셨나요? 우대 고객으로서, 당신은 "저자와 함께"와 다가오는 행사 및 북클럽 미팅의 초대권을 받을 수 있습니다. 북클럽 회원은 정확히 2주마다 올컬러판의 카탈로그를 받습니다. 회원등록을 하려면, 고객 서비스 데스크로 방문하셔서 전화번호만 주시면 됩니다. 그러면 페어 헤이븐 서점에서 뵙기를 기대합니다.

 점진적 구간반복 MP3 녹음파일을 듣고,
단계별로 끊어서 소리나는대로 한글로 적어봅시다.

01-1
Refer to the following radio ________________ .
① Fair Haven ________________________________
② Fair Haven ________________________________ ____________
________________________________ .

01-2
And to thank you for your patronage, ① ________________
② ________________ ________________
③ ________________ ________________ ________________ .

01-3
① Be sure to ____________
② Be sure to ____________ ________________________ .

01-4
① And have you ________________
② And have you ________________ ____________________________ .

01-5
As a preferred customer, ① ________________
② ________________ ________________
③ ________________ ________________ ________________ .

01-6
such as "Readings by __________" and book club meetings.

01-7
① Books club ________________________________
② Books club ________________________________ ________________ .

01-8
① To sign ________________________________
② To sign ________________________________ ____________ .
We look forward to seeing you at Fair Haven Books.

Drill **02**   영업전략 회의록

Refer to the following excerpt from a meeting.

Next on the agenda is an update on the BC Ferry Enterprise account. Within the last year, BC Ferry has lost a lot of its business to another shipping company that offers lower prices. BC Ferry wants to remain competitive, so their management team has requested that we develop a new advertising campaign for them. It should emphasize the quality of the services they offer, as well as their customer satisfaction. BC Ferry is an important client of ours, so I want each one of you to come up with an idea for an advertising campaign. And then bring your ideas to next Wednesday's meeting.

소리포인트

① intro멘트에 있는 excerpt(액썰-트)의 발음은 반드시 알아두고, 이하에 나올 내용이 회의록에 관련된 것임을 눈치챈다. ② 짧게 지나가는 **Ferry**(훼리)는 여객선이라는 뜻이므로 이를 놓치지 않는 것이 내용의 흐름을 타는 요령이다. ③ 뒤에서 수식하는 **that offers lower prices** 같은 부분은 덩어리로 떼어내서 따라 읽어본다. ④ **come up with an idea**(아이디어를 떠올리다)도 자주 나오는 표현이다.

해석과 단어

회의에서 발췌한 다음의 부분에 관하여

다음 주제는 BC 여객선박회사의 회계에 관한 새로운 소식입니다. 작년에 BC 여객선박회사는 상당한 매출을 더 낮은 가격을 책정한 다른 선박회사에게 빼앗겼습니다. BC 여객선박회사는 경쟁력 있게 남기를 원하고 있어, 그들의 매니지먼트 팀은 요구하기를, 우리가 새로운 광고를 그들을 위해 개발하기를 원하고 있습니다. 그것은 그들이 제공하는 서비스의 질뿐만 아니라 고객만족도도 강조하여야 합니다. BC 여객선박회사는 우리의 주요한 의뢰인이므로, 여러분들 모두 광고 아이디어를 떠올려 주기 바랍니다. 그리고 그 아이디어를 다음 수요일 회의 때 가지고 오세요.

 점진적 구간반복 MP3 녹음파일을 듣고,
단계별로 끊어서 소리나는대로 한글로 적어봅시다. 

02-1

Refer to the following _______________ from a meeting.
① Next on _______________
② Next on _______________ _______________ .

02-2

① Within _______________
② Within _______________ . _______________

_______________ .

02-3

BC Ferry _______________ ,
① so, _______________
② so, _______________ _______________

_______________ .

02-4

① It _______________
② It _______________ _______________ .
as well as their customer satisfaction.

02-5

BC Ferry is an important client of ours,
① so I _______________
② so I _______________ _______________ .
And then bring your ideas to next Wednesday's meeting.

Drill 03 사내 야유회 공지

Refer to the following excerpt from a meeting.
Now just one more thing before we end today's meeting. As you all know, our annual excursion is next Sunday. I'm sure you've all seen the e-mail that there was a problem with our reservation at the Riverside Recreational Center so we've moved the event to Central Park. It will be at the same time from eleven to seven. And maps with directions to the new location will be available tomorrow morning. If you need a ride, talk to Wesley Moon. He has a list of people who've offered to drive out to the park. Oh, and I'd like to thank everyone who signed up to bring food to the outing. Please bring it to the pavilion when you get to the park.

소리포인트

① **as you all know** 뒷부분에 주제 관련어가 배치되기 쉽다. ② **you've all seen** 은 하나의 단어처럼 '유브올씬'으로 발음 자체를 암기해둔다. ③ **who've offered to**도 마치 한 단어처럼 '후브 어펄드두'로 발음 자체를 암기해둔다. ④ **direction** 을 미국에서는 '디렉션', 영국에서는 '다이렉션'이라고 한다. ⑤ **outing**(소풍)과 동의어인 **excursion, picnic**도 알아둔다. ⑥ **pavilion**은 '가설건물'이라는 의미이다.

해석과 단어

회의에서 발췌한 다음의 부분에 관하여

이제, 오늘 회의를 마치기 전에 딱 한가지만 말하겠습니다. 여러분들 모두 알다시피, 우리의 연례 야유회가 다음 주 일요일입니다. 나는 여러분 모두가 리버사이드 레크레이션 센터 예약에 문제가 생겨서 센트럴 파크로 행사 장소를 옮겼다는 이메일을 보았을 것이라고 믿습니다. 시간은 11시에서 7시로 동일합니다. 새로운 장소 위치에 관한 지도는 내일 아침까지 이용가능합니다. 태워주기를 원하는 사람이 있으면 웨슬리 문에게 말씀하세요. 그는 공원까지 태워다 줄 사람들의 리스트를 가지고 있습니다. 오, 그리고 야유회에 음식을 가져가겠다고 등록해 준 모두에게 감사의 말씀을 전하고 싶네요. 그것들(음식들)은 공원에 도착하면, 가설물로 가지고 와 주세요.

점진적 구간반복 MP3 녹음파일을 듣고,
단계별로 끊어서 소리나는대로 한글로 적어봅시다.

03-1
Refer to the following ___________________ .
Now just one more thing before ___________________ .

03-2
______ you all know,
① our ___________________
② our ___________________ ___________________ .

03-3
① I'm sure ___________________
② I'm sure ___________________ ___________________
  ____

03-4
① so ___________________
② so ___________________ ___________________
It will be at the same time from eleven to seven.

03-5
① And ___________________
② And ___________________ ___________________ .
If you need a ride, talk to Wesley Moon.

03-6
① He ___________________
② He ___________________ ___________________ .

03-7
① Oh, ___________________
② Oh, ___________________ .

03-8
① Please ___________________
② Please ___________________ ___________________ .

Drill 04 꽃가게 광고

Refer to the following advertisement.

Spring is right around the corner and it's the perfect time to plant flowers and trees. Shannon's Gardening Center has just received a wide variety of these beautiful trees. Shannon's Gardening Center is also your source for gardening tools, vegetable seeds, and all your favorite plant varieties. Our staff gardeners are available to help you select plants and care for them. So, stop by and talk to one of our gardeners, or call us at 555-5249 to schedule a consultation. Drawings will be held every hour throughout the weekend.

소리포인트

① 수려하게 굴리는 미국식 발음을 느껴볼 수 있는 지문이다. ② **gardening center**를 굴려서 '갈드닝 센어'로 발음한다. ③ **a wide variety of**는 '와이드 버라이어리 어브'로 발음하고, **varieties**는 '버라이어리스'로 발음한다. ④ 5형식 구문의 일부인 **help you select**도 덩어리로 한 단어처럼 발음을 기억한다. ⑤ **drawing**(추첨행사) 이라는 단어도 자주 출제되니 기억해 둔다. ⑥ **will be**는 '윌비'라기보다는 '우비' 로 들린다.

해석과 단어

다음의 광고에 관하여

봄이 막 다다랐습니다. 그리고 꽃과 나무를 심기에 최적의 시기입니다. 쉐논 정원 관리 센터는 다양한 종류의 아름다운 나무종을 구비하게 되었습니다. 쉐논 정원 관 리 센터는 또한 정원 관리 도구, 야채 종자, 기타 당신이 좋아할만한 모든 식물 종 자의 원천입니다. 그리고 스태프 정원관리사가 당신이 식물을 선택하고 돌보는 것 을 도와줄 수 있습니다. 그러니, 한번 들르셔서 우리의 정원관리사와 말씀을 나누 어 보세요. 아니면 555–5249로 전화를 걸어 상담예약을 잡으시든가요. 주말에 걸 쳐서 매시간마다 추첨행사도 있습니다.

 점진적 구간반복 MP3 녹음파일을 듣고,
단계별로 끊어서 소리나는대로 한글로 적어봅시다.

04-1

Refer to the following ___________________ .
Spring is right around the corner

04-2

① and it's ___________________
② and it's ___________________ ___________________ .

04-3

① Shannon's ___________________
② Shannon's ___________________ ___________________
___________________ .

04-4

Shannon's Gardening Center is also your source for gardening tools,
vegetable seeds,
① and ___________________
② and ___________________ ___________________ .

04-5

① Our ___________________
② Our ___________________ ___________________
___________________ .

04-6

So, stop by and talk to one of our gardeners,
or call us at 555-5249 to schedule a consultation.
① Drawings ___________________
② Drawings ___________________ ___________________
③ Drawings ___________________ ___________________ ___________________ .

Drill 05 리조트 예약

Refer to the following telephone message.

Hello, this is Liz Bailey calling from Sand And Sea Resort. I'm responding to your inquiry about the vacation rentals at the resort. If you are still interested in renting one of our family cabins in July, we do have one left. Unfortunately, it's not on the beach as you've requested. The beach cabins are always full during the peak season. If you have some flexibility and could come in early August instead, we do have three beach front cabins available at that time. I'm going to put a brochure about the cabin in the mail for you today. If you're interested in reserving one, just give me a call.

소리포인트

① 영국식 발음에서 **calling**은 '쿨링'으로, **call**은 '쿨'로 들린다. **call**을 알아듣는 것은 전화 건 용건과 관련된 부분이므로 중요하다. ② 첫부분에서 연음처리되어 '샌든씨 리조트'라고 들리는 **Sand And Sea** Resort가 잘 들리지 않지만, 이것이 고유명사로 제시되는 주제어이므로 이것을 듣느냐가 전체 맥락 이해의 관건이 된다. 즉, 회사이름의 경우 고유명사 속에 업종(resort)이 끼어 있으므로 이것이 힌트가 될 때가 많다.

해석과 단어

다음의 전화 메시지에 관하여

여보세요, 저는 샌드 앤 씨 리조트의 리즈 베일리입니다. 저는 저희 리조트에서 휴가철 렌탈에 관한 당신의 문의에 답하고자 합니다. 만약 당신이 여전히 7월 저희의 가족용 오두막을 빌리는 것에 관심이 있으시다면, 한 개가 남아 있기는 합니다. 불행하게도 그것은 당신이 요구한 바대로 해변가에 있는 것은 아닙니다. 해변 오두막은 피크시즌 동안에는 늘 예약이 꽉 차 있습니다. 만약 약간의 유동성이 있어서, 대신 8월초에 오실 수 있다면, 그 시기에는 해변 앞 오두막도 3개가 남아 있습니다. 제가 오늘 이 메일에 오두막에 관한 카탈로그를 보내겠습니다. 예약하는 것에 관심이 있으시다면, 주저 말고 전화를 주세요.

 점진적 구간반복 MP3 녹음파일을 듣고,
단계별로 끊어서 소리나는대로 한글로 적어봅시다.

05-1

Refer to the following telephone message.
① Hello, ___________________
② Hello, ___________________ ___________________ .

05-2

① I'm ___________________
② I'm ___________________ ___________________ .

05-3

If you are still interested in renting one of our family cabins in July,
___________________ .
① Unfortunately, ___________________
② Unfortunately, ___________________ ___________________ .

05-4

① The ___________________
② The ___________________ ___________________ .

05-5

① If ___________________
② If ___________________ ___________________ .

05-6

① We ___________________
② We ___________________ ___________________ .

05-7

① I'm ___________________
② I'm ___________________ ___________________ .

05-8

① If you're interested in ___________________
② If you're interested in ___________________ ___________________ .

Drill 06 경비지출 방법변경 회의록

Refer to the following excerpt from a meeting.
And finally, I have some welcome news. Management has approved our request for everyone in sales to be given a company credit card. For a long time efforts to implement the new policy have met with resistance. Eric did an excellent job explaining that it would be easier for the accounting department to track the expenses from our sales trips if they were charged to a cooperate card. And it will mean less work for the accounting staff since they won't have to reimburse us every time we go on a sales trip and take a client out to lunch. Now, to get a card you'll have to fill out a registration form which you can get by contacting Eric.

소리포인트

① 수려하게 굴리는 미국발음에다가 회사의 회의록(excerpt)이라서 쉽지 않은 지문이다. ② **has approved** 같은 부분도 **has**에서 **h**가 약화되어 '해즈'라기보다는 '애즈'로 들리고, **approved**도 **a**가 약화되어 '어프루브드'라기보다는 '프루브드'로 들린다. ③ 엄청나게 빨리 넘어가는 **explaining that it would be** 부분은 반드시 점진적 구간반복 mp3파일을 들어본다. ④ implement(시행하다)와 reimburse(상황청구하다: 4-05 참조)는 발음과 개념을 명확히 알고 넘어가야 하는 전형적 토익 빈출 단어이다. ⑥ **it will**은 '잇윌'로 들리고, **they won't**는 '데이원'으로, **if they**는 '잎데이'로 들린다.

해석과 단어

회의에서 발췌한 다음의 부분에 관하여

그리고 최종적으로, 기쁜 소식이 있습니다. 관리부서가 영업 부서에 있는 우리 모두에게 회사의 신용카드를 달라는 우리의 요구사항을 승인해주었습니다. 새로운 정책을 시행하려는 노력은 오랫동안 저항에 부딪혀 왔습니다. 에릭 씨가 회사카드로 결제할 경우, 영업 출장시 지출내역을 회계관리부서에서 추적관리하는 것이 편리하다는 사실을 설명하는 것을 잘 해냈습니다. 그리고 그들이 출장을 갔다 오거나 의뢰인과 식사를 할 때마다 매번 그 경비를 상환청구하지 않아도 되므로, 그것이 회계관리부서의 업무를 경감시켜줄 것을 의미합니다. 이제, 카드를 받기 위해서, 에릭을 통해서 받을 수 있는 등록신청서 양식에 기입해주세요.

 점진적 구간반복 MP3 녹음파일을 듣고,
단계별로 끊어서 소리나는대로 한글로 적어봅시다. 

06-1

Refer to the following ________________ from a meeting.
And finally, I have some welcome news.

06-2

① Management ________________________
② Management ____________________ ____________________
③ Management ____________________ ____________________
________________________ .

06-3

For a long time
① efforts ____________________
② efforts ____________________ ____________________
③ efforts ____________________ ____________________ ____________
____________ .

06-4

① Eric ____________________
② Eric ____________________ ____________________
③ Eric ____________________ ____________________
____

06-5

① if ____________________
② if ____________________ ____________________ .

06-6

① And ____________________
② And ____________________ ____________________

since they won't have to reimburse us every time we go on a sales trip

① And _______________________

② And _______________________ _______________________ .

Now, to get a card you'll have to fill out an registration form

① which _______________________

② which _______________________ _______________________ .

Refer to the following talk.

It is with great pleasure that I announce this year's recipient of the Sales Person of the Year Award, Mr. Henry Adams. Here at Wheel's Furnishing, we have had a number of outstanding sales people. None, however, has come close to the results achieved by Mr. Adams. Because of Mr. Adams's efforts, we are not only selling quality office furniture to business; we're also supplying desks and chairs to educational institutions such as our newest clients, the Creek Grove School district. Thanks to Mr. Adams and his sales team, this expansion has increased our revenues by more than 25 percent. Our company will be one of the largest enterprises of its kind by next year. So, please join me in congratulating Mr. Henry Adams.

소리포인트

① 비교적 느린 지문이므로 쉽게 느껴질 수 있다. ② **that I announce** 같은 부분에서 **that**을 명확히 발음한다기보다는 '덧' 정도로 가볍게 발음하여 '덧아이아나운스드'로 들린다. ③ **none** 다음인 문장 중간에 **however**가 끼어서 한국인으로서는 어색하게 느끼지만, 이런 표현도 흔히 쓰이므로 당황하지 않는다. ④ **will be**는 '윌비'라기보다는 '우비'나 '워비'로 들린다.

해석과 단어

다음의 이야기에 관하여

올해의 영업사원상을 수상할 미스터 헨리 아담스를 발표하게 되어 무한한 영광입니다. 여기 윌스 가구회사에서는, 수많은 뛰어난 영업사원이 있습니다. 그러나 그 누구도 미스터 아담스의 업적에 근접하는 결과를 얻지 못했습니다. 미스터 아담스의 노력 덕택에, 우리는 기업에 품질 좋은 사무용 가구를 판매하는 것뿐만 아니라, 책상과 의자를 우리의 새로운 고객인 크릭 그로브 학교재단과 같은 교육기관에 공급하게 되었습니다. 미스터 아담스와 그의 팀 덕분에, 이러한 팽창은 우리의 순수익을 25퍼센트나 늘려주었습니다. 우리 회사는 내년도까지 동종 업계의 최대 규모의 회사 중 하나가 될 것입니다. 그러니, 미스터 헨리 아담스를 저와 함께 축하로 맞이해 주십시오.

 점진적 구간반복 MP3 녹음파일을 듣고,
단계별로 끊어서 소리나는대로 한글로 적어봅시다.

07-1

Refer to the following talk.
① It is ___________________________
② It is ___________________________ ___________________________
③ It is ___________________________ ___________________________
___________________________ .

07-2
① ___________________
② ___________________ ___________________________ ,

07-3
① we ___________________
② we ___________________ ___________________________ .

07-4
① None ___________________________
② None ___________________________ ___________________________

07-5

Because of Mr. Adams's efforts,
① we ___________________________
② we ___________________________ ___________________ ;

07-6
① we're ___________________________
② we're ___________________________ ___________________________

07-7
① ___________________________ ,
② ___________________________ , ___________________________ .

07-8

Thanks to Mr. Adams and his sales team,

① this ________________________________

② this ________________________________ ________________________________ .

07-9

① ________________________

② ________________________ ________________________________ .

So, please join me in congratulating Mr. Henry Adams.

Drill 08 영업현황 공지

Refer to the following announcement.

Okay, before we get started with the weekly status updates, I have some good news. This morning CDI pharmaceuticals accepted our proposal to develop their radio and web advertising campaigns for next year. Since two other advertising agencies also submitted proposals, getting this job is something we can really be proud of. I want to thank all of you who had a hand in helping put the proposal together, especially Carmen who travelled to LA to present our proposal to CDI last week. As part of the company's incentive program, Carmen will receive a five percent bonus for his excellent job.

소리포인트

① pharmaceuticals라는 단어는 토익 Part 3, 4, 7에서 매우 자주 출제되므로 발음 (파머수티칼)과 뜻(제약회사)을 반드시 기억한다. ② **accepted our proposal**에서 **accepted**는 '억셉티드'라기보다는 '익셉티드'로 들려서 마치 **excepted**로 느껴진다. 따라서 **accepted our proposal**은 마치 한단어처럼 덩어리로 발음을 외워버린다. ③ **submitted proposal**과 **help put the proposal**도 모두 **proposal**이 들어간 것으로서 토익에서 자주 출제되는 구문이므로, 소리로 익혀둔다.

해석과 단어

다음의 공지사항에 관하여

자, 이제, 매주 상황 변동을 전하기에 앞서, 몇 가지 좋은 소식이 있습니다. 오늘 아침, **CDI** 제약회사가 내년도 그들의 라디오 및 웹 광고 개발에 관한 우리의 제안을 받아들였습니다. 다른 **2**개의 광고 회사에서도 제안서를 제출했었기 때문에, 이 일을 따낸 것은 우리 스스로 자부심을 느낄 만한 일입니다. 이 제안서 작성에 관여한 모든 분들에게 감사를 표하고 싶으며, 특히 **LA**까지 가서 우리의 제안서를 **CDI**측에게 지난주에 프리젠테이션한 카르멘 씨에게 감사합니다. 우리 회사의 인사촉진제도의 일환으로, 카르멘 씨는 그의 뛰어난 업무실적에 걸맞은 5% 보너스를 수령하게 될 것입니다.

점진적 구간반복 MP3 녹음파일을 듣고,
단계별로 끊어서 소리나는대로 한글로 적어봅시다.

08-1
Refer to the following ________________ .
Okay, before we get started with the weekly status updates,
I have some good news.

08-2
① This ________________________________
② This ________________________________ ________________________________
________________________________ .

08-3
① Since ________________________________
② Since ________________________ ________________________ ,

08-4
① ________________________________
② ________________________ ________________________ .

08-5
① I ________________________________
② I ________________________ ________________________ ,

08-6
① especially ________________________________
② especially ________________________ ________________________ .

08-7
① As ________________________________
② As ________________________ ________________________
________________________ .

Drill 09 기차탑승 안내방송

Refer to the following announcement.

Attention passengers traveling on the 8:45 express to Milan. Due to railway congestion here in Rome, this train will depart 2 hours late at 10:45. Also it will no longer be leaving from track 7 as originally scheduled. It will be boarding instead on track 13. All passengers must have tickets and travel documents ready for inspection upon boarding. For the security of passengers, all baggage is supposed to be carefully checked. If you have any questions about the departure delay, please go to the information desk, located in the main terminal.

소리포인트

① **railway congestion**에서 **congestion**은 토익 **Part3, 4, 7**에서 매우 자주 출제되는 단어이며, '콘제스천'으로 들린다. ② **it will no longer be leaving** 부분이 빠르게 지나가면서 잘 들리지 않으므로 점진적 구간반복 **mp3** 파일을 반드시 들어보는 것이 좋다. ③ **it will be**는 '잇윌비'가 아니라 '잇울비'로 들린다. ④ **departure**는 '디파쳐'로 들린다.

해석과 단어

다음의 공지사항에 관하여

밀란으로 떠나는 8시45분 출발 고속열차에 탑승할 승객 여러분은 주목해주십시오. 이곳 로마의 철도 혼잡으로 인해 기차는 2시간 늦은 10시45분에 출발할 것입니다. 그리고 더 이상 원래 스케줄이었던 것처럼 7번 트랙에서 출발하는 것이 아닙니다. 대신 13번 트랙에서 탑승할 것입니다. 모든 승객들은 탑승에 앞선 조사에 대비한 여행 서류와 티켓을 준비해주세요. 고객들의 안전을 위하여, 모든 소지품은 신중하게 조사될 것입니다. 출발 지연과 관련하여 문의사항이 있으면, 메인 터미널에 위치한 안내 데스크로 오세요.

 점진적 구간반복 MP3 녹음파일을 듣고,
단계별로 끊어서 소리나는대로 한글로 적어봅시다. 

09-1
Refer to the following ______________ .
① Attention, ______________
② Attention, ______________ ______________ .

09-2
① ______________
② ______________ ______________ ,

09-3
① this ______________
② this ______________ ______________ .

09-4
① Also ______________
② Also ______________ ______________ .

09-5
① ______________
② ______________ ______________ .

09-6
① All ______________
② All ______________ ______________ .

09-7
For the security of passengers,
① all ______________
② all ______________ ______________ .

09-8
If you have any questions about the departure delay,
please go to the information desk, located in the main terminal.

Drill 10 기업간 합병 뉴스

Refer to the following broadcast.

This is Mike Adler on a beautiful and sunny day in the city with your radio BRN business news update. Gordon Henderson, president of Comet Enterprise, has just announced that Comet is buying the KMT Television network and intends to transform KMT into an all-news network because of falling profits. This will come as huge disappointment to sports fans everywhere because KMT broadcasts many of the nation's biggest sporting events such as the U.S. golf open. I'll be back with more after this message from our sponsor.

소리포인트

① 합병에 관한 내용을 담고 있어 지문의 내용이 수준이 있다. ② **your radio** 뒤에 동격으로 설명을 해주고, **Gordon Henderson** 뒤에도 동격으로 이를 설명해주고 있어서 호흡이 길다. 명사가 연속되는 느낌이 날 때 호흡을 끊지 말고 계속 듣는 지혜가 필요하다. ③ 특히 **has just announced that**(지금 막 발표하다)은 그 뒤에 주제문이 나올 가능성이 매우 큰 부분으로서, 이를 알아듣는 것이 필수적이므로, 빨리 지나가지만 반드시 소리로 익힌다. 이 때도 **that**은 '덧' 정도로 짧게 지나간다. ④ 이런 방송 지문의 끝에는 **Stay tuned**(채널 고정)라는 말이 뒤따라 올 때가 더 많다.

해석과 단어

다음의 방송에 관하여

저는 마이크 애들러입니다. 아름답고 화창한 날에 여러분의 라디오BRN 경제 뉴스 업데이트 사항을 전합니다. 코멧 회사의 사장인 고든 헨더슨 씨는 방금 발표하기를, 코멧이 KMT텔레비전 네트워크를 구입(합병)했다고 합니다. 그리고 코멧 기업은 KMT의 수익성 하락 때문에 KMT를 뉴스 전용방송으로 전환할 가능성이 크다고 합니다. 이것은 전국에 계신 스포츠 팬들에게 상당한 실망을 안겨줄 전망입니다. 왜냐하면 KMT는 그동안 US오픈과 같은 골프대회를 포함해 국내의 주요 스포츠 행사를 중계방송해왔기 때문입니다. 저는 그러면 이 방송을 후원해 준 회사의 메시지(광고)를 듣고 나서 다시 나타나겠습니다.

 점진적 구간반복 MP3 녹음파일을 듣고,
단계별로 끊어서 소리나는대로 한글로 적어봅시다.

10-1
Refer to the following ___________________ .
This is Mike Adler on a beautiful and sunny day in the city
with ___________________________________ .

10-2
① Gordon ___________________________________
② Gordon ___________________________ ___________________

____

10-3
① and ___________________
② and ___________________ ___________________________ .

10-4
① This ___________
② This ___________ ___________________
③ This ___________ ___________________ ___________________ .

10-5
① because ___________________________________
such as the U.S. golf open.

10-6
① ___________________________
② ___________________________ ___________________________ .

Drill **11** 신규 쿠폰 발급 공지

Refer to the following announcement.
Before we start this, I want to remind everybody about our new discount coupon promotion. These coupons entitle customers to 10$ off your next purchase. As you know, department staff here, we printed discount coupons of the store to put an ad on the local newspaper. But starting next week, we'll try something new. The customers will also be able to get the coupons electronically by email. We'd like the cashiers to mention this to customers as they're checking out. Ask them if they'd like to receive these coupons by e-mail. If they're interested, ask them to write their names and email addresses on the forms you'll find next to the cash register.

소리포인트

① **purchase**는 '펄체이스'가 아니라 '펄쳐스'로 발음한다. ② **put an ad**(광고를 하다)는 연음처리 되어 '풋턴 애드'로 들린다. ③ **we'd like**가 '위드 라이크'로 들려야 하는데, 언뜻 **would like**로 착각하기 십상이니 구별한다. ④ **ask them** 이하는 주제에 가까워 매우 중요한데, 영국식 발음에서 **ask**가 '아스크'로 발음되기 때문에 이를 놓치기 쉽다.

해석과 단어

다음의 공지사항에 관하여

이것을 시작하기 전에, 모두 우리의 새로운 할인 쿠폰행사에 대해 상기해 주셨으면 합니다. 이 쿠폰은 고객들에게 다음번 구매시 **10**달러 할인자격을 부여합니다. 아시다시피, 지역신문에 광고를 넣어 백화점 직원인 우리가 할인 쿠폰을 출력했었습니다. 그러나 다음 주부터는 약간 새로운 것을 시도해보려 합니다. 고객들도 마찬가지로 이 쿠폰들을 이메일을 통해 전자적으로 얻을 수 있는 것입니다. 계산대에 있는 직원들이 이 사실을 고객들에게 그들이 계산할 때에 언급해주기를 바랍니다. 이들 쿠폰을 이메일을 통해 받는 것을 그들이 바라는지 물어봐 주세요. 만약 그들이 그것에 관심을 보이면, 그들에게 그들의 이름과 이메일 주소를 계산대 옆에 있는 신청서 양식에 적어 달라고 요구하세요.

 점진적 구간반복 MP3 녹음파일을 듣고,
단계별로 끊어서 소리나는대로 한글로 적어봅시다.

11-1

Refer to the following ______________ .
① Before we ________________________________
② Before we ________________________________ ________________________________

________________________________ .

11-2

① These ________________________________
② These ________________________________ ________________________________ .

11-3

As you know
① ________________________________
② ________________________________ ________________________________
③ ________________________________ ________________________________

________________________________ .

11-4

But starting next week, we'll try something new.
① The customers ________________________________
② The customers ________________________________ ________________________________ .

11-5

① ________________________________
② ________________________________ ________________________________ .

11-6

① ________________________________
② ________________________________ ________________________________ .

11-7

If they're interested,
① ask them ________________________________
② ask them ________________________________ ________________________________ .
① ________________________________
② ________________________________ ________________________________ .

Drill 12 연회 및 연설자 소개

Refer to the following speech.

Welcome to our 5th annual Victoria Banquet Convention. This year's banquet strategies are for serving international clients. More than 30 leading financial experts will present over the course for the next few days. We'll also hold our very first job fair right here at the convention. You'll be able to be interviewed for positions at all levels. All guests must check in before proceeding to the banquet hall. The complete schedule for this weekend's events will be found in the convention program we should receive at the registration. Now I'd like to introduce our first speaker. San Marino, the president of RSYA.

소리포인트

① strategies를 굴려서 '스트래러지'로 발음한다. ② '개최하다'의 의미로서 중요한 hold도 h가 약화되어 old에 가깝게 들리니 주의한다. ③ you'll be는 '율삐'에 가깝게 들리니, 빠르게 지나가는 짧은 단어를 놓치지 않도록 한다. ④ 연설자 소개는 대체로 첫 번째 연설자 즉, 기조연설자를 소개하는 지문이 많다.

해석과 단어

다음의 연설에 관하여

빅토리아 연회 컨벤션 5주년 행사에 오신 것을 환영합니다. 올해 연회의 전략은 국제적 의뢰인 유치입니다. 30개가 넘는 금융 전문가들이 다음 며칠간 강의코스를 제공할 것입니다. 우리는 또한 컨벤션 센터에서 처음으로 신규 채용 박람회도 개최할 것입니다. 당신은 모든 단계별로 구직 인터뷰를 할 수도 있습니다. 모든 손님들은 연회장에 들어가기에 앞서 체크인해야 합니다. 이번 행사의 최종 스케줄은 등록신청서에서 우리가 받아야만 하는 컨벤션 프로그램 속에서 확인되어질 것입니다. 이제, 첫번째 연설자인 **RSYA** 사장인 샌 마리노 씨를 소개합니다.

점진적 구간반복 MP3 녹음파일을 듣고,
단계별로 끊어서 소리나는대로 한글로 적어봅시다.

12-1
Refer to the following ________________________ .
Welcome to our 5th annual Victoria Banquet Convention.

12-2
① This ________________________
② This ________________________ ________________________ .

12-3
① More ________________________
② More ________________________ ________________________ .

12-4
① ________________________
② ________________________ ________________________ .

12-5
① ________________________
② ________________________ ________________________ .

12-6
① All ________________________
② All ________________________ ________________________ .

12-7
① The complete ________________________
② The complete ________________________ ________________________
____
we should receive at the registration.

12-8
Now I'd like to introduce our first speaker.
San Marino, the president of RSYA.

Drill 13 지역의료 센터 개설 안내 라디오 뉴스

Refer to the following news broadcast.

And now for the 8 o'clock news. At the press conference earlier this afternoon, Dr. Bernard Luna, a renowned local physician working at Kilmer Health Center, announced that it will be opening the second facility to accommodate the city's growing population. The existing health center has served local residents for the past 20 years and is known for its pleasant environment and experienced physicians. According to Dr. Luna, the new location will be ready to treat patients in about a year. And the new health center also plans to host a series of workshops to teach about nutrition.

소리포인트

① **renowned**(저명한)는 '리나운드'로 들린다. ② **announced that it will be opening**을 듣느냐가 이 지문의 핵심이다. 이를 듣기 위해서는 **that**을 '덧'으로 가볍게 흘린다는 점과 **will be**가 항상 '윌비'가 아니라 '울비'에 가깝게 들린다는 사실을 반드시 알아야 한다.

해석과 단어

다음의 뉴스 방송에 관하여

그리고, 이제 8시 뉴스입니다. 오늘 이른 오후에 있었던 기자간담회에서 킬머 건강센터에서 근무중인 저명한 지역외과의사인 버나드 루나 박사는, 시의 늘어나는 인구를 수용하기 위해 그 두 번째 시설물(건강센터)을 오픈할 예정이라고 공표했습니다. 현존하는 건강센터는 지난 20년 동안 지역 거주민들에게 제공되어 왔고, 즐거운 환경과 숙련된 의료진으로 알려져 있습니다. 루나 박사에 따르면, 새로운 시설물은 1년 정도 후에 환자들을 치료할 예정이라고 합니다. 그리고 새로운 건강센터는 또한 영양에 관한 일련의 워크샵 강좌를 열 계획도 있다고 합니다.

점진적 구간반복 MP3 녹음파일을 듣고,
단계별로 끊어서 소리나는대로 한글로 적어봅시다.

13-1
Refer to the following _____________________ .
① _____________________
② _____________________ _____________________ .

13-2
At the press conference earlier this afternoon,
① Dr. ____
② Dr. ____
____ .

13-3
① The _____________________________________
② The _____________________________ _____________________

13-4
① _____________________
② _____________________ ____ .

13-5
According to Dr. Luna,
① the new _____________________________
② the new _____________________________ _____________________________ .

13-3
① And _____________________________________
② And _________________________________ _____________________________ .

Refer to the following talk.

Welcome to the second session of Pharmaceutical sales training program. Our focus for this session is on communicating effectively with our customers; The doctors, pharmacists, and other health care professionals who buy our medication. Today, you're going to learn some strategies to express yourself effectively as well as to be a good listener. Communicating ideas and information clearly and powerfully is one of the keys to success. We'll begin the workshop with a small group discussion. But, first, I'd like you to introduce yourself to your neighbors.

소리포인트

① pharmaceuticals라는 단어는 토익 **Part 3, 4, 7**에서 매우 자주 출제되므로 발음(파머수티칼)과 뜻(제약회사)을 반드시 기억한다. ② 이 지문에서는 **our**가 여러번 반복적으로 등장하는데 그 때마다 '아우어'로 또박또박 발음하는 경우는 없고 '알'이나 심지어 '아'로 발음하고 넘어가버린다는 사실을 깨달아야 한다. ③ **who buy our medication**에서 '후바이아—메디케이션'으로 발음한다. ④ **we'll**도 '위일'로 발음 하지 않고 '윌'로 발음해서 사실상 **will**로 들릴 때가 많다.

해석과 단어

다음의 이야기에 관하여

제약 회사 영업 트레이닝 프로그램의 2번째 세션에 오신 것을 환영합니다. 이번 세션의 우리의 초점은 고객들과 효과적으로 의사소통하는 것에 있습니다. 즉, 의사, 약사, 그 외 건강 관련 전문직종 종사자 등 우리의 약을 사 줄 사람들이요. 오늘, 우리는 자기 자신을 효과적으로 표현하는 것뿐만 아니라 좋은 청자가 되는 전략에 대해 배우게 될 것입니다. 생각과 정보를 명확하고 호소력 있게 전달하는 것은 성공의 열쇠 중 하나입니다. 우리는 소모임의 토론으로 워크샵을 시작할 것입니다. 그러나 먼저 본인을 옆 사람들에게 소개해주시기 바랍니다.

 점진적 구간반복 MP3 녹음파일을 듣고,
단계별로 끊어서 소리나는대로 한글로 적어봅시다. 

14-1
Refer to the following ____________ .
① Welcome ____________________________
② Welcome ________________________________ __________________
____________________________ .

14-2
① ____________________________________
② ________________________________ ____________________________________ ;

14-3
The doctors, pharmacists, and other health care professionals
who buy ____________________ .

14-4
① Today ____________________
② Today ____________________ ____________________
③ Today ____________________ ____________________ ____________
____________________ .

14-5
① Communicating ________________________________
② Communicating ____________________________________ ________________
____________________ .

14-6
① ____
② ________________________________ ____________________
But, first, I'd like you to introduce yourself to your neighbors.

Refer to the following telephone message.

Hi, I'm leaving a message for Harry Riverton. Mr. Riverton, I'm planning on selling my house this summer, and I was wondering how much you charged for services. One of my coworkers gave me your number. You were able to find a buyer for her house in less than two weeks, and she was amazed with your agency's speed and professionalism. I think finding a reliable real-estate agent is never easy, especially with my busy lifestyle. Please return my call at your earliest convenience so we can discuss this matter further. And if possible, I'd like to set up a time for someone from your office to have a look at my property. My phone number is 555-2488, I hope to hear from you soon.

소리포인트

① 전화메시지는 비교적 쉽다. ② **how much you charged for services**는 ch와 s 발음이 짧은 어구 속에 몇 차례 반복되므로 덩어리로 읽어보면서 오랄테이션 해 보는 것이 좋은 부분이다. ③ **reliable**(믿을 수 있는)이 '라이블'에 가깝게 들려 **rival** 로 오해하기 십상이다.

해석과 단어

다음의 전화 메시지에 관하여

안녕하세요, 저는 해리 리버튼을 위해 메시지를 남깁니다. 미스터 리버튼, 나는 이 번 여름에 내 집을 팔 계획입니다. 그리고 그 서비스의 대가로 당신이 얼마를 나에 게 부과할지 궁금하군요. 내 동료 중 한 명이 당신 전화번호를 주었어요. 당신은 그 녀의 집을 살 구매자를 2주도 채 지나지 않아 찾아주셨다면서요? 그래서 그녀는 당신네 중개회사의 속도와 프로정신에 놀라움을 금치 못했어요. 저는 믿을 수 있는 부동산 중개업자를 찾는 것은 결코 쉬운 일이 아니라고 생각합니다. 특히 저와 같 이 바쁜 일상을 가진 사람에게는요. 가능한 빨리 편한 시간에 제게 전화를 주시고, 이 문제에 대해 좀 더 논의를 해봐요. 가능하다면, 내 부동산을 훑어보기 위해 당신 네 회사에서 사람이 올 시간을 정했으면 해요. 내 전화번호는 555-2488입니다. 당 신으로부터 빨리 연락을 받았으면 좋겠네요.

 점진적 구간반복 MP3 녹음파일을 듣고,
단계별로 끊어서 소리나는대로 한글로 적어봅시다.

15-1

Refer to the following _________________________ .
Hi,
① _________________________________
② _________________________________ _________________________ .

15-2

Mr. Riverton, I'm planning on selling my house this summer,
and I was wondering how much you charged for services.
One of my coworkers gave me your number.

15-3

① _________________________
② _________________________ _________________________________ ,

15-4

① _________________________
② _________________________ _________________________ .

15-5

① ____
② _________________________________ _________________________ ,
especially with my busy lifestyle.

15-6

① Please _________________________
② Please _________________________ _________________________
_________________________ .

15-7

And if possible,
① I'd _________________________
② I'd _________________________ _________________________ .
My phone number is 555-2488, I hope to hear from you soon.

Refer to the following announcement.

As you know, each year our company supports the local community improvement project. This year, we decided to support Tree Line. It's a volunteer group that's working to plant more trees along our city's street. The company is going to purchase some rare plants and trees for this effort. But we are asking each of you to work as a team in your department to help plant them. I have copies of an article I got from Tree Line that I will be distributing to every department. The article does a great job of explaining how planting more trees makes our environment healthier in so many ways. It will help your teams understand why this project deserves our support. We invite you to become part of the largest volunteer group in our company.

소리포인트

① **this year**가 영국식 발음에서 '디치이어'로 들린다. ② **purchase**는 '펄체이스'가 아니라 '펄쳐스'로 읽는다. ③ **asking**도 영국식 발음에서는 '아스킹'이다. ④ **plant them**은 t와 th가 유사한 발음이므로 한 번만 발음하여 '플런댐'으로 들린다. ⑤ 명사를 후치수식하는 **I got** 같은 부분이 워낙 짧아서 놓치기 쉽다.

해석과 단어

다음의 공지사항에 관하여

여러분도 알다시피, 매년 우리회사는 지역 사회 개선 프로젝트를 지원합니다. 올해, 우리는 트리 라인 프로젝트를 지원하기로 결정했어요. 그것은 우리의 도시 거리에 가로수를 좀 더 많이 심는 일을 하는 자원봉사자 그룹이에요. 회사는 그 노력의 일환으로 더 많은 희귀식물과 나무를 살 예정입니다. 그러나 우리는 여러분 각자가 그들 나무를 심기 위해 여러분 부서에서 팀 단위로 움직여 주었으면 해요. 내가 모든 부서에게 돌릴 트리 라인으로부터 받은 신문기사 복사본들을 가지고 있습니다. 기사는 더 많은 나무를 심는 것이 여러 측면에서 우리의 환경을 어떻게 더 건강하게 만드는지에 관해 매우 잘 설명하고 있습니다. 그것은 여러분들의 팀이 이 프로젝트가 왜 우리의 지원을 받을만한 가치가 있는지 이해하는 데 도움을 줄 것입니다. 우리는 여러분 각자를 우리 회사의 가장 큰 지원자 그룹의 일원으로 초대합니다.

16-1
Refer to the following ________________ .
As you know,
① each ________________________
② each ________________________ ________________________________ .

16-2
① This ________________________________
② This ________ ________________________ ________________ .

16-3
① It's ________________________________
② It's ________________________________ ________________________ .

16-4
① The ________________________________
② The ________________________________ ________________________ .

16-5
① But ________________________________
② But ________________________________ ________________________
________________________ .

16-6
① I ________________________
② I ________________________ ________________________
③ I ________________________ ________________________ ________________________
________________________ .

16-7
① The ____
② The ____ ________________________
________________________ .

16-8

① ______________________________
② ______________________________ ______________________________.

16-9

① We ______________________________
② We ______________________________ ______________________________.

Refer to the following telephone message.

Good morning Mr. Cho. This is Michael Richard, the personnel manager for Drake Textile Industry. We spoke at your interview last week. I'm calling to give you some information about your first day of work tomorrow. All employees are expected to be here by 8:30. The front door of the building is usually locked until 7:30 a.m., so you may have to wait in the parking lot if you arrive early. Also don't forget to let me know your bank account number, because we should go to the accounting department to set up the direct deposit of your monthly salary. I look forward to seeing you tomorrow morning.

소리포인트

① **to be here**에서 느낄 수 있겠지만, 영어에서 **to**는 '투'라기보다는 '두'로 들릴 때가 많다. ② **to set up the direct deposit of your monthly salary**처럼 **set**, **get**이 포함된 부분이 참으로 듣기 어렵다. **set up the**와 **direct de(posit)**가 '쎄덥 더 디렉더'로 '더'소리가 반복되며 리듬을 탄다는 사실을 인식하면서, 점진적 구간 반복 **mp3**파일을 반드시 들어본다.

해석과 단어

다음의 전화 메시지에 관하여

좋은 아침입니다, 미스터 조. 저는 드레이크 섬유 산업의 인사과장인 마이클 리처드입니다. 우리는 지난주 당신을 인터뷰 했어요. 내가 전화한 것은 당신에게 내일 당신의 출근 첫날에 관한 몇 가지 정보를 주기 위함입니다. 모든 직원들은 여기에 8시30분까지 오게 되어 있습니다. 회사 건물의 첫 번째 정문은 대체로 아침 7시30분까지는 잠겨 있어요. 따라서 만약 일찍 도착할 경우 주차장에서 기다려야 합니다. 그리고 당신의 은행계좌번호를 알려주는 것도 잊어버리지 마세요. 왜냐하면 우리가 회계부서로 가서, 월급 이체 환경을 셋팅해야 하거든요. 그럼 내일 아침에 뵈어요.

17-1

Refer to the following _____________________ .
Good morning Mr. Cho. This is Michael Richard, the personnel manager for _____________________ .

17-2

① _____________________

② _____________________ _____________________ .

17-3

I'm calling to give you some information
about your first day of work tomorrow.
All employees are expected _____________________ .

17-4

The front door of the building is usually locked until 7:30 a.m.,
so you may have to wait in the parking lot if you arrive early.
Also don't forget to let me know your bank account number,

17-5

① because _____________________
② because _____________________
_____________________ .
I look forward to seeing you tomorrow morning.

Refer to the following talk.

Hello, everybody. I'd like to welcome you to America's first glass factory. It was built in 1608 at the Jamestown colony in Virginia. Despite its role in local history, the factory was in danger of being torn down ten years ago after its last owner moved out. Fortunately the city was able to raise fund for restoration program. And just last year the site opened its doors to the public. You can buy a book detailing the factory's history at the gift shop on the first floor. All proceeds from the gift shop will go to our preservation of this and other historic buildings.

소리포인트

① **first**를 '퍼스트'라기보다는 '퍼스'에 가깝게 t를 약화시켜 발음한다. ② **torn down**은 tear의 과거분사형으로 '찢어지다/닳다'이며, 발음은 '톤'으로 들려서 tone(톤/색조)으로 오해하기 십상이다. ③ **last year**는 '레스치어'로 들린다. ④ **door**는 영국발음으로는 '도어'가 아니라 '도-'에 가깝다. ⑤ **restoration**(복원)과 **preservation**(보존)은 Part 3, 4, 7에 매우 자주 출제되는 전형적 토익 단어이다.

해석과 단어

다음의 이야기에 관하여

안녕하세요, 여러분. 미국의 첫 유리 공장에 오신 것을 환영합니다. 이것은 1608년 버지니아의 제임스타운 식민거주지(colony)에 지어진 것입니다. 지역사회에서 이것의 역할에도 불구하고, 공장은 10여년 전에 이곳의 마지막 소유자가 이주해 나가버린 후, 닳아 없어질 위험에 처했었습니다. 운좋게도, 시는 복원 프로그램을 위한 기금을 조성할 수 있었습니다. 그리고 바로 작년에 그 현장을 일반에게 공개하였습니다. 여러분들은 공장의 역사에 관한 상세한 책자를 1층의 선물코너에서 구매할 수 있습니다. 선물코너에서의 모든 구매진행은 본 건물 외 다른 역사적 건물의 보존 기금으로 돌아갈 것입니다.

 점진적 구간반복 MP3 녹음파일을 듣고,
단계별로 끊어서 소리나는대로 한글로 적어봅시다.

18-1

Refer to the following ____________ .
Hello, everybody.
① I'd ________________________________
② I'd ________________________________ ________________________________ .

18-2

① ________________________________
② ________________________________ ________________________________ .

18-3

① Despite ____________
② Despite ____________ ________________________________ ,

18-4

① the factory ________________________
② the factory ____________________ ____________________
③ the factory ____________________ ____________________ ____________________
① after ________________
② after ____________________ ____________________ .

18-5

① Fortunately ____________________
② Fortunately ____________________ ________________________________ .

18-6

① And ________________________________
② And ________________________________ ____________________ .

18-7

You can buy a book detailing the factory's history
at the gift shop on the first floor.
① All ________________________________
② All ________________________________ ____________________
____________________ .

229

Refer to the following excerpt from a meeting.

Let's move on. This morning, I was given our company's quarterly sales statistics, and found out that sales of running shoes have fallen again during the winter months. However, our camping gear, mainly tents, lanterns and coolers, continue to sell in high numbers. Since the popularity of these items is almost single-handedly keeping our company in business, I believe we should increase our selection of these products. It would be worth studying which features of these products are popular with consumers, so for the rest of the week I want you all to conduct some research online by reading customer reviews of these kinds of items. We need to ensure that we meet our next quarterly sales goals.

소리포인트

① **I was given** 같은 부분을 '주어지다'로서, '주다'의 수동태로 해석하기 시작하면, 들으면서 의미를 알 수가 없다. **be given**은 '받다'라는 별도의 한 단어짜리 동사라고 생각하는 것이 좋다. (**be said = hear** 와 같은 이치) ② 이 지문 전체에서 **It would be worth studying which features of these products are** 부분이 가장 들리지 않는 부분이므로, 반드시 앞에서부터 끊어서 듣는 점진적 구간반복 **mp3** 파일을 들어본다. ③ **need to**는 d 발음을 생략하고 '니투'로 들린다.

해석과 단어

회의에서 발췌한 다음의 부분에 관하여

계속 진행해 봅시다. 오늘 아침, 나는 우리 회사의 분기 영업 전략을 받았어요. 그리고 운동화 매출이 지난 겨울 몇 달 동안 다시 하락한 것을 발견했어요. 그러나 우리의 캠핑 장비, 주로 텐트, 손전등, 쿨러 등은 지속적으로 높은 판매수치를 기록하는군요. 이런 품목들의 인기가 거의 단독으로(single-handedly) 우리 회사 매출을 이끌어가는 실정입니다. 나는 우리가 이런 품목들의 조합을 다변화해야 한다고 믿습니다. 이런 물건들의 어떤 특징이 손님에게 인기를 끄는지 연구할만한 가치가 있다고 봅니다. 그래서 이번 주의 남은 기간동안 여러분들이 이런 품목들의 고객 후기를 읽음으로써 온라인상에서 몇 가지 연구를 행해주기를 원합니다. 우리는 다음 분기 매출 목표를 달성할 수 있을 것을 확신할 필요가 있습니다.

 점진적 구간반복 MP3 녹음파일을 듣고,
단계별로 끊어서 소리나는대로 한글로 적어봅시다.

19-1
Refer to the following ___________________ .
Let's move on.
① This ___________________
② This ___________________ ___________________ ,

19-2
① and ___________________
② and ___________________ ___________________
③ and ___________________ ___________________ ___________________ .

19-3
However, our camping gear, mainly tents, lanterns and coolers,
continue to sell in high numbers.
① Since ___________________
② Since ___________________ ___________________ ,

19-4
I believe we should increase our selection of these products.
① ___________________
② ___________________ ___________________ ,

19-5
① ___________________
② ___________________ ___________________
by reading customer reviews of these kinds of items.

19-6
① We ___________________
② We ___________________ ___________________ .

Refer to the following introduction.

Hello, everyone. I called this meeting because I wanted to introduce the newest member of our staff, Mr. Richard Powell, to our team here at Empire Auto Parts. Mr. Powell has spent over 15 years working as a sales representative in previous jobs, and his experience in delivering product presentations will undoubtedly be an asset to our company. He has also received several prestigious awards for his excellent work. His works received rave reviews from auto associations and environmentalists alike. Even though Mr. Powell just began working here only a week ago, he has already adapted to our work environment. And now Mr. Powell would like to take a couple of minutes to share a few words with all of you.

소리포인트

① auto(자동차회사), auto parts(자동차 부품사)는 '오로'와 '오로팔츠'로 들린다. Part 4, 7에 자주 등장하는 토익 단어로서, 주제관련어이므로 반드시 알아들어야 한다. ② sale representative도 굴려서 '세일즈 레프리제너티브'로 들린다. ③ prestigious awards가 연음처리되어 '프리스티지어워드'로 들린다. 항상 award 언저리가 무슨 상인지 알려주므로 award 발음을 잘 듣는 것이 중요한데, a가 약화되어 사실상 word로 느껴질 때가 많다는 것도 알아두면 좋다.

해석과 단어

다음의 소개에 대하여

안녕하세요, 여러분. 저는 이 회의에 우리의 새로운 스탭인 미스터 리처드 파월을 여기 엠파이어 자동차 부품공장(Auto Parts)의 우리 팀에게 소개하기 위해 연락을 취했습니다. 미스터 파월은 15년 넘게 전 직장에서 영업사원으로 일했고, 그의 상품 프리젠테이션 발표 경험은 의심의 여지없이 우리 회사의 자산이 될 것입니다. 그는 또한 그의 뛰어난 업무실적으로 몇 개의 영예로운 상을 받은 바 있습니다. 그의 업무실적(work)은 자동차 협회와 환경론자들로부터 공히 좋은 후기(rave reviews)를 받았습니다. 미스터 파월이 비록 여기서 고작 일주일 정도 일했지만, 그는 벌써 우리 업무 환경에 적응하고 있습니다. 그러면 이제 미스터 파월이 여러분과 몇 마디 나눌 시간을 갖도록 하겠습니다.

 점진적 구간반복 MP3 녹음파일을 듣고,
단계별로 끊어서 소리나는대로 한글로 적어봅시다.

20-1
Refer to the following ________________ .
Hello, everyone. I called this meeting
because I wanted to introduce the newest member of our staff,
Mr. Richard Powell, to our team ________________________ .

20-2
① Mr. ________________________________
② Mr. ________________________________ ______
________________________ ,

20-3
① and ________________________________
② and ________________________________
________________________ .

20-4
① He ________________________
② He ________________________ ________________ .

20-5
① His ________________________
② His ________________________ ________________ .

20-6
Even though Mr. Powell just began working here only a week ago,
① ________________________
② ________________________ ________________ .

20-7
① And now ________________________________
② And now ________________________________
________________________ .

Refer to the following talk and chart.

Good morning, everyone. I have gathered you all here to announce which worker gets the employee of the Year Award. Let's see the latest figures on the screen from our market research team. As the market leader in sports watches, our sales have increased sharply this year. The recipient of employee of the Year Award is Tom Jackson, the marketing supervisor who helped our company surpass our goal of selling one million watches for the first time. As soon as he joined us in March, the sales figures have remained strong ever since. Furthermore he is very competent and reliable. He's been an important asset to our company. Now, let's listen to his acceptance speech.

소리포인트

① 문제지에는 新토익의 시각자료로서, 매출 수치 자료가 있을 것이다. 매출이 몇 월부터 올랐느냐 혹은 매출이 언제부터 강세를 띠었는지 묻는 문제가 나올 수 있다. 더 나아가 올해의 직원상 수상자가 입사 후 매출이 뛰었다고 했으므로, 그 직원의 입사 시기를 묻는 문제가 나올 수도 있다. **latest figures**(최신 수치), **sales figures**(판매수치, 매출) 같은 표현이나 **one million** 같은 수치 표현, **surpass**(초과하다), **increase sharply**(급격히 증가하다), **remain strong**(강세를 띠다) 등에 주목하면 된다. ② 직원상 수상 관련지문에 자주 나오는 **Year Award**나 **acceptance speech**의 발음에도 주의한다.

해석과 단어

다음의 말과 차트에 관하여

좋은 아침이에요, 여러분. 내가 여러분 모두를 여기에 모은 것은 우리가 올해의 상을 누가 수상할지에 대해 발표하기 위해서입니다. 화면에 뜬 마케팅팀에서 보내온 최근 수치를 봅시다. 스포츠 시계의 시장 지배자로서, 우리의 매출(그래프)은 올해 날카롭게 증가했습니다. 올해의 상 수상자는 톰 잭슨입니다. 그는 마케팅 팀장이고, 100만개 시계 판매라는 우리 회사의 목표를 처음으로 초과 달성하는 데 도움을 줬지요. 그가 3월에 우리 회사에 합류하자마자, 판매 수치는 전례 없는 강세를 띠었습니다. 게다가 그는 매우 유능하고 믿을만하지요. 그는 회사의 중요 자산이 될 것입니다. 이제, 그의 수락 연설을 들어봅시다.

 점진적 구간반복 MP3 녹음파일을 듣고,
단계별로 끊어서 소리나는대로 한글로 적어봅시다.

21-1 Refer to the following talk and __________ .
Good morning, everyone.
① I ________________________________
② I ________________________________ ________________________________ .

21-2
① ________________________________
② ________________________________ ________________________________ .

21-3
① As ________________________________
② As ________________________________ ________________________________ .

21-4
① The ________________________________
② The ________________________________ ________________________________
③ The ________________________________ ________________________________
________________________________ .

21-5
① As ________________________________
② As ________________________________ ________________________________ .

21-6 Furthermore he is very ________________________________ .

21-7 He's been an important __________ to our company.

21-8 Now, let's listen to his ________________________ .

Refer to the following excerpt from a meeting and chart.

Before we close this meeting, there's one more thing I'd like to cover. Next week is our annual beverage tasting at Central Park. Participants tried different flavors from our new line of energy drinks and shared their opinions on the questionnaire. This data is useful to us. We're going to launch first the flavor which people responded most favorably to. But we have just one problem. If you look at the forecast for next week, you can see that rain is expected on the day of event. To prevent participants from complaining about our event, we'll set up a pavilion, where we'll distribute complimentary umbrellas to attendees.

소리포인트

① 문제지에는 新토익의 시각자료로서, 다음 주 7일간의 일기예보 도표가 있을 것이다. 총 일곱 칸 중에 어떤 칸에는 해 그림이, 어떤 칸에는 우산이나 비 그림이 있을 것으로 짐작된다. 행사일이 며칠인가를 묻는 문제가 나오면, 우산이 그려진 요일이나 날짜를 정답으로 고르면 될 것이다. **look at the forecast**라고 한 부분에 주목하면 된다. ② **cover**동사는 '다루다'는 의미가 있음에 주의한다. ③ **beverage tasting**(시음회)은 **Part4**에 자주 등장하는 단골 소재이다. ④ 공짜 물건을 나눠준다는 표현인 **distribute complimentary**+명사도 자주 나오는 것이므로 익혀둔다.

해석과 단어

다음의 회의 발췌본과 차트에 관하여

회의를 마치기 전에, 한 가지 더 다루고 싶은 문제가 있어요. 다음 주는 센트럴 파크에서 우리의 연례 시음회가 있습니다. 참가자들은 우리의 새로운 에너지 음료의 서로 다른 맛을 시음해보고, 설문지에 그들의 의견을 공유합니다. 이 자료는 우리에게 매우 유용합니다. 우리는 사람들이 가장 선호한 음료부터 먼저 출시할 것입니다. 그러나 딱 한 가지 문제가 있습니다. 다음 주 일기예보를 보면, 행사 당일 비가 올 것으로 예상되고 있음을 알 수 있습니다. 참가자들이 우리 행사에 대해 불평을 하지 않도록 하기 위해, 우리는 가설물을 설치하고, 거기서 참가자들에게 공짜 우산을 배포할 예정입니다.

 점진적 구간반복 MP3 녹음파일을 듣고,
단계별로 끊어서 소리나는대로 한글로 적어봅시다.

22-1
Refer to the following ___________________________ .
① Before ___________________________
② Before ___________________________ ___________________________ .

22-2
① Next week ___________________________
② Next week ___________________________ ___________________________ .

22-3
① ___________________________
② ___________________________
___________________________ .
This data is useful to us.

22-4
① ___________________________
② ___________________________ ___________________________ .

22-5
But we have just one problem.
① If ___________________________
② If ___________________________ ___________________________

22-6
① To ___________________________
② To ___________________________ ___________________________
③ To ___________________________ ___________________________
___________________________ .

Refer to the following telephone message and time table.

Hello, Alex. It's Jeny calling from the human resources department. I know you have requested a transfer to our European division. We thoroughly reviewed your application form and cover letter which is submitted. However, we cannot see your cover letter again because of some technical problem in our computer system. So, you have to drop it off in person and need to be interviewed by a few executives. By the way, our company has implemented a shift rotation system to increase workers. So, my working hours are temporarily irregular these days. Please make sure that you come by at a proper time. My time table is on the Intranet.

소리포인트

① 문제지에는 新토익의 시각자료로서, 회사 내부 인트라넷에 올라온 **Jeny**의 근무시간표가 있을 것으로 예상된다. 이 자료를 보고 그녀의 근무시간을 찾고, **Alex**가 언제 찾아가면 좋을지를 묻는 문제가 반드시 출제되게 되어 있다. ② **transfer**동사는 지하철에서는 '환승하다'라는 의미이지만, 회사 인사 관련 지문에서는 '전근하다'라는 의미이다. ③ **drop it off in person**은 '직접 떨어뜨려주다(직접 전달하다)'라는 뜻도 중요하지만, 매우 빠르게 짧은 단어가 이어져 잘 들리지 않는다. '드라피러프'로 연음처리되는 점을 한글로 소리나는대로 적어보자! ④ **intranet**은 **internet**이 아니라 '사내전산망'을 의미한다.

해석과 단어

다음의 전화메시지와 시간표에 관하여

여보세요, 알렉스. 나는 인사부서의 제니입니다. 나는 당신이 우리 회사의 유럽지부에 전근을 요청한 것을 알고 있습니다. 우리는 당신의 지원서류와 제출된 이력서를 철저히 검토했습니다. 그러나, 우리 회사 컴퓨터 시스템의 기술상의 문제로 인해 당신의 이력서를 다시 볼 수 없네요. 당신이 직접 와서 그것을 전해주고, 몇몇 경영진들에게 인터뷰도 받을 필요가 있습니다. 그런데, 우리 회사는 인력 고용 증대를 위해 순환근무제를 시행 중입니다. 그래서, 최근 나의 근무시간이 임시적으로 일정치가 않아요. 반드시 적절한 시간에 방문해야 함을 잊지 말아주세요. 내 근무시간표는 회사 내부 인트라넷(사내 전산망)에 있습니다.

 점진적 구간반복 MP3 녹음파일을 듣고,
단계별로 끊어서 소리나는대로 한글로 적어봅시다. 

23-1

Refer to the following telephone message and _______________ .
Hello, Alex.
① It's _______________________________
② It's _______________________________ _______________________ .

23-2

① I _______________________________
② I _______________________________ _______________________ .

23-3

① We _______________________________
② We _______________________________ _______________________ .

23-4

① However, _______________________________
② However, _______________________________ _______________
_______________ .

23-5

① So, _______________________________
② So, _______________________________ _______________________
③ So, _______________________________ _______________________
_______________________ .

23-6

① By the way, _______________________________
② By the way, _______________________________ _______________________ .

23-7

So, my working hours are temporarily irregular these days.
① Please _______________________________
② Please _______________________________ _______________________ .
My time table is on the Intranet.

Refer to the following talk and map.

It is a great honor to notice the retirement celebration of our dear colleague, Adrian Williams. It will be held next Saturday. During the 12 years he served as CEO of our company. In close collaboration with the creative team, he successfully oversaw the international expansion of the brand, making it one of the most recognized luxury fashion brands in the world. On behalf of all staff, I would like to say thanks to him, and wish him a lot of luck in his retirement! If you want to congratulate Adrian for his achievements, please attend the party. Here is the route. Board the subway at Haley Station and then transfer at Kensington. When you get off the train at Campsy Station, don't cross the street. Just walk straight to the intersection, and it's there on the corner.

소리포인트

① 이 지문처럼 新토익에서 시각자료로서 **map**이 자주 등장하게 되어, 위치 관련 표현이나 특정 장소로 가는 방법을 설명하는 표현이 중요해졌다. **board, get on, get off, transfer at** 등 지하철 관련표현이나 **cross**(길건너다), **intersection**(교차로), **on the corner**(코너) 등의 표현이 그것이다. ② **our dear**가 마치 **ideal**처럼 들린다. ③ 직원의 은퇴지문에 자주 나오는 **retire, success, congratulate, oversee, achieve, on behalf of** 등의 표현을 익힌다. ④ 콤마 다음에 **making**으로 이어지는 분사구문도 길어진다고 부담을 느끼지 말고, 쭉쭉 이어서 듣는 습관을 기른다.

해석과 단어

다음의 말과 지도에 관하여

나는 우리의 자랑스런 동료 에이드리안 윌리엄의 은퇴 기념식에 대해 알리게 된 것을 영광스럽게 생각합니다. 그것은 다음 주 토요일에 개최될 예정입니다. 그는 **12**년간 우리 회사의 **CEO**로 재직했습니다. 창조적인 팀과의 긴밀한 협조 하에 그는 브랜드의 국제적 성장을 성공적으로 감독했고, 그 사이 우리 브랜드를 세계에서 가장 널리 알려진 럭셔리 패션 브랜드들 중 하나로 만들었습니다. 전직원을 대표하여, 나는 그에게 감사의 인사를 전하고, 그의 은퇴에 행운이 가득하기를 바랍니다. 만약 에이드리안의 업적에 대해 축하하고자 하신다면, 파티에 참석해주세요. 여기 그 약도가 있습니다. 헬리역에서 지하철을 타고, 켄싱턴역에서 갈아타세요. 캠시역에서 열차를 내린 뒤, 길을 건너지 마세요. 교차로 쪽으로 쭉 걷다가, 코너에 있는 건물입니다.

점진적 구간반복 MP3 녹음파일을 듣고,
단계별로 끊어서 소리나는대로 한글로 적어봅시다.

24-1

Refer to the following talk and _______ .
① It ___________________________
② It ___________________________ ___________________________
It will be held next Saturday.

24-2

During the 12 years ___________________________.
① In ___________________________
② In ___________________________ ___________________________
③ In ___________________________ ___________________________
___________________________ .

24-3

① On ___________________________
② On ___________________________ ___________________________
③ On ___________________________ ___________________________
___________________________ !

24-4

If you want to congratulate Adrian _______, please attend the party.

24-5

Here is the route.
Board the subway at Haley Station ___________________________ .

24-6

① When ___________________________
② When ___________________________ ___________________________ .

24-7

① Just ___________________________
② Just ___________________________ ___________________________ .

Refer to the following announcement and list.

Today, the city officials announced that some changes will be implemented to the the National Art Museum. The museum will be shot down early in the evening until the end of this month so that its exhibition halls will be renovated. The changes were made in response to the constant complaints about the lack of space as more works of art are exhibited. He apologizes for the inconvenience while the museum is being renovated. He also informs you of a special guided tour on the collection of modern sculptures after reopening. It will be given by Professor Johnson of Kinston University, an expert in this field. A more detailed construction schedule is available at www.nationalmuseum.com.

소리포인트

① 문제지에는 新토익의 시각자료로서 **A more detailed construction schedule**이 도표(**list**)로 정리되어 있을 것으로 예상된다. 이 자료를 보고 박물관의 리노베이션 일정을 알 수 있고, 언제 개장하느냐, 언제 견학이 가능하냐는 등의 질문이 나올 것이 분명하다. ② 중요한 토익동사인 **implement**의 미래시제 수동태형인 **will be implemented**의 발음을 익힌다. ③ 어떠어떠한 불만에 기민하게 대응하기 위하여 변화를 가져왔다는 **in response to the constant complaints about**은 그 다음에 변화의 원인이나 현재 상태의 문제점이 언급되므로 중요하다. ④ 영국식 발음에서 **schedule**은 '쉐쥴'로 들리므로 주의한다.

해석과 단어

다음의 공지와 항목표에 관하여

오늘, 시 공무원은 국립미술관에 몇 가지 변화가 시행될 것임을 발표했습니다. 박물관은 이번달 말까지 매일 저녁 일찍 닫을 것인데, 전시회 공간을 리노베이션 하기 위함입니다. 이 변화는 더 많은 작품이 전시됨에 따라, 전시 공간의 부족에 대한 끊임없는 불만에 따른 것입니다. 그는 박물관 리노베이션에 따른 불편함에 대해 사죄를 합니다. 그리고 그는 재개장 후 있을 현대 조각 소장품에 대한 특별 견학에 대해서도 발표합니다. 그것은 해당 분야의 전문가인 킹스톤 대학의 존슨 교수에 의해 제공될 것입니다. 좀 더 상세한 공사 일정은 www.국립미술관.com에서 이용가능합니다.

 점진적 구간반복 MP3 녹음파일을 듣고,
단계별로 끊어서 소리나는대로 한글로 적어봅시다. 

25-1

Refer to the following _______________________ .
① Today, _______________________
② Today, _______________________ _______________________
_______________________ .

25-2

① The _______________________
② The _______________________ _______________________
③ The _______________________ _______________________
_______________________ .

25-3

① The _______________________
② The _______________________ _______________________
③ The _______________________ _______________________
_______________________ .

25-4

① He _______________________
② He _______________________ _______________________ .

25-5

① He _______________________
② He _______________________ _______________________ .

25-6

① It _______________________
② It _______________________ _______________________ .

25-7

① A _______________________
② A _______________________ _______________________ at www.nationalmuseum.com.

曹操
TOEIC

CHAPTER

04

특이한
발음정리

연역적 발음법칙 암기는 무의미하다

리스닝 요령에 관한 시중의 책들을 찾아보면, '발음규칙'을 설명하는 경우가 많다. 영어의 연음법칙, 축약현상, 탈락현상, t발음의 연구개화, 모음약화, dark-L 현상 따위를 설명하는 방식이다. 물론 누구도 부정할 수 없는 내용들이다.

그러나 영어의 발음 법칙은 귀납적으로 익혀야 한다. 4-02 이하에서 설명할 법칙들의 정의를 가볍게 훑어만 봐도, 벌써 골머리가 아프기 시작할 것이다. 이 발음규칙들의 의미를 외울 이유는 전혀 없고, 어떤 발음이 어떠한 발음규칙에 의해 그렇게 발음되는지 알 필요도 없다. 우리가 우리말을 할 때 그냥 발음의 결과인 소리를 알 뿐이지, 그 발음이 자음동화에 의한 발음인지, 구개음화에 따른 발음인지를 전혀 따지지 않는 것과 같은 이치이다.

요컨대 영어의 발음 규칙을 연역적으로 외우는 것은 학문적 호기심을 자극할 뿐, 절대로 귀를 뚫는 요령이 될 수 없다. 모든 발음은 입과 귀로 귀납적으로(경험적으로) 체득해야 한다.

여기서 발음을 입과 귀로 '귀납적으로' 체득하라는 말의 구체적 의미는, 아래의 예에서 발음 법칙의 명칭을 외울 것이 아니라, 그 옆에 우리말로 소리나는대로 적어놓은 '와리진(What is it?)' 따위를 눈여겨 보라는 뜻이다.

이러한 영어발음의 한글표기와 관련하여, 어떤 네티즌이 베스트셀러 영어 교재 출판사 게시판에 댓글을 달아놓은 것을 보았다. '책을 보니, 영어 발음을 한글로 소리나는대로 적어 놨더군요. 그런 책은 무조건 버려야 합니다. 실망했습니다.'라고 적혀 있었다. 그러나 그런 생각은 지나치게 비효율적이고 실용적이지 못하다고 생각한다. 삼국지의 조조가 살아 돌아온다면 한글표기건 뭐건 간에 일단 귀를 뚫기 위한 모든 수단을 동원하지 않았을까?

머리말에서 밝혔듯이 필자는 수년 전 일본어 회화에 첫 도전하여 6개월 만에 SJPT(일본어 말하기 시험)에서 5급[1]을 획득하였다. 5급이 그리 대단한 것은 아니겠지만, 영어에 투입한 시간과 노력에 비하면 꽤 만족스러운 결과였다. 그 공부방법이 일본 드라마 '아네고(アネゴ, 2005)'의 대사를 그대로 한글로 받아 적으면서 대사를 통째로 외우는 것이었다. 예를 들어 '오하이오 고자이마스'라고 받아 적으면 그뿐일 것을 히라가나로 おはよう ございます로 적거나 한자를 섞어서 적으며 공부했다면 얼마나 비효율적이었을까?

영어 리스닝도 마찬가지 이치이다. 따라서 4-02이하에 나오는 영어발음의 한글 표기에 대한 지나친 거부 반응은 바람직하지 않다.

---

[1] 일본어 말하기 시험(**SJPT**)을 관장하는 토익위원회에 따르면, 레벨5 수준의 의미는 '자신의 관심사와 같은 일반적인 화제에 대해 구체적으로 말할 수 있고, 다양한 사회활동이 가능한 커뮤니케이션 능력이 있다. 기초 문법이나 자신과 관련된 어휘에 대해서는 충분히 알고 있지만, 사용에는 약간 실수하는 경우가 있다. 또한 모국어의 영향은 남아 있지만, 잘 알고 있는 내용을 말할 때에는 적절한 속도로 말할 수 있다.'이다.

4-02

연음현상, 축약현상,
탈락현상, 동화현상

**영어의 여러 발음 규칙 중 가장 중요한 것은
연음현상, 축약현상, 탈락현상, 동화현상이다.**

첫 번째로, 연음현상이 있다. 연음현상이란, 앞단어가 자음으로 끝나고 뒷
단어가 모음으로 시작되면 음이 연결되어 소리나는 현상이다. 한마디로
연속되어 나오는 음이라는 뜻이다.

그러나 누차 강조하듯이, 절대로 연역적으로 연음현상이 무엇이라는 것
을 알 필요는 없다. 대신 연음현상이 적용된 구체적인 예로 익혀야 한다.
특히 부정관사 a나 an이 끼어있을 때 연음현상이 일어나는 경우가 많다.

둘째, 영어에는 짧게 축약되어 발음되는 단어들이 있다. 이를 축약현상이
라고 부른다. 연음현상과 비슷하지만 약간 다르다. 이 역시도 미리 그 음
가를 한글표기로 외워두면 리스닝에 도움이 된다.

단어 뜻을 알더라도 그 단어가 문맥 속에서 어떤 사운드로 들리는지도
'별개로' 외워야 하는 것이다. 자신을 세 살짜리 아기라고 생각해 보면, 스
펠링이나 기존 발음원칙은 모르고 오로지 들리는 대로 그 소리, 사운드,
음가를 외울 뿐이다. 여러 단어가 축약된 발음들을 아예 한 단어처럼 암기
하고 있어야 한다.

셋째, 탈락현상이라는 것도 있다. 모음이나 자음이 생략되는 현상이다. 동
일하거나 유사한 자음이 연달아 올 때 발음을 편하고 자연스럽게 하기 위
해서 앞의 자음을 발음하지 않는 것이다. 음절이 d 혹은 t로 끝나면 발음
하지 않을 때가 많다. 듣기가 안 되는 50%의 이유가 이것 때문이라고 주
장하는 사람도 있다.

넷째, 동화현상이 있다. 동화현상은 앞단어와 뒷단어의 소리가 서로에게 영향을 주어 같은 소리로 변하거나 비슷한 소리로 변하는 현상이다. [d] 혹은 [t] 소리로 끝나는 단어 다음에 [j] 소리가 오면, 입천장 소리화되어 [져]로 발음된다. 우리말에서도 '굳이'가 '구지'로 발음되는 것과 같은 이치이다.

영어를 처음 배우는 사람이 CNN뉴스와 같이 1분에 160~180자 정도로 빨리 발음되는 영어를 청취하지 못하는 이유 중 하나가 위 4가지 발음 현상을 제대로 익히지 못했기 때문이라고 한다. 그만큼 중요한 영어의 발음 법칙인 셈이다. 그러나 영문학이나 언어학을 전공하는 학생이 아닌 이상, 토익 리스닝을 공부하면서 위 연음현상, 축약현상, 탈락현상, 동화현상 4가지를 각각 면밀하게 구분하는 일이 무의미함은 앞서 밝힌 바와 같다.

대신 그 법칙들의 결과물인 발음의 대표적인 예를 외워두자. 다음에 나오는 영어 발음 법칙과 그 예는 거창한 것 같지만, 우리가 이미 알고 있는 내용이니 가볍게 훑어본다. 특히 두세 단어가 연접될 경우 이를 마치 한 단어처럼 음가를 외우는 것에 주력한다. 하나의 단어가 전후 단어에 따라 우리가 평소에 발음기호를 통해 아는 소리와는 전혀 다른 소리로 바뀌어 발음될 수 있음을 아는 것만으로도 리스닝에 큰 도움이 될 것이다.

Drill 01 조동사발음의 축약

I will	아이윌	I'll	아월/아얼/알
You will	유윌	You'll	윌/율
It will	잇윌/잇울	It'll	이월/이럴/이를
That'll	데럴/대를		
They'll	데윌/델	We'll	윌
He'll	히얼/힐	She'll	쉴
It'd	잇드	You'd	윳
I'd	아이드	We'd	윗
I've	아이브	We've	위브
You've	유브/이브	They've	데이브/데입
have to	햅투/햅로	had to	햇–투/해–투
have a	햅버		
have been	햅빈		
I had	아 햇	I have	아 햅
I've been a	아빈어		
I have been	아해삔 → 아업삔		
n't	은	isn't	이즌
hasn't	해즌	haven't	해븐
didn't	디든/디른	doesn't	더즌
couldn't	쿠든/쿠른	shouldn't	슈든/슈른
wouldn't	우든/워든/우른		
should've	슈르브	would've	우르브
must be	마스비	must not	머스낫
Will you help me?	윌 유 헬 미	I'll help you	아알 헤어휴
Why didn't I	와이딘아이 와이디나이 → (why deny아님)		
I don't know	아이도운노우 → 아러노우		

What do you	왓두유→ 와르유 → 와러여 → 워려		
How did you	하우 디드 유 → 하우디쥬 → 하리쥬		
When did you	웬 디드 유 → 웬디쥬 → 웬져		
Why didn't you	와이 디튼 츄 → 와린츄		
Did you	디쥬	**Don't you**	돈츄
can be	큰비	**can't**	캐앤 (캔트X)
would you	우쥬	**could you**	크쥬
does your	더쥬얼	**has you**	해쥬
could I see	쿠다씨	**when will**	왠이/왠위

Drill 02 be동사

This is	디시스	**That's a**	덧저
This's a	디저	**It's a**	잇저
There's	데리즈/댈즈/대얼즈	**There're**	데리
will be	우비/울비	**It'll be**	잇울비
She'll be	쉬울비	**He'll be**	히울비
is it	이즈잇/이짓	**was set**	워셋
I've been	알빈		
aren't	안		
be my	비마		
When's it	왠싯	**Where's a**	웨리서
What am I	왓앰아이 → 와러마		
What are you	왓아유 → 와러유 → 와르여		
What are our	왓아아우어 → 와러아어 → 와르아어		
What is it	왓 이즈 이트 → 와리짓		

When I	웬나이 (휀아이 **X**)
When you	웬뉴
When he	웬니 (웬히 **X**)
When she	웬쉬
When they	웬데이/웬네이
If	잎
If I	이파이/이파
If you	이퓨
If he	이피
If she	잎쉬
If they	잎데이
and I	앤다이
and I know	앤다노
but you	밧추/바추
but he says	받히쌔즈 → 바리쌔즈
or to go	아트고
when it's	왜니츠
why is it	와이짓
how it	하윗

'접속사+대명사 주어'의 발음도 한 단어처럼 알고 있어야 문장을 재빨리 이해할 수 있다. 실제 영어에서 '접속사+대명사 주어'를 끊어서 발음하는 경우는 없기 때문이다.

Drill 04   자음 d가 단어 끝에 올 때 주로 탈락

and that	앤더
told that	토울댓 (톨드댓X)
need that	니댓
changed the bus	체인지더 버스
be supposed to	비써포스투
glad to	글래투

Drill 05   자음 t, d가 단어 끝에 올 때 주로 탈락

first bus	펄스버스
must not	머스낫
next month	넥스먼쓰
went back	왠백
don't know	돈노우 (돈트노우X)
sandwich	샌−위치
handsome	한−샘
demand	디멘−
didn't you	딘−추 (디든츄X)
current	커렌
quit	크윗
excellent	엑썰런
requested	리퀘스띳
recently	리슨리
salad	쌜럿
sand	쌘
solid	쌀릿
liquid	리큇

Drill 06   [d]소리 다음에 [j]소리가 오면 [져]로 동화

behind you	비하인쥬
lend you	렌쥬
did you	디쥬
could you	쿠쥬
would you	우쥬
need you	니쥬
need to be	니-투비
remind you	리마인쥬
hold yourself	홀쥬얼셀프

Drill 07   [t]소리 다음에 [j]소리가 오면 [치]로 동화

meet you	미-츄
lost you	로스츄
put you	푸츄

Drill 08   기타 발음현상 종합

the	드 (기능어약화)	in	은 (기능어약화)
an	은 (기능어약화)	and	은 (기능어약화)
It's an	이츤		
set to	쎄투	said to	쌔투
this year	디쉬어	last year	래스치열
this way	디수웨이		
went back	왠빽		
meet our	미타우어		
at your	에츄얼		

shop is over	샤피스오버		
more than	모어든		
earth and sky	어랜스가이		
red and blue	래댄블루		
I went down to	아완타운누		
made the	메이더, 메더		
make it	메이킷, 메킷		
like him	라이큼	like it	라이킷
meet them	밑엄	need them	니덤
meet him	미름	give them	기브덤
ask him	애스크 힘 → 애스킴 → 애슥음		
cause you	커-쥬	please your	플리쥬얼
seen it	씬잇	raise you	뤠이쥬
said I	쎄다	said you	쎄두
says that	쎄잿	is that	이잿
hard to	하두		
joined the	조인더	meet the	밑더
hit the	힛더	felt the	펠더
with the	윗더		
both sides	보사이즈		
looks sad	룩쌔드	big girl	비껄
part time	팔타임	tears are	티얼자
look around the store	루커롸운 더 스토어		
I know you	아노유		
you know me	유노미		
you and me	유은미		
move so	뭇소		
words are fun	워사펀		

A lot of books	얼라러브 북스		
make a lot of money	메이드 어 랏 어브 마니→메이러 라러 머니		
What kind of	왓 카인더브		
keep in tough	키핀 터치		
keep her secret	키뻘 씨크릿		
pick you up	피큐 업		
take a part	테이커 파트		
book a flight	부커 플라잇		
wipe with a cloth	와입 위더 클로스		
half an hour	해퍼나워		
sick and tired of it	씨크 앤드 타이어드 어브 이트 → 씨캔 타이어러어빗		
It occurred	이트 어커드 → 이러커		
that if I had	데리파해		
those who know	도주노		
where it has	웨릿해즈		
maybe they'd be	메비데비		
soup or salad	수펄 샐러드		
quarterly	크워러리/쿼러리	handedly	핸딧리
definitely	데퍼닛리	brightly	브롸잇리
deliberately	들리버릿리	rapidly	라핏리
immediatey	이미디엇리	perfectly	퍼팩리(ly앞에서 살짝 끊어줌)
separately	쎄펏리	apparently	어페언리
February	훠브러리 → 훠브리		
contemporary	컨템포러리 → 컨템프리		
foreign	훠른	foreigner	훠리너→훠이너

gaining	게이닌	listening	리스닌
selling	쎌린	going	고인
finding	파인딘	getting a pension	게딘어펜션 (대체로 ing의 g가 발음되지 않고 in으로 들린다)
designer	드자이너		
label	레이벌		
catalog	캐럴러그		
shelves	쉘브즈		
film	피엄/퓌엄		
mail	메얼	fail	페얼
oil	오이얼	will still	윌스티얼
deal	디얼		
help	해업		
quick	크윅	quickly	크윅끌리
quality	크왈러리		
equal	이끄월		
equipped	이큅트		
exactly	익잴트리	examine	익재인
expert	엑쓰뻘뜨	extra	엑스츄롸
exercise	엑썰싸이즈	executive	이그재큐맆
founded	퐈운딧	constructed	컨스츄럭팃
started	스따릿		
marked	말트		

4-03   특이한 발음정리

다양한 음가로 느껴지는
접속사, 전치사, 대명사

영어에는 전후 단어에 따라 다양한 음가를 갖는
단어들이 있다. 이런 경우 발음기호대로만 발음된다고
알고 있는 사람은 도무지 그 단어를 알아들을 수가 없다.

따라서 미리 특정 단어가 다양한 음가를 갖는다는 것을 아래처럼 정리해 둘 필요가 있다.

001 의문사, 접속사나 전치사, 관계대명사와 같은 짧은 기능어가 들리지 않는 경우가 많다. 특히 Part 2에서 중점적으로 출제되는 의문사 중에서 where의 음가는 따로 정리해 둔다.

Wh-발음의 약화는 미국영어에서 자주 발생하는데, White House가 '화이트하우스'가 아니라 '와잇하우스'로, white wine를 '화이트와인'이라기보다는 '와이트와인'이라고 발음하는 것이 대표적인 예이다.

where는 대체로 '왜얼 / 왜어 / 왜 / 월'의 4가지 발음으로 느껴진다. 기본적으로 where는 '왜얼'이다. 그런데, '왜얼→왜어→왜→월'까지 변화무쌍하게 발전하는 것이다. 어쩔 때는 where는 wear처럼 들리기도 한다. 또 where의 wh-발음이 약화되어 were(워 또는 왜-)처럼 들린다.

문제는 where가 '왜'로 발음될 때 또는 when are로 이어질 때, where가 when과 헷갈린다는 점이다. 그러나 when은 명백히 'ㄴ' 발음이 있으므로 '왜'가 아니라, '왠'이다. 따라서 토익 Part 2에서 where인지 when인지 헷갈리는 순간이 오면, 대체로 where로 생각하면 된다. 어차피 when과 who는 명백히 들리므로 '헷갈리는 감정'을 느끼기 어려워, 헷갈린다 싶으면 where로 찍어야 한다.

002 have가 '해브 / 어브 / 허브 / 햅 / 협 / 업 / 해' 등으로 들리며, has 또한 '햇 / 해 / 애스 / 애즈' 등으로 들린다.

003 them이 '뎀 / 덤 / 엄' 등으로 들린다.

004 최고의 압권은 that이다. that은 '댓 / 듯 / 닷 / 덧' 등으로 들린다. 때로는 debt처럼 느껴지기도 하니 문장구조와 문맥을 통해 파악한다.

005 and는 물론 '앤드'로도 들리지만, 심지어 '인 / 은'으로 들릴 때도 있어서 in으로 오해될 때도 있다.

006 did는 '리'로, do나 to는 '르'로 들리기도 한다. What did you가 '와리쥬', What do you가 '와러여/와르유'로 들리기도 한다.

007 문장 중간에 if가 나오면 '잎'으로 들리기도 한다.

008 of는 물론 '오브'라는 음가도 있지만, '어브 / 엎'으로 생각하면 좋을 때도 많다.

009 or는 물론 '오얼'이라는 음가도 있지만, '오 / 얼'로 들리기도 한다.

010 at a가 '에러'로 들리므로 error로 느껴지기도 한다. 따라서 생뚱맞은 위치에서 error가 들리면 at a로 생각한다.

음가라는 것은 매우 주관적이다. 결론적으로 기존에 배웠던 모든 발음기호는 하나의 '허상'에 불과하다는 뜻이다. 접속사나 전치사, 대명사는 짧기 때문에, 문장 중간에 나올 때 누구나 잘 들리지 않는다. 차라리 몇 가지는 위에서처럼 외우는 게 좋다.

4-04

토익에서 자주 나오는
유사발음단어 집중 정리

음가라는 것은 주관적이다.

따라서 각자에게 비슷하게 들리는 두 단어가 있다면,

이를 미리 정리해서, 나중에 비슷한 소리가 들리면,

여러 가지 가능성을 열어 놓고 들으면 좋다.

우리말에서 [밤]과 [밤:]의 차이를 미리 알고 있는 것과 같다.

평소에 A라는 단어가 전혀 다른 B로 들리는 경험을 한 적이 있을 것이다. 이를 이상하다면서 그러한 현상을 부정하려 들 필요가 없다. 또 그것을 그 한 단어만 듣고서 애써 구분하려고 발악할 필요도 없다. '전후 단어에 따라 A라는 단어가 도리어 B로도 들리는구나!'하고 받아들이고, 추후에 B라고 들리는 순간 '아! A일 수도 있겠다!'라고 깨달으면 그 뿐이다.

어떤 사람들은 이런 단어들을 보면, 그 단어 하나만 따로 떼어 놓고 정확한 발음을 익히려고, 이런 단어들의 mp3파일을 반복해서 듣는 것에 과도하게 집착한다. 그런데 경험해 보아서 알겠지만, 원어민이 아닌 우리에게 그 구별이 어디 그리 쉽던가? 또 문장 속에서 구별이 안 되면 무의미하다.

그래서 필자가 택한 방법은 그와 유사한 단어가 들리면, '이것 아니면 저것이었지!'라고 미리 생각해 두고, 전후 단어를 통해 역으로 그 단어가 무엇인지 짐작해서 때려 맞추는 것이었다.

이하는 필자에게 있어서 토익에서 유사하게 들리지만, 사실은 전혀 다른 단어(일명 유사발음단어) 38가지를 정리한 것이다. 각자에게 그런 단어가 서로 다를 수 있으므로 아래를 참조하되, 스스로 정리해 보는 것도 나쁘지 않다. 그리고 이러한 유사발음 단어가 특히 Part1과 Part2의 선지에서 등장할 경우, 그 선지는 오답이 된다. 이에 대하여는 Part1에서 유사발음

단어가 들리면 오답이다(5-09)와 Part2는 유사발음단어, 파생어가 들리면
오답이다(6-14) 편을 참조하기 바란다.

001 come과 welcome을 헷갈린다. We'll come to the store.라는 문장
의 앞부분이 '웰컴(welcome)'으로 들리는 경우가 많다. 이것을 부
정하지 말고, 또한 발음기호에 집착하지 말아야 한다. 오히려 '웰
컴'으로 내 귀에 들리는 순간, we'll come to the store.일 수도 있다
는 가능성을 열어두어야 한다.
다만, 헷갈린다면 토익 Part2에는 welcome이 나오는 경우가 거의
없으므로 come으로 생각하면 된다. Part3,4에서도 welcome은 첫
문장 외에는 나올 일이 없다. Part1에서 welcome은 아예 나올 리
없다.

002 you were가 '유어(your)'로 들린다. 따라서 소유격 '유어'같이 들
리면 you were일 수도 있다고 느껴라.

003 our가 정말 안 들리는 단어 중 하나이다. our(알)을 '아우어'로 또
박또박 발음해주는 경우는 거의 없다. 거의 대부분 '알'로 들린다.
our guests는 '알 게스스'로 들리고, our call는 '알쿨'로 들려서 심지
어는 거의 '알콜'로 들린다.
또, our가 '알'로 들릴 때가 많다 보니 I'll(알)과 구분되지 않는 경우
가 많다. 이를 구분하는 방법은, 뒤에 명사가 오면 our인 것으로, 뒤
에 동사가 오면 I'll이었던 것으로 역짐작하는 것이다.

004 probably(퍼블리), prefer(퍼퍼)처럼 맨 앞음절의 pro, pre류는 모두
per로 들린다. '프로버블리'나 '프리퍼'가 결코 아니다.

005 not been able to(낫삔 에이블 투)는 '삔'에 워낙 강세가 있어서 전
후가 안 들릴 때가 많다. 마찬가지로 he'd been(히드삔)은 언뜻 pin
으로까지 느껴질 때가 있다.

006 you've all seen(유볼씬)은 all이 끼면서 발음이 이상하다고 느끼는 경우가 많고, been이나 seen은 된소리가 되는 경우가 많다.

007 I've already written(아브 레디 리뜬)에서 already의 앞부분 al이 약화되어 안 들려서 '레디(준비)'로 들린다.

008 right away(롸잇 웨이) 역시 away에서 a는 약화되어 안 들리므로 'way(길)'를 떠올리게 된다. 그 결과 '오른쪽 길'로 착각하기 쉽다.

009 같은 이유로, 토익에 잘 나오는 reward와 award의 앞 re(리)와 a(어)가 잘 안 들린다. 그 결과 둘다 '우드'로만 들려서 wood가 떠오른다. 참 안 들리는 단어인데도 둘 다 토익빈출단어이다.

010 what it's called에서는 it's는 거의 들리지 않고, call을 '콜'로 발음하지 않는다. 결국 call은 거의 gold 또는 cold로 들린다. 또, 영국식 발음에서는 '전화걸다', '전화'라는 뜻의 call을 '콜'이 아닌 '쿨~'로 발음한다.

011 원어민이 아닌 이상 coffee와 copy의 구별이 생각보다 어렵다. 따라서 두 가능성을 다 열어두고 문맥을 통해 추측하는 것도 필요하다.

012 ride와 write가 의외로 구별이 안 된다. 같은 논리로 riding과 writing도 구분이 안 되므로 문맥으로 구별한다. 나아가서 rewritten(리리뜬)까지 나오면 매우 헷갈리므로 미리 익숙하게 해둔다.

013 travel과 trouble의 구별이 어렵다. 이 역시 두 가능성을 다 열어두고 문맥을 통해 추측하는 것이 필요하다.

014 train과 rain, refresh과 fresh, merge와 emerge, arrange와 range처럼 맨 앞 글자가 붙거나 붙지 않는 단어의 발음이 헷갈릴 때가 많다.

015 glass(글래스)와 grass(그래스)도 구별이 어렵다. 특히 토익 Part1에서 이것을 가지고 장난질하는 문제가 자주 출제된다.

016 mother(마더)와 미국식 발음의 model(마를)도 구별이 어려운 단어이다. 비지니스 영어인 토익, 특히 Part1,2에서 mother는 안 나온다.

017 want와 won't도 구별이 어렵다. 따라서 그 뒤에 곧바로 동사가 올 경우를 한정해서 생각해 볼 때, to가 들리면 want, to가 안 들리면 won't라고 생각하는 것도 좋다. won't 는 will not이므로 뒤에 동사 원형이 올 것이기 때문이다.

018 set과 sit도 발음상 구별하기 어려운 단어이다.

019 work(월크)와 walk(웍끄)도 전통적인 발음 구별 문제이다. I walk there라는 문장이 들릴 때 I work there일 수도 있으므로 소리로는 구분이 잘 안 된다. 두 가능성을 열어놓고 문맥으로 파악한다.

020 There와 they're의 구별도 소리로는 쉽지 않다. 앞뒤 문맥으로 아는 것이다. 마찬가지로 who's와 whose 역시 두 가능성을 열어 놓고 문맥으로 파악한다. whose는 뒤에 명사가 오면 그것으로 구별한다.

021 can(큰)과 can't(캐-엔)을 '캔'과 '캔트'라고 생각하지 말아야 한다. 실제 영화나 토익에서 구별이 힘든 것이 can't와 can의 발음이다. 따라서 I can't speak English.와 I can speak English.는 각각 [아이 캐-앤 스삐킹글리쉬], [아이큰 스삐킹글리쉬]처럼 발음하면 정확하다. 또, can't는 강하게 발음하기 때문에 그 뒤 본동사의 발음이 약화되고, can은 약하게 발음이 되기에 그 뒤 본동사에 강한 억양을 주어 발음하게 된다.

022 사람이름과 비슷한 단어들, 예를 들면 Rata(레이타)와 late(늦은) 같은 것들도 어쩔 수 없이 두 가지 가능성을 다 열어 놓고 뒤에오는 동사를 듣고 구별하는 수밖에 없다. 토익 Part 3,4에서 이런 장난질이

이 의외로 많다.

023 four hours(4시간)와 for our+명사(우리의 명사를 위해)의 구별이 어려울 때가 많다.

024 leave와 live도 역시 발음상 구별하기 어려우므로 뒤의 전치사로 구분해야 한다. for가 들리면 leave, at이나 in이 들리면 live로 생각한다.

025 serious와 a series of가 비슷하게 들릴 때가 많으므로 문맥을 통해 파악한다.

026 cord와 card 역시 구별이 어려우므로 관용구로 구별한다. extension cord는 '전깃줄', extension code는 콩글리쉬, extension number는 '내선번호'라는 뜻이다.

027 firm(퍼엄: 회사)과 film(피움/퓌움: 영화)이 비슷하게 들릴 때가 많다. 둘 다 토익에서 자주 출제되는 단어이므로 문맥으로 파악한다.

028 feel과 fill이 구별이 어렵다. fill이 토익에서는 사무실에서 프린터기 관련해서 출제될 경우가 많다. out of paper(종이부족)나 out of stock(재고부족), repair(수리하다), fix(고치다), goes to closet(캐비넷 속에 넣다) 등이 들리면, 무조건 feel이 아니라 '프린터의 종이를 채우다'라는 의미의 fill이다.
참고로 토익 LC에서 supplies가 들리면 '공급'이 아니라, '사무용품'이라는 의미이다.

029 bought와 but 모두 '밧'으로 들릴 수 있다. buy의 과거형인 bought를 떠올리는 것이 중요하다. bought를 '브러트'로 발음하지 않는다.

030 here를 영국식으로 발음할 때 '헤아/히아'로 들리는데, 이것이 hear(듣다), hair(머리), there(데아)와 구별이 어렵다.

031 word의 끝자음 d는 약하게 발음될 때가 많아 '워'로 들릴 때가 많은데, 이렇게 되면 were로 혼동된다. 참고로 will be 역시 조동사 will의 발음이 약해서 '워비 / 울비'로 발음될 때가 많다.

032 well(웰)과 전혀 다른 while이 빨리 읽다보면 '웰'로 들린다.

033 many와 money의 구별도 생각보다 어렵다.

034 steps와 stops의 구별도 생각보다 어렵다.

035 recent와 reason의 구별도 어렵다. recent의 끝자음 t를 약하게 발음할 때가 많으므로 '리슨'으로 들리는데, 그 결과 '리즌'과 헷갈린다. 나아가서 recently(리슨리), region(리진)과도 구별해야 한다. 모두 토익빈출단어이다.

036 pile과 file의 구별도 쉽지 않다. 반드시 그런 것은 아니나 Part 1에서는 pile(나무 더미)일 가능성이 많고, Part 2에서는 file일 가능성이 많다.

037 quite(크와잇)과 quiet(크와이엇)도 발음을 해보면서 구별한다.

038 source(써얼쓰)와 sauce(써스)도 문맥을 통해 구별한다. 토익에서는 human resource(인사부)라는 단어로 자주 출제된다.

이하는 토익에서 흔히 헷갈리는 유사발음단어 군(群)을 도표로 총망라한 것이다. 한두 번 음미하면서 들어두면 유용하리라 본다. 다만, 어차피 문맥을 통해서도 어떤 단어인지 예측이 되므로, 단어 하나의 발음에 과도하게 집착할 필요는 없다.

PRONUNCIATION CHECK

QR코드를 통해 MP3를 듣고 공부해보세요.

live	살다	leave	떠나다/남기다
fill	채우다	feel	느끼다
slip	미끄러지다	sleep	자다
ship	배	sheep	양
read	읽다	lead	이끌다
simple	간단한	sample	견본
rich	부자의	reach	도착하다/손을 뻗다
sit	앉다	seat	앉히다
sew	바느질하다	saw	see의 과거
knit	뜨개질하다	neat	깔끔한
list	목록	least	최소한
dock	부두	duck	오리
bowl	큰 그릇	ball	공
boat	작은 배	bought	buy의 과거/과거분사
lunch	점심	launch	출시하다
bus	버스	boss	우두머리
land	착륙하다	stand in a row	줄지어 서다
dinner	저녁	diner	저녁 먹는 사람
sit	앉다	set	설정하다
land	착륙하다	lend	빌려주다

work	일하다	walk	걷다
move	움직이다	movie	영화
assign	할당하다	sign	간판/서명하다
wait	기다리다	weight	무게
alone	외로운	loan	대출
address	주소	dress	옷입다
supply	공급하다	supplier	사무용품
adjust	조정하다	just	단지
copy	복사	coffee	커피
approve	승인하다	prove	증명하다
appoint	약속하다	point	포인트
ascend	올라가다	send	보내다
arrange	정렬하다	range	범위
present	뽈표하다/제시하다/선	represent	대표하다
move	움직이다	remove	제거하다
review	복습하다	view	보다/전망
flight	비행	light	가벼운
inform	알리다	form	형식 /서식
belong	속하다	long	긴
fax	팩스	tax	세금

✓ PRONUNCIATION CHECK

QR코드를 통해 MP3를 듣고 공부해보세요. 

base	기초/야구에서 베이스	**vase**	화병
best	최고의	**vest**	조끼
bend	구부리다	**vend**	팔다
file	파일	**pile**	쌓은 더미
globe	지구의	**glove**	장갑
curb	연석/경계석	**curve**	곡선의
fair	박람회	**pair**	짝
boat	작은 배	**vote**	투표하다
sink	가라앉다	**think**	생각하다
ban	금지하다	**van**	차량 / 밴
price	가격	**prize**	상주다
full	가득찬	**pull**	당기다
race	경주	**raise**	올리다
fast	빠른	**past**	과거
face	얼굴	**faith**	신념
four	숫자 4	**pour**	붓다
mouse	쥐	**mouth**	입
often	자주	**open**	열다
pass	통과하다	**path**	경로/오솔길
boss	우두머리	**both**	둘다

특이한 발음정리

✓ PRONUNCIATION CHECK

QR코드를 통해 MP3를 듣고 공부해보세요.

load	짐싣다	road	길
lead	이끌다	read	읽다
late	늦은	rate	비율/요금
listen	듣다	recent	최근의
lake	호수	rake	갈퀴로 긁어모으다
lane	차선	rain	비
lock	잠긴	rock	바위
light	가벼운	right	오른쪽의
learn	배우다	run	달리다
lamp	전등/램프	ramp	경사로
low	낮은	row	일렬의
cloud	구름	crowd	군중
collect	모으다	correct	올바른
glass	유리	grass	풀
aisle	통로	I'll	내가 ~할 것이다
real	진짜의	rear	뒤쪽의
been	be의 과거분사	bin	상자/통
bloom	꽃이 피다	broom	빗자루
board	판자/마분지/탑승하다	bored	지겨운
vacation	휴가	vocation	직업

PRONUNCIATION CHECK

QR코드를 통해 MP3를 듣고 공부해보세요.

sought	seek의 과거분사	thought	think의 과거분사
place	장소	plays	play의 3인칭단수현재
rice	쌀	rise	오르다
pace	속도/페이스	pays	pay의 3인칭단수현재
lose	잃다/패배하다	loose	느슨한
read	읽다	reed	갈대밭
right	오른쪽의	write	쓰다
heard	'듣다'의 과거	herd	짐승의 무리
fish	물고기	finish	끝마치다
personnel	인사	personal	개인적인
closed	close의 과거	closet	벽장
cross	건너다	close	닫다
throw	던지다	draw	그리다/끌어당기다
root	뿌리	route	경로
sail	항해하다	sale	판매하다
seen	see의 과거분사	scene	광경/장면
sew	바느질하다	saw	see의 과거
sick	아픈	seek	구하다
soar	급증하다/날아오르다	sore	아픈
stair	계단	stare	응시하다

PRONUNCIATION CHECK

QR코드를 통해 MP3를 듣고 공부해보세요.

along	~을 따라서	alone	외로운
bank	은행	banquet	연회
repair	고치다	prepare	준비하다
call	전화하다	cold	추운/감기
hole	구멍	hold	붙잡다 /개최하다
fine	좋은	find	찾다
borrow	빌리다	tomorrow	내일
plan	계획	plant	공장/식물
car	자동차	cart	손수레/카트
president	사장	present	제시하다/발표하다/선물
fax	팩스	fact	사실
comment	언급하다	complement	보완하다
orientation	오리엔테이션/방향정립	station	역
vacation	휴가	location	위치
fold	접다	hold	붙잡다/개최하다
museum	박물관	amusement	즐거움
lap	무릎	lab	실험실
resign	사임하다	design	설계하다
self	자신의	shelf	선반
truck	트럭	trail	오솔길/자취/흔적

PRONUNCIATION CHECK

QR코드를 통해 MP3를 듣고 공부해보세요.

close	닫다	clothes	옷
floor	바닥	flour	밀가루
court	마당/법정	coat	코트/웃옷
leap	뛰어오르다	reap	추수하다
firm	회사/굳은	farm	농장
flour	밀가루	flower	꽃
flow	흐르다	floor	마루
rack	선반/걸이	wrack	남파선/파멸
pole	기둥	poll	투표/선거
plain	간단한	plane	비행기
pillar	기둥	pillow	베개
waist	허리	waste	소비하다
way	길	weigh	무게를 재다
weak	약한	week	주
weather	날씨	whether	~인지 아닌지
toe	발가락	tow	끌고가다
vale	골짜기	veil	면사포
suite	실/방	sweet	달콤한
peer	동료	pier	부두
desert	버리다	dessert	후식

fair	박람회	fare	요금
roll	둥글게 말아놓은 것	role	역할
meet	만나다	meat	고기
pour	붓다	poor	가난한
sight	시야	site	장소
assign	할당하다	assignment	할당
decide	결정하다	decision	결정
present	제시하다	presentation	제시/발표/프리젠테이션
hole	구멍	whole	전체의
high	높은	higher	더 높은
carve	깎아서 새기다	curve	곡선의
cell	작은 방/세포	sell	팔다
cent	센트(화폐단위)	sent	send의 과거
chef	요리사	chief	우두머리
campaign	캠페인	camping	캠핑
hallway	복도	way	길/방법
loan	대출	lawn	잔디밭
lock	잠그다	look	보다
mail	우편	male	남자의
star	별	stir	휘젓다

you were	당신은 ~였다	your	너의
our call	우리의 전화	alcohol	알코올
probably	아마도	prefer	선호하다
can	할 수 있다	can't	할 수 없다
for four	4명을 위한	for our ~	우리의 ~을 위하여
serious	심각한	a series of	다양한
cord	끈/전선	code	암호
firm	굳은/회사의	film	영화/필름
word	단어	were	be동사의 복수과거
many	많은	money	돈
steps	조치	stops	stop의 3인칭 현재 단수
recent	최근의	region	지역
quiet	조용한	quite	꽤
source	원천	sauce	음식 소스
where	어디에	wear	입다
warehouse	창고	white house	백악관
store	저장하다 /상점	storage	창고
fuel	연료	refuel	연료를 넣다
applicant	지원자	application	지원/어플리케이션
met	meet(만나다)의 과거	mat	바닥에 까는 매트

특이한 발음정리

PRONUNCIATION CHECK

QR코드를 통해 MP3를 듣고 공부해보세요.

peak	꼭대기/봉우리	peek	가만히 들여다보다
crews	승무원들	cruise	순항하다
do	하다	due	예정된
dyeing	염색	dying	죽는
rain	비	rein	고삐/통제수단
wrap	포장하다	lap	무릎
steal	훔치다	steel	강철
vary	다양하다	very	매우
vanish	사라지다	banish	추방하다
reward	보상하다	award	상주다
ride	타다	write	쓰다
travel	여행하다	trouble	어려움
mother	엄마	model	모델
there	거기	they're	그들은
we'll come	우리는 올 것이다	welcome	환영하다
stationary	고정된	stationery	문방구류
heal	고치다	heel	발뒤꿈치
stake	말뚝	steak	스테이크
pail	양동이	pale	창백한
tide	조수/밀물	tied	tie(묶다)의 과거

shopping	쇼핑하다	chopping	썰다
chicken	닭	kitchen	부엌
glass	유리잔	glasses	안경
horse	말	hose	물 뿌리는 호스
river	강	liver	간
contract	계약서	contact	접촉하다
ball game	공으로 하는 게임	board game	보드게임
carton	상자	cartoon	만화
basket	바구니	bucket	양동이/바께쓰
train	기차	rain	비
right	오른쪽	light	빛
box	상자	fox	여우
microscope	현미경	telescope	망원경
microphone	마이크	telephone	전화
reimburse	돈을 상환하다	reinforce	강화하다
implement	시행하다	complement	보완하다
complement	보완하다	compliment	칭찬
elevator	엘리베이터	escalator	에스컬레이터
supervisor	감독관	advisor	고문/조언자
brake	제동 브레이크	break	부수다/위반하다

특이한 발음정리

토익에서 자주 나오지만
뜻을 모르거나 잘 안들리는 단어

토익 LC에는 자주 출제되는 중요한 단어이지만, 이상하게 잘 들리지 않는 단어도 있다. 이 역시 각자에게 그것이 다를 수 있다. 그러므로 아래 필자가 정리한 것을 중심으로 공부하되, 각자의 귀로 정리해서 여백에 추가시켜 볼 필요가 있다. 4-04는 두 단어간의 구별에 촛점을 맞추어 공부하여야 하는 것들인 반면, 4-05의 단어는 한 단어 자체의 뜻이나 발음이 특이해서 미리 익숙하게 해 둘 필요가 있는 것들이다.

001 order는 '오더'로 들리지 않고, '오~'만 들릴 때가 많다. 영국식 발음으로 '우~더링(ordering)'처럼 '우~'에 가깝게 할 때가 많다.

002 prefer는 '프리퍼'로 안하고 '퍼퍼'라고 한다. pre로 시작하는 단어의 특징이다. 마찬가지로 procedure는 '프로세듀어'라고 하지 않고 '펄씨져'라고 한다. pro로 시작하는 단어의 특징이다.

003 met도 '멧'이라는 짧은 발음이므로 놓치기 쉽다. '멧'이 들리는 순간 meet의 불규칙 과거형임을 간파해야 한다.

004 sign에는 2가지 의미(간판 / 서명)가 있음을 아는 것이 매우 중요하다. 이것을 가지고서 Part1, 2에서 많은 장난질을 한다. 나아가서 resign(은퇴하다)은 '리'가 거의 들리지 않아서 sign처럼 들릴 때가 많다.

005 assignment(임무)도 a가 약화되어 '어'가 거의 안 들려서 '싸인먼'만 들릴 때가 많다. 또 '어'가 들리더라도 '어싸인먼트'이지, 절대로 '어자인먼트'가 아님에 주의한다. 이 단어는 '임무'라는

뜻으로 그 의미가 토익이 추구하는 비지니스 단어이므로 Part 2에서 자주 나오는 몇 안 되는 추상단어이다.

006 reimbursement는 발음이 어려운 단어라기보다는 '상환청구'라는 의미가 중요한 단어이다. 직원들이 미리 자신의 사비로 지출하고 나중에 회계부서에서 돈을 되돌려 받는 상황을 의미한다. 토익 LC와 RC 모두에서 중요한 단어인데, 발음으로도 알아두는 것이 필수적이다.

007 payroll system(지불 정산 시스템)의 의미도 중요하다. 중간에 roll이 살짝 크게 들리는 경향이 있어 리스닝시에 놓치기 쉽다.

008 refuel(리퓨얼: 연료를 넣다)는 '리'가 약화되어 거의 '푸울'로 들릴 때도 많다. 나아가 fuel 역시 '퓨엘' 또는 '피엘'로 다양하게 들린다.

009 warehouse(왜어하우스: 창고)는 앞부분 ware가 wear(입다) 또는 where(의문사)로 들려서 당황하기 쉽다.

010 applicant의 앞부분이 스마트폰 보급 이후 자주 쓰는 단어인 application(어플리케이션)과 헷갈린다. 토익에서 applicant가 나오면 지원자, 구직자를 떠올려야 상황 이해가 빨라진다. 아울러 openings(공석, 빈 일자리)의 뜻도 반드시 알아둔다. '열린'이라는 의미는 전혀 없다.

011 토익에서 safe는 '안전한'의 의미로도 많이 쓰이지만 Part 1, 2에서 '금고'의 뜻일 수 있다.

012 supplies(사무용품)는 supply(공급하다)와 뜻이 전혀 달리 쓰이며 특히 Part 1, 2에서는 '사무용품'의 뜻으로 쓰일 때가 대부분이다.

4-06 | 특이한 발음정리

토익 리스닝을 어렵게 만드는 영국발음 집중 공략

> 2005년 **이후 시행된** New**토익을 위해서는**
> **영국식 발음을 암기해 두어야 한다.**
> **이 책의** mp3**파일을 만들면서**
> **영국식 발음의 스크립트 비중을 다른 책보다 늘리고자 노력하였다.**

앞의 제3장 Part 1~4 스크립트를 보면 일반적인 토익책보다 영국식 발음으로 된 비중이 상당히 많음을 알 수 있을 것이다. 수려한 영국발음은 현재 EBS에 출연중인 Nemo 씨의 목소리이다.

코메디언 김영철 씨가 출연했던 MBC 라디오스타(289회)를 보면 영국식 발음을 단적으로 느낄 수 있다. 대체로 영국식 발음은 a나 o와 같은 모음 발음을 '아'나 '오'로 스펠링 그대로 발음하고, t발음을 r로 굴리지 않고 정확하게 그대로 발음하는 경향이 있다.

토익에는 영국식 발음 외에 호주식 발음도 나오지만, 호주식 발음은 미국식 발음과 크게 다르지 않고 못 알아들을 수준은 아니기에 따로 정리할 필요는 없다. 그에 비해 영국식 발음은 상당히 생소하게 느껴지므로 꼭 미리 익숙해져야 한다.

'사기'를 소재로 한 영국드라마 '허슬(hustle)'을 10편 정도 보면, 영국 발음에 대한 감이 온다. 영국판 '범죄의 재구성(2004)'이라서 재미도 있다. 처음에는 영국식 발음이 매우 이상하게 느껴지지만, 자꾸 듣다 보면 오히려 근엄하고 멋스러운 발음이라는 생각이 들기도 할 것이다. 따라서 영국식 발음이 생소하거나 어렵다는 두려움에 빠질 필요는 없다.

중요한 것은 한 단어씩 끊어 읽은 아래 정리에 그치지 말아야 한다는 점이다. 즉, 앞의 제3장 Part1~4에 관한 스크립트에서 Nemo 씨의 분량을 다른 성우의 분량보다 몇 번 더 반복해서 듣는 것이 필요하다. 그리고 역시나 글로 쓰인 영국 발음의 원리나 발음이론, 발음법칙은 무의미하다. 반드시 mp3를 통해 영국식 발음을 소리로 익혀두라.

RULE 01 영국식 a발음

	영국식 발음	미국식 발음
ask	아스크	에스크
bath	바쓰	베쓰
rather	라더	뤠더
afternoon	아프터눈	애프털눈
dance	단쓰	댄쓰
sample	상쁠	쌤쁠
rather than	라더댄	래더댄
sandwich	상위치	샌드위치
faster	파스터	패스터

ask를 예로 들자면, 미국에서는 '에스크'로 발음한다. 즉, a를 짧은 '에'로 발음한다. 그러나 영국에서는 '아스크'에 가깝게 발음한다. 즉, 영국에서는 a 다음에 s, th, f, n, mp가 올 경우 '아'로 발음한다. 갑자기 '아스크'가 들리면, 미리 익혀 두지 않은 이상 도무지 무슨 단어인지 알 수 없게 되므로 각별히 주의한다.

RULE 02 영국식 r발음

	영국식 발음	미국식 발음
door	도–	도어
car	카–	카아
park	팍–	파알크
hear	히아/헤아	히얼

미국에서는 r 발음을 항상 한다. 반면 영국에서는 r 뒤에 모음이 올 때만 발음하고, r 뒤에 무음이나 자음이 올 때에는 r 발음을 하지 않는다. r 발음을 하지 않는다 함은 r을 빼는 대신 그 앞 모음을 길게 발음한다는 의미이다. Here it is, The door is open처럼 r 뒤에 모음이 올 경우에는 영국에서도 r 발음을 한다.

RULE 03 영국식 d/t발음

	영국식 발음	미국식 발음
letter	레터	레러
ladder	래더	래러
waiting	웨이팅	웨이링
boarding	보–딩	보–링
title	타이틀	타이를
model	모들	마를

미국에서는 d나 t를 r로 발음하는 경우가 많다. 반면, 영국에서는 d를 d로, t를 t로 또박 또박 스펠링대로 소리 내어 발음한다.

RULE 04 영국식 o발음 / 기타

	영국식 발음	미국식 발음
walk	우크	워끄
work	왁	월크
offering	우퍼링	오퍼링
box	복스	박스
forgotten	포고튼	포갓튼
what	옷–	왓–
job	춉	좝
hot	홋	핫

doctor	독터	닥터
schedule	쉐쥴	스케쥴
author	오써	어써

미국에서는 o발음이 '아' 또는 '어'에 가깝게 발음하는 반면, 영국에서는 글자 그대로 '오'로 발음한다. 대표적으로 job을 미국식 영어에서는 '잡'으로 발음하지만 영국식 영어발음에서는 '좁/촙'으로 발음한다.

이상에서 살핀 바와 같이, 영국식 발음은 토익 리스닝을 어렵게 하는 주범이다. 따라서 MP3파일을 다운로드 받아 위에서 언급한 단어 하나 하나의 발음을 반드시 미국식 발음과 대조해서 들어보는 것이 필요하다. 옆의 QR코드를 통해 직접 스마트폰으로 다운로드 받아도 좋다. 

다음은 영국식발음이 문제되는 단어들을 도표로 총망라한 것이다. 역시 MP3파일을 들어보기 바란다.

ENGLISH PRONUNCIATION

QR코드를 통해 MP3를 듣고 영국식 발음을 공부해보세요.

ask	아스크	bath	바스
author	오써	afternoon	아프터눈
dance	단쓰	sample	쌤쁠
rather than	롸더댄	sandwich	쌈위치
faster	파스터	door	도–
car	카	park	팍–
hear	히아/헤아	her	하–
repair	리페아–	later	레이타
letter	레터	ladder	래더
waiting	웨이팅	boarding	보–딩
title	타이틀	model	모들
bottom	보텀	patio	패티오
water	워타	waiter	웨이타
walk	우크	work	왁
got	곳	forgotten	포고튼
job	춉	hot	홋
doctor	독터	box	복스
offering	우퍼링	schedule	쉐쥴
written	리튼	bottle	보틀
copy	코피	dollar	돌라

not	놋	what	옷
shop	숍	shovel	쇼블
stock	스톡	office	오피스
stop	스톱	possible	포씨블
answer	안써	last	라스트
glass	글라스	advance	아드반스
behalf	비하프	class	클라스
staff	스타프	past	파스트
not at all	놋애톨	pick it up	픽크잇업
look it up	룩크잇업	talk about it	톡크어바우트잇
dropped it	드롭트잇	take it in	테이키트인
get in	게트인	it is	이티즈
what a	와타	not on	노트온
either	아이더	neither	나이더
direct	다이렉트	dilemma	딜레마
organization	오가나이제이션	laboratory	러보러트리
secretary	세크러트리	garage	가라쥐
ever	에바	often	오프튼
sauna	쏘나	knot	놋
Tom	톰	recital	리싸이틀

특이한 발음정리

曹操
TOEIC

CHAPTER

05

파트1의
요령

5-01

PART1 문제의 5가지 유형

Part 1은 다음과 같이 한 장의 사진이 시험지에 인쇄되어 있고,
4개의 선지가 방송에서 들린다. 4개의 선지 중 하나의 진술이
사진에 부합하면 옳은 진술,
사진에 부합하지 않으면 틀린 진술이다.
사진에 부합하는 옳은 진술 한 개를 찾는 문제 유형이다.

Part 1의 각 문제를 보는 순간, 인쇄된 사진이 아래의 5개 유형 중 어느 것에 해당하는지 1초만에 파악해야 한다. 대체로 아래 5개 유형을 벗어나기 힘든데, 유형을 먼저 파악하는 이유는 동사와 명사, 전치사 중 어디에 주안점을 두고 들을지 '듣기 전략'을 세우기 위함이다.

01 1인 묘사 문제

사진 속에 1명의 사람만 등장하는 '1인 묘사 사진 문제'의 경우, 대체로 동작을 나타내는 '동사'만 들어도 정답을 알 수 있다. 그 이유는 1인 묘사 사진 문제의 선지를 보면, 각 문장의 초반부가 He is / She is / The man is

/ The woman is로 '주어+be동사'가 공통적으로 끼어 있기 때문이다. 따라서 1인 묘사 문제는 '동사의 분사부분+목적어'를 집중해서 듣되, 간혹 '장소, 위치, 방향'을 함께 파악해야 하는 선지에서만 동사 뒷부분의 '방향 전치사'나 '장소를 나타내는 명사'에 주목한다. 사람의 시선, 손동작, 자세, 옷차림에도 주목한다.

정답선지 유형

▶ 그 1인의 기본적인 동작(서 있다/앉아 있다/기대고 있다 등)

▶ 그 1인의 특이한 동작(손가락질한다/삽질한다 등)

▶ 가끔 그 1인과 무관한 주변 사물의 상태나 위치(스탠드가 서 있다)

오답선지 유형

▶ 그 1인의 동작을 잘못 묘사한 오답(서 있는데, 앉아 있다)

02 단일 행동을 하는 집단 묘사 문제

동일한 행동을 하는 2명 이상의 사람이 등장하는 '집단 묘사 문제'이다. 이 유형 역시 각 선지를 보면, They are / People are / The people are / The men are / The women are / Passengers are / The children are / The couple is 등으로 '주어+be동사'로 시작한다. 동일한 행동을 하는 집단이어서 주어는 의미가 없고 '동사의 분사부분+목적어'를 집중해서 듣되, 간혹 '장소, 위치, 방향'을 함께 파악해야 하는 선지에서만 동사 뒷부분의 '방향 전치사'나 '장소를 나타내는 명사'에 주목한다.

정답선지 유형

▶다수의 공통 동작(군중이나 관객이 모여 있다, 운동장 트랙에 줄지어 서 있다, 여러 사람이 축구를 하고 있다)

▶가끔 눈에 띄는 개별 동작(한 사람이 소리치고 있다, 한 명이 공을 던지고 있다, 한 사람이 관객 앞에서 춤추고 있다)

오답선지 유형

▶사진에 없는 사람을 언급한 오답(어른들뿐인데, 아이가 있다)

03 각자 따로 노는 개별 묘사 문제

사진 속에 2명 이상의 사람이 등장하고, 등장인물 각자의 '동작'이나 '상태'가 제각각인 사진 문제이다. 이 유형의 선지를 보면, A man is / A woman is / One woman is / The man is / The woman is / One of the men is / One of the women is / One of the people is로 시작한다. 즉, 동작이나 상태가 제각각이므로 주어가 모두 다르다. 각 선지는 여럿 중에서 특정한 한 명만을 묘사하는 문장으로 구성되므로, 선지의 초반부를 잘 들어서 '주어'가 누구인지부터 파악한 뒤에, 그 문장의 '동사의 분사부분+목적어'를 들어야 한다. 결과적으로 여러 사람의 '차이'를 묻는 문제가 되기 쉬우므로, 미리 등장인물들 간의 서로 다른 동작이나 위치, 옷차림새, 방향, 행동 등을 보아, 어떤 표현이 나올지 예상해 보는 것도 좋다.

정답선지 유형

▶ 그 2인의 공통된 동작(둘이 함께 식사를 하고 있다)

▶ 그 2인이 주고 받는 상호동작(어깨동무를 하고 있다, 서로 말하고 있다, 나란히 앉아있다, 한 사람이 다른 사람의 말을 듣고 있다)

▶ 그 2인의 관계(한 자리는 비고, 한 자리는 찼다)

▶ 가끔 그 2인과 무관한 주변 사물의 상태나 위치(그들 앞에 현미경이 놓여있다)

오답선지 유형

▶ 행동을 뒤바꾼 내용(남자가 밥먹는 중인데, 여자가 밥먹는다)

▶ 사진으로는 알 수 없는 내용(아버지와 아들처럼 보인다, 서로 사이가 안 좋다)

▶ 사진에 없는 사물을 언급(사진에 없는데, 한 구석에 스탠드가 있다고 묘사, 천장에 조명이 없는데 조명이 있다고 묘사)

04 주변 사물 묘사 문제

이 유형에는 사람이 있을 수도 있고 없을 수도 있다. 다만 사람이 주가 아니라, 사람 주변에 걸린 액자나 계단 따위에 대한 묘사 문제이다. 따라서 이런 문제는 동사보다 주어로 쓰인 명사가 중요하다. 왜냐하면 이 유형의 선지를 보면, 주어가 The vehicle is / A painting is / The steps are / There are / The street is 따위로, 대명사가 아니라 보통명사이기 때문이다. 일단 주어인 보통명사를 듣지 못하면, 무엇에 관한 묘사인지 알 수 없으므로 선지의 ○×를 판독할 수 없다. 따라서 이런 사진은 각 선지의 초반부가 매우 중요하다.

정답선지 유형

▶사물의 위치(접시가 테이블 위에 놓여있다)

▶사물 간의 관계(접시는 주전자 옆에 있다, 접시에 음식이 담겨 있다)

▶사물의 상태(접시가 더럽다)

오답선지 유형

▶사진 속 사물의 상태나 위치를 엉터리로 묘사(좌석이 하나밖에 없는데, 좌석이 많다고 묘사)

▶사물의 상태를 진행 수동형(be being P.P)으로 사용하여, 마치 누군가 사람이 있어서 그 사람의 동작처럼 묘사한 선지(사람도 없는데, 회의실 문이 열리고 있다) ▶ 5-05 참조: '비 빙 피피'가 들리는 선지

▶사진 속 사물과 유사발음 단어의 등장(사진에는 telescope가 있는데, 선지에는 microscope가 들린다)

05 풍경 묘사 문제

이 유형은 사진 속에서 특별히 부각된 사물이 없고, 거리 풍경이나 자연경치처럼 원거리의 풍경을 보여주는 사진문제이다. 이 유형은 at the river / at platform 같은 장소를 나타내는 '전치사+명사'나 빛, 하늘, 구름, 바다,

나무, 강, 호수를 나타내는 '자연물 명사' 및 주택, 빌딩, 가로등, 보도블럭, 가로수를 나타내는 '인공물 명사'가 등장함에 유의해야 한다. 그런 명사가 사진 속에 등장하는지 판단해 본다.

정답선지 유형

▶ 전체적인 풍경묘사(호수 위에 배가 떠 있다, 산이 호수를 둘러싸고 있다, 산 위에 구름이 걸쳐져 있다)

오답선지 유형

▶ 사진 속 사물의 상태나 위치를 엉터리로 묘사(호수 위에는 배가 없는데, 배가 있다)

참고
Direction이 흘러나오는 시간에 무엇을 할 것인가?

Direction이란 **LC**의 각 파트가 시작되기 전에, 이번 파트는 이러 이러한 유형의 시험이니 어떻게 풀면 되는지 예시문제를 통해 설명하는 부분이다. 토익 시험장은 모든 응시자가 처음 토익을 접할 거라고 가정하고 문제를 출제하므로 항상 이 **Direction**(지시사항)이 있게 마련이다.

그러나 우리처럼 매번 토익을 쳐본 사람 입장에서는 **Direction** 시간에 그것을 들으면서 시간을 허비하기는 아깝다. 그래서 이 **Direction**이 흘러나오는 동안 무엇을 해야 하는지에 대한 질문이 많다. **Part1** 6문제의 경우, **Direction**이 흘러 나오는 동안 사진을 미리 봐두고 그 사진들에 대한 특징을 파악해야 한다는 말이 있으나, 이는 큰 의미는 없다. 사진이란 본래 직관적으로 **1**초만 봐도 대충 눈에 들어오기 때문이다.

Direction이 흘러나오는 동안 미리 문제를 훑어보는 것이 절대적으로 유리한 파트는 **Part1**, 2가 아니라, **Part3**, 4이다. 이에 대해서는 **Part3**, 4편(7–01)에서 그 이유를 자세히 설명하기로 한다.

新토익
Part1의 변화

2016년부터 시행된 新토익에서 Part1은 별다른 변화가 없다. 문제 유형의 변화가 없고, 기존에 10문항에서 4문항이 줄어들어 6문항이 출제된다는 점만 달라졌다.

기존 토익에서 Part1은 그나마 가장 쉬운 Part라는 데에 큰 이견이 없었다. 그런 가장 쉬운 Part1의 문항수가 줄었다? 이것은 무엇을 의미하는가?

문항수의 감소는 그만큼 중요도가 감소했음을 반증한다. 즉, 기존의 10문제 중에서 토익 응시자들이 거의 다 맞추는 4문제, 그래서 정답률이 100%에 가까운 '토익 맛뵈기 문제'들은 이제 무의미하니 출제하지 않겠다는 의도이다.

어차피 정답률이 100%라면, 그 문제로는 변별력이 없을 것이다. 이제 Part1에서 살아남은 6문제는 그렇게 호락호락하지만은 않을 것이다. Part1문제 치고는 그래도 변별력이 꽤나 있는 문제만 출제될 것으로 예상된다.

다행스러운 점은 문제 유형의 변화가 없다는 사실이다. 출제되는 문장 스타일이나 길이, 말하는 속도에는 변화가 없다. 따라서 기존대로 점진적 구간반복법의 토대 위에, 이 책의 제5장에서 알려주는 각종의 테크닉을 숙지하면, 단 한 문제도 틀리지 않을 수 있다.

PART1은 동사만 들으면 90%가 풀린다

Part 1에 등장하는 문장은 거의 대부분 한 번의 호흡으로 끝나는 간단한 구조의 문장이 출제된다. Part1의 (A)~(D)로 등장하는 빈출 문장 패턴을 살펴보면 큰 틀에서는 모두 '주어+동사+명사'의 구조임을 알 수 있다. 물론 아래 패턴을 억지로 외울 필요는 전혀 없다.

01 주어 + be+ Ving + (전치사) +명사

02 주어 + be + 형용사/Ved + (전치사+명사)

03 주어 + be + being + Ved + (전치사+명사)

04 주어 + have/has been + Ved + (전치사+명사)

05 주어 + 현재시제 일반동사 + (전치사) + 명사 + (전치사+명사)

06 주어/There + be + 명사 + (전치사+명사)

위처럼 Part1에 등장하는 문장의 구조는 매우 간단하므로, 정답의 90%는 동사와 명사에서 결정된다. 그 중에서도 동사가 더 중요하므로, Part1에서는 반복되어 나오는 명사보다도 반복 기출되는 동사를 외워야 한다. 특히 5-01의 1, 2, 3번 유형이 명사보다는 사진 속 등장인물의 동작과 일치하는 동사에 주목해야 풀리는 문제이다.

나아가 5-01의 4, 5번 유형처럼 사람의 동작뿐 아니라, 사물에 대한 묘사 선지이더라도 마찬가지로, 주어뿐 아니라 동사가 중요하다. 가령 사진 속에 자전거가 있고 The bicycles are lying down(자전거들이 눕혀져 있다)이 들리는데, 자전거들이 세워져 있으면 오답이다.

이렇게 보면 5-01에서 설명한 모든 유형(1~5번 유형)에서 동사는 중요하므로, 결과적으로 고득점을 위해서는 Part 1에서 반복 출제되고 있는 핵심

적 동사 표현을 반드시 암기하여야 한다.

그리고 그 동사는 대부분 사람이나 사물에 관한 설명이므로 능동태 외에 수동태 표현도 매우 많이 출제되고 있다. 이를 테면, 사람들이 앉아있는 사진의 be seated, 사람들이 모여있는 사진의 be gathered, be assembled 따위, 물건이 쌓여 있는 사진에서 be stacked 등이다. 따라서 수동태 표현도 귀에 익숙하게 해 둘 필요가 있다.

참고
영어에서 동사 및 문장 초반부의 중요성

어떤 언어에서든 동사를 듣고 못 듣고는 그 문장을 알아듣느냐 못 알아듣느냐의 성패를 좌우한다고 봐도 과언이 아니다. 영어는 우리말이 속한 우랄 알타이어족 언어와 달리, 동사가 비교적 문장의 앞에 등장한다.

특히 토익 Part1에 등장하는 영어 문장은 문장구조가 간단하므로, 거의 대부분 두세번째 단어가 동사이다. 그렇다면 Part1은 방송이 나오는 순간 초반에 매우 집중해야 한다는 것을 명심하라. 우리말은 (동사가 마지막 단어여서) 끝까지 들어야 한다는 말이 있지만, 영어는 처음에 놓치면 끝장이다. Part2, 3, 4 공부에 앞서서 Part1에서 이것 하나만 깨닫고 넘어가도 영어리스닝의 절반은 성공한 것이다.

PART1 빈출동사

QR코드를 통해 MP3를 듣고 공부해보세요.

손동작 류의 사진

reach	손길 뻗다	try to reach	잡으려 하다
hold	붙들고 있다	handle	다루다
hang up	걸다	assemble	조립하다
carry	나르다	cut	자르다
applaud	박수치다	clap	박수치다
mow	잔디깎다	gesture	동작하다
pack	짐싸다	point	가리키다
put	놓다	place	위치시키다
pick	집다	sign	서명하다
shake	흔들다/악수하다	sew	바느질하다
tear up paper	종이를 찢다	distribute	분배하다
hand out	나누어 주다	kneel	무릎을 구부리다

손 이외의 몸동작 류의 사진

lean against	기대다	bend over	숙이다
be facing	마주하다	be faced with	마주하다
block	가로막다	insert	삽입하다
lie / be lying	눕다	rest on a bench	벤치 위에서 쉬고 있다
roll up the sleeve	소매를 걷어 올리고 있다	stand on a platform	승강장에 서있다
stand in a row	일렬로 서있다	pass	건네다
mop	대걸레질하다	rest	휴식하다
sweep	빗자루질하다	wipe	(창문 따위를) 문질러 닦다
wave	손흔들다	meet	만나다

PART1 빈출동사

QR코드를 통해 MP3를 듣고 공부해보세요.

걷다 류의 사진

throw away	버리다	haul	(건축자재 등을) 끌다
wash the dish	설거지하다	walk	걷다
stroll	산책하다	march	행진하다
walk up the stair	계단을 오르다	cross	건너다/팔이나 다리를 꼬다
descend	내려가다	ascend	올라가다
come down	내려오다	gesture	제스처를 취하다
step over	깡총깡총 뛰어 올라가다	take the escalator	에스컬레이터를 타다

말하는 사람 류의 사진

speak	말하다	talk	이야기하다
address	연설하다	deliver a speech	연설하다
answer	대답하다	speak into a microphone	마이크에 대고 말하다

음식/먹다 류의 사진

serve	서빙하다	pour	물붓다
fill	채우다	stir	휘젓다
eat	먹다	drink	마시다
chop	썰다		

식물/공사현장/기타행동 사진

water	물주다	spray	스프레이를 뿌리다
trim	잔디나 나무를 다듬고 깎다	rake leaves	나뭇잎을 긁어 모으다
meet	만나다	roll up the sleeve	소매를 말다
repair	고치다	shovel	삽질하다
pass	건네주다	mop	대걸레질하다
rest	휴식하다	sweep	쓸다/청소하다
run through	도로/길이 계속해서 이어지다	extend up	이어져 있다

보다 류의 사진

review	검토하다	check	체크하다
browse	검색하다	look through	철저히 보다
look at	바라보다	look into	들여다보다
watch a film	영화를 보다	attend	참석하다
inspect	조사하다	examine	검사하다
gaze	응시하다	glance	힐끗보다
study a menu	메뉴를 살피다	scan a map	지도를 훑어보다
stare out	밖을 응시하다	overlook	간과하다/건물 등이 내려다 보이다

옷 관련 사진

face each other	마주하다	be posted	붙여지다
take off	옷을 벗다	remove	옷을 벗다/제거하다
wear	입고 있다	put on	입어 보다
try on shoes	신발을 시험착용하다	wear uniforms	유니폼을 입고 있다

탈 것 관련 사진

approach	접근하다	board	탑승하다
disembark	사람이 내리다/비행기가 착륙하다	get into	타다
get off	내리다	enter	들어가다/타다
get out	나오다	be surrounded by	둘러싸여 있다
load	짐을 싣다	unload	짐을 내리다
park	주차하다	be parked	주차되어 있다
be moved	옮겨지다	land	착륙하다
leave	남기고 떠나다	ride a scooter	스쿠터를 타다

PART1 빈출동사

QR코드를 통해 MP3를 듣고 공부해보세요.

연주하는 사람 사진

sit	앉다	**stand**	서다
play	연극하다/놀다	**perform**	공연하다
dance	춤추다	**draw pictures**	그림을 그리다
paint	칠하다		

집안/가구/청소 류의 배경사진

be cleaned	청소되어지다	**polish**	광택을 내다
be emptied	비워지다	**wash the floor**	바닥을 닦다
be unoccupied	비워지다	**be hang up**	걸려 있다
be suspended	매달려 있다	**decorate**	장식하다
turn on the lamp	전등을 켜다		

인공구조물/자연환경 류의 배경사진

be stacked	쌓여 있다	**be lined up**	줄지어 서 있다
be left open	열린채로 남겨져 있다	**work**	일하다
lift	들다	**tie a rope**	로프를 묶다
move	이동하다	**lay bricks**	벽돌을 놓다
be paved	포장되어지다	**repave**	재포장하다
resurface	다시 표면이 덮이고 있다	**replace**	대체하다
demolish a building	빌딩을 부수다	**dig in the ground**	땅을 파다
be arranged	정리되어지다	**be installed**	설치되어지다
be situated	자리에 앉혀지다	**be filled**	채워지다
be tied to	묶이다	**operate**	수행하다
row on a lake	호수를 노젓고 가다	**install**	설치하다
fix	고정하다	**set**	설정하다

5-04 파트1 풀이요령

Part1의 나머지 10%는 생활 속 명사를 들어야 풀린다

인물 묘사 사진에서 사진 속에 등장하는 등장인물이 들고 있거나, 만지고 있거나, 다루고 있거나, 건네주고 있거나, 쳐다보고 있거나, 읽고 있거나, 타고 있거나, 내리고 있는 명사가 들리면, 옳은 진술이다. 반대로 사진에 등장하지 않는 명사가 들리면 틀린 진술이다.

나아가 인물 묘사 사진에서 등장인물들이 있는 장소에 대한 표현이 들리면 정답일 때가 많다. 예를 들면 도서관 사진에서 in the library, 빵 가게 사진에서 in a bakery, 실외 사진에서 outdoors, outside 따위이다. 따라서 장소 부사구에 쓰일 수 있는 명사가 중요하다.

Part 1에서 출제되었던 빈출 표현을 300개 정도는 암기하면 좋다. 동사보다 중요하지는 않지만, 명사를 알면 도움을 받을 때가 있다.

 **참고**
Part1에서 주목하면 도움이 되는 명사

① 사람의 용모와 복장을 뜻하는 명사에도 주목해라!
예를 들어, 여자가 장갑을 낀 채 현미경을 들여다 보고 있는 사진이 출제되었을 때, **She is** looking through **the microscope**처럼 **look through**를 묻는 동사 문제로 출제될 수도 있지만, **She is wearing** gloves처럼 gloves같은 용모나 복장 명사를 아는지 묻는 문제로 출제될 수도 있음에 주의한다.

② 위치를 표현하는 전치사에 주목해라!
over, under, left, right, in, out, up, down 처럼 위치를 나타내는 단어가 들리면, 이것이 X O를 가르는 기준이 될 때가 많다. 예민하게 들어야 한다.

PART1 빈출명사

QR코드를 통해 MP3를 듣고 공부해보세요.

길/도로/교통 관련 명사

avenue	거리	**street**	거리
pavement	도로	**sidewalk**	인도
crosswalk	횡단보도	**path**	통로
walkway	인도	**trail**	오솔길
curb	경계석/연석	**ramp**	경사로
track	철로/ 밟아서 생긴 길	**slope**	비탈/경사길
stand	가판대/노점	**lawn / grass**	잔디/풀
lamppost	가로등	**lane**	차선
fence	펜스/담장	**hedge**	울타리
water fountain	식수대	**street vendor**	노점상/길거리 판매자
spectator	구경꾼	**sign**	도로표지판/상점의 간판/서명하다
phone booth	공중전화부스	**parade**	퍼레이드/행진
archway	아치형입구	**bridge**	다리
hallway	복도	**alley**	골목

자동차 관련 명사

vehicle	탈 것/차량	**garage**	차고
parking lot	주차장	**steering wheel**	핸들
windshield	자동차앞창문	**wiper**	와이퍼(자동차 창문닦개)
heavy traffic	교통체증	**intersection**	교차로
van	밴/봉고	**pedestrian**	행인(보행자)
traffic light	교통신호	**merchant**	상인
mechanic	기계공/수리공		

PART1 빈출명사

QR코드를 통해 MP3를 듣고 공부해보세요.

일상생활용품 관련 명사

carton	상자	crate	상자
stack / a stack of	쌓은 더미/무더기	vase	꽃병
kettle	주전자	pot	항아리
flowerpot	꽃병	cabinet	캐비넷
cupboard	찬장	pottery	도자기
night stand	조명등	couch / sofa	긴 의자 / 쇼파
stool	등받이 없는 의자	closet	옷장
drawer	서랍	rug	깔개, 카페트
copier	복사기	apron	앞치마
utensil	주방용구	bowl	사발/그릇
shelf	선반	roof	지붕
porch	현관	doorway	출입구
sewing machine	재봉틀	trash can	쓰레기통
pile	쌓아올린 더미	scale	저울
column	기둥	pillar	기둥
vending machine	자판기	musical instrument	악기
broom	빗자루	plate	접시
counter	(상점,은행 등의) 계산대	microwave oven	전자레인지
container	담는그릇(수출입용 아님)	crop	농작물

일상생활용품 관련 명사

product	공산품	produce	농산물
vegetable	야채	folder	서류철
tablecloth	식탁보	cash register	현금 출납기
stove	난로	burner	버너
baggage	짐 / 수화물	luggage	짐 / 수화물
necklace	목걸이	mop	대걸레
backpack	배낭	suitcase	여행용 가방

PART1 빈출명사

QR코드를 통해 MP3를 듣고 공부해보세요.

인공구조물/자연풍광 관련 명사

stairway	계단	staircase	계단
step	계단	railing	난간
ceiling	천장	corridor	복도
flag	깃발	frame	테두리 / 액자 / 안경테
dock	부두	pier	부두
harbor	항구	sand	백사장/모래
microphone	마이크	microscope	현미경
telescope	망원경	bush	수풀/덤불
port	항구	shade	그늘
log	통나무	platform	연단/강단
in a row	일렬로	shore	해변기슭
stream	시냇물	statue	동상
patio	안채/뜰/테라스	sculpture	조각상
shade	그늘, 응달	rock	바위
stage	무대	lobby	로비
complex	종합 단지	auditorium	강당
podium	교탁, 강연대	lake	호수

기타 명사

wheelbarrow	손수레	**ladder**	사다리
tool	도구	**shovel**	삽
construction site	공사현장	**equipment**	장비
warehouse	창고	**envelope**	봉투
bulletin board	게시판	**rack**	옷걸이, 걸어두는 것
bucket	양동이	**stove**	난로
sleeve	소매	**vegetable**	야채
stapler	스테이플러/호치키스	**brick**	벽돌

Part1의 사람이 없는 사진에서 being이 들리면 오답이다

**Part 1에서 사물만 등장하는 사진이 나왔는데,
being이라는 단어가 들리면 오답으로 제껴둔다.**

만약 Part 1에서 being이 들린다면, 그 이유는 그 선지가 현재진행시제의 수동태(be being P.P)로 출제되었기 때문이다. 초중급 토익커로서는 현재진행형의 수동태를 흔히 접하지 못했기 때문에, being이 들리는 순간 매우 당황하게 되어 있다. 따라서 일단 "비/빙/피피"를 외워둔다.

"비/빙/피피"가 사물만 등장하는 사진에서 들리면 무조건 틀린 진술이다. 이유는 간단하다. 예컨대, Some flowers are being arranged.라는 진술이 있다고 해 보자. 이 문장의 뜻은 "몇몇 꽃들이 (누군가에 의해) 지금 막 정리되어지고 있는 중이다."라는 의미이다. "비빙피피"는 동작이지 상태가 아니므로, 사람이 없는 사진에서는 옳은 진술이 될 수 없다. 반드시[2] 사진 속에 사람이 등장해야만 옳은 진술이 될 수 있는 것이다.

예전에는 단순히 현재진행시제의 능동태 선지만 출제되던 문제를 요즘은 be+being+p.p 형태인 현재진행시제의 수동태 선지로 출제하는 경향이 늘고 있다.

주의할 것은, 위와 달리 Part 1에서 '사람이 있는 사진'이라면 얼마든지 현재진행시제의 수동태 선지가 옳은 진술일 수 있다는 점이다. 즉, '사람이 있는 사진'이라면 being이 들려도 정답선지가 될 수 있다.

결론을 두 문장으로 정리하자면, ① being이 들어간 경우가 정답이 될 수 있는 경우는 '사람이 등장하는 사진'에 한해서이다. 이를 뒤집어 말하면, ② '사물만 나오는 사진'에서 be+being+p.p는 옳은 진술이 될 수 없다.

이는 곧 현실적으로, 토익 Part 1의 어려운 문제는 대부분 be being p.p(비/빙/피피: 현재진행시제의 수동태: 지금 막 ~되고 있다.)와 have been p.p(해/빈/피피: 현재완료시제의 수동태: 과거부터 ~되어져 있는 상태이다.)만 구별하면 된다는 것으로 귀결된다.

이를 실제 문장에 적용하여 보면, The item is being arranged와 The item has been arranged이다. 그런데 이 두 문장은 빙(being)과 빈(been) 한 끝 차이인데, 결과는 극과 극이다. 어차피 p.p부분은 같고, is와 has는 너무 짧아서 거의 안들리거나 거의 같게 들리므로, 매우 주의해서 being인지 been인지를 골라야 한다.

been(빈)이냐 being(빙)이냐에 따라 다시 정리하자면, ① been일 때는 적어도 시제 때문에 오답이 되는 것은 아니고, ② being일 때는 사람이 없는 사진이라면 무조건 오답이다.

언뜻, Part 1의 모든 사진은 단편적인 정지사진이므로 과거부터 현재에 이르는 상태를 나타내는 현재완료(해/빈/피피)가 정답이 될 수 없다고 착각하기 쉬우나, 그렇지는 않다. 즉, Part 1에서 현재완료는 얼마든지 정답이 될 수 있다. 과거부터 현재에 이르는 상태가 현재 정지사진에 결과물로서 나타나 있는 것이기 때문이다.(5-06 참조)

Part 1 의 오형

---

2 물론 여기서 '반드시'라는 말이 성립할 수 있는지에 대해 반론이 가능하다. 예컨대 사람 대신 로봇이 무엇가를 지금 막 정리하고 있는 사진을 상정해 볼 수는 있기 때문이다. 그러나 그런 경우는 출제가능성이 극히 떨어지므로 논외로 한다.

Part1에서 현재완료시제는
얼마든지 정답선지일 수 있다

Part1에서 정답이 될 수 있는 시제가 무엇인지
명확히 알고 있어야 한다.
Part1에서 정답선지가 될 수 있는 시제와
정답이 될 수 없는 시제는 무엇인가?

일단 Part1은 현재 상황의 사진에 대한 묘사이므로, 과거시제나 미래시제는 옳은 진술이 될 수 없다. 미래시제에 포함시킬 수도 있는 be about to(지금 막~하려고 한다)는 예외적으로 motion picture(가령, 골프 스윙을 하기 직전의 사진이나 버버리 코트를 등 뒤에 휙~ 걸치는 사진 같은 것)에서만 정답이 될 수 있다.

그렇다면 Part 1에서 옳은 진술이 될 수 있는 시제는 무엇인가? 현재진행시제와 단순현재시제가 정답이 될 수 있다는 점은 누구나 안다.

토익커들이 갑자기 헷갈려하는 부분은 Part 1에서 현재완료시제가 정답일 수 있는지 여부이다. 5-12에서 설명하듯이 의무의 조동사인 should, must, have to, 가능의 조동사인 can, can't가 들어간 선지가 Part1에서 출제된다면 오답이라는 원칙, 그리고 앞의 5-05에서 사람이 없는 사진에서 be being p.p(현재진행시제의 수동태)가 들리면 오답이라는 원칙 등을 익히다 보니, 왠지 현재완료시제 또한 Part1에서 정답이 될 수 없다는 착각에 빠지는 것 같다. 결론부터 말하면 과거완료시제와 미래완료시제는 Part1에서 정답이 될 수 없지만, 현재완료시제는 Part 1에서 충분히 얼마든지 정답이 될 수 있다.

정리하자면, 토익 Part 1처럼 영어 회화체 문장에서 단순현재시제와 현재진행시제, 현재완료시제는 현실적으로 거의 동일한 뜻으로 쓰이고 있음

을 명확히 해두자. 즉, Part1 선지를 들었을 때 현재완료시제가 들린다고
해서, 틀린 진술로 착각해서는 안된다.

물론 이것을 '동작'에 초점을 맞춘 사진인지, '상태'에 초점을 맞춘 사진
인지와 결부시켜, 그 문장에 보다 어울리는 시제가 무엇인지를 생각해 볼
수는 있다. 가령 옷을 입어보는 사진이나 현미경을 들여다보는 사진처럼
'동작'에 초점을 맞춘 사진은 거의 대부분 '현재진행시제'가 가장 어울리
는 표현일 것이다. 반면, 누워있는 사진, 기대고 있는 사진처럼 과거부터
현재까지 이어진 상태에 초점을 맞춘 경우 단순현재시제, 현재진행시제,
현재완료시제 모두가 가능하고, 특히 현재완료시제가 가장 어울리는 표
현일 것이다. 그러나 가장 어울리는 시제가 아니라고 해서 곧바로 틀린 진
술이 되는 것은 아님에 주의한다.

5-07 | 파트1 풀이요령

사진에 없는 동사나 명사가 들리면 오답이다

영어에는 강세가 있기 때문에 문장 전체를 못 들었더라도 크게 들리는 단어가 있을 때가 많은데, 그렇게 크게 들리는 단어가 '사진에 없는 동사'이거나 '사진에 없는 명사'라면 오답으로 제끼면 된다.

먼저 사진에 없는 명사가 들리는 경우를 생각해보자. 가령 강 위에 배 한 척이 유유자적하며 떠다니고 있다면, 이는 풍광 중심의 사진으로서, a lot of people이 들리는 순간 (뒷부분 동사는 들을 것도 없이) 오답일 확률이 매우 높다. 반대로, 선지의 주어가 ship(배), boat(보트), vessel(선박), dock(갑판), pier(부두) 등인 선지가 있다면, 옳은 진술일 가능성이 높다.

다음으로, 일단 사진 속에 등장하는 명사를 주어로 해서, 사진에 없는 동사를 출제하기도 한다. 예를 들어 사람들이 기차에 탑승하는 사진에서 The people are leaving the station.을 들려주고 틀린 진술로 판단하라는 식이다. 즉, 일단 사진에 등장하는 명사인 people을 주어로 해놓고, 동사가 board여야 하는데 그 반대인 leave이므로 틀렸다는 것이다.

5-08 파트1 풀이요령

역할 전도 선지는 오답이다

Part1에서 등장인물이 1명 이상 등장하는 사진이라면, 남녀 역할이 서로 뒤바뀐 진술이 아닌가 의심해 본다.

가령, 사진 속 등장인물 중 한 명은 '상점의 점원'이고, 다른 한 명은 '고객'이라고 해보자. 이 때, 남자인 상점 점원의 옷차림이나 행동을 여자인 고객의 옷차림이나 행동으로 전도시키는 선지가 자주 출제된다.

이러한 출제원리도 철저하게 토익커들을 심리적으로 낚기 위함이다. 즉, 아예 사진 속에 없는 옷차림이나 행동을 들려주면 쉽게 문제를 풀어낼 것이므로, 일단 사진 속에 있는 옷차림이나 행동을 들려주되, 그 문장의 주어를 사진 속에 있는 다른 사람으로 치환시켜놓는 방법이다. 이렇게 되면, 그 오답선지의 주어를 놓친 토익커로서는 그것을 정답으로 찍기 십상이기 때문이다.

> **참고**
> 그러나 약간 삐딱선 타는 선지가 정답일 때도 있다!
>
> '삐딱선 타는 선지'란, 전형적이지 않은 선지이다. 즉, 사진을 보고 가장 눈에 띄거나 가장 쉽게 떠오르는 표현과는 무관한 선지이다. 예컨대 '어떤 남자가 트럭 앞에서 박스를 쌓는 동작 사진'이 나왔을 때, 우리는 전형적으로 '박스 쌓는 동작'과 관련된 문장(stack, work, arrange 등이 속한 문장)이 정답일 것이라고 생각하지만, 의외로 그냥 '남자가 트럭 앞에 서 있다'가 정답이 되는 경우가 있다.

Part1에서 유사발음단어가 들리면 오답이다

토익 Part1과 Part2의 선지에서는 유사발음 오답선지가
특히 많이 출제되고 있다.
문제에서 나온 단어와 유사한 발음이 선지에서 들리면,
토익커로서는 자신이 아는 단어가 들리는 바람에,
반가운 나머지 그 선지를 고르기 쉽기 때문이다.

따라서 미리 유사발음 선지를 알아둔다면, 토익 Part 1이나 Part 2에서 이를 역이용하여 오답선지를 걸러낼 수 있을 것이다.

예를 들어 glass(컵)가 있는 사진에서 grass(잔디)가 들리면 오답이다. 또 train track(기차 철로)이 있는 사진에서 trail(오솔길)이나 truck(트럭)이 들리면 오답이다. coffee(커피) 마시는 사람이 있는 사진에서 copy(종이)나 copier(복사기)가 들리면 역시 오답이다. 승객이 train(기차)을 타는 사진에서 rain(비)이 내리고 있다는 선지가 출제될 수도 있다.

그 외에도 사진에 말(horse)이 있는데, hose(물 뿌리는 호스)가 들리는 경우, 사진에 microphone(마이크)이 있는데, microscope(현미경)가 들리거나, telephone(전화기)이 있는데, telescope(망원경)가 들리는 경우도 있다. 명사뿐만 아니라, 사무실에서 사람들이 work하고 있는 사진에서, walk가 들리면 오답이다.

이런 유사발음단어에 대해서는 4-04에서도 이미 정리한 바 있고, Part2에서의 유사발음단어는 6-14에서 정리하기로 한다. 아래는 4-04에서 정리한 것들 중 특히 Part 1에서 자주 나오는 것들이다.

# PART1 빈출 유사발음단어

Part1 빈출 유사발음단어를 공부해 보세요

train	기차	rain	비
trail	오솔길	truck	트럭
microscope	현미경	microphone	마이크
telescope	망원경	telephone	전화
basket	바구니	bucket	양동이
presentation	프리젠테이션	present	선물/발표하다
carton	상자	cartoon	만화
ball game	야구경기	board game	보드게임
letter	편지	ladder	사다리
contract	계약서	contact	접촉하다
leaving	떠나다	living	살다
shopping	쇼핑하다	chopping	썰다
meet	회의하다	meat	고기
coffee	커피	copy	복사
glass/glasses	유리잔/안경	grass	잔디
chicken	닭	kitchen	부엌
floor	바닥	flower	꽃
walk to	걸어가다	work in	일하다
boat	배	vote	투표
base	야구베이스	vase	꽃병
horse	말	hose	물 뿌리는 호스
set	설치하다	sit	앉다
river	강	liver	간
elevator	엘리베이터	escalator	에스컬레이터
box	상자	fox	여우

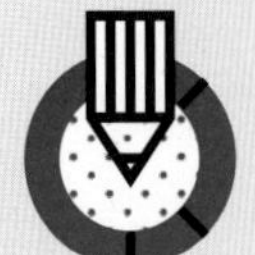

다의어를 이용한
오답이 있다

Part1에서도 토익 출제위원들은 토익커들의 심리를
이용하여 출제한다. 따라서 우리는 이것을 역이용해야 한다.
다의어를 이용한 오답선지도 마찬가지이다.

'공원'이란 뜻과 '주차하다'라는 뜻을 함께 갖고 있는 park, '기차'라는 뜻과 '훈련시키다'라는 뜻을 함께 갖고 있는 train, '수영장'이라는 뜻과 '포켓볼/당구'라는 뜻을 함께 갖고 있는 pool이 자주 출제된다.

예를 들어, 주차장 사진을 보여주면서, The cars are parked in a row.(자동차들이 일렬로 주차되어 있다)라고 한다면 정답선지지만, There are cars in the park.(공원에 자동차들이 있다)라고 한다면 전형적인 오답선지이다. 혹여 전체 문장을 듣거나 전체 문장을 해석하지 못했다고 하더라도 in the park만 듣고서도 이는 park가 명사형으로 '공원'이라는 의미로 쓰인 것임을 눈치채고 오답선지로 제낄 수 있는 경지(?)에 이르러야 한다.

또, 철도역 사진을 보여주면서 The train is waiting in the railway station.(기차가 기차역에서 기다리고 있다)라면 정답선지지만, A training session is in progress.(트레이닝절차가 진행중이다)라면 오답선지이다.

수영장 사진이 출제되었는데, pool이 문맥상 '포켓볼/당구'의 의미로 쓰이는 선지가 들린다면 틀린 진술이다.

5-11

all, both, every, each가 들리면
대체로 오답이다

중고등학교의 국어시험에서도
'모든'과 같은 극단적 표현이 들어간 선지는 틀린 진술일 때가 많다.
세상에 예외없는 법칙은 없기 때문에,
'모두 어떠하다'는 진술은 옳은 진술이기 어렵기 때문이다.

Part 1에서도 마찬가지이다. 사진 속에 등장하는 모든 인물이나 사물이 단 하나도 빠짐없이 동일한 행동을 하거나 동일한 상태인 경우는 별로 없어서 all이 들어간 선지는 대체로 오답이다. 마찬가지 논리로 both, every, each가 포함된 선지도 오답선지일 때가 많다. 물론 이는 확률적인 테크닉일 뿐, 논리적으로 항상 성립하는 연역 법칙은 아니다. 때로 all, both, every, each가 포함된 선지도 옳은 진술로 출제될 수 있다.

예를 들어, 가방이 진열되어 있는 사진에서 all the bags are open이라는 진술은 오답선지일 확률이 높다. 몇 개의 가방이 열려 있고, 몇 개의 가방은 닫혀 있을 가능성이 높기 때문이다. 또, 1명은 긴팔, 1명은 반팔을 입은 사진에서 Both men have long-sleeved shirts on.이라는 진술도 틀린 진술이다.

또 하나 주의할 점은, 여기서 말하는 each는 'each of + 명사'(각각의 것들 모두)로 쓰이는 경우를 의미한다는 것이다. each가 each other(서로서로)로 쓰이는 경우는 정답일 확률과 오답일 확률이 반반이다. 가령 The people are talking to each other. 같은 경우이기 때문이다.

5-12 | 파트1 풀이요령

주관적인 상상, 추측, 판단이 개입된 선지는 오답이다

Part1 사진 문제에서
주관적인 상상, 추측, 판단이 개입된 선지는 오답이다.

기본적으로 감정, 속도, 무게, 온도 등의 정도를 구체적으로 나타내는 표현들이 등장하면 모두 오답이다. 예를 들어, 어떤 사람이 물을 마시고 있는 사진에서, He is drinking water.는 정답이 될 수 있지만 He is thirsty. 는 정답이 될 수 없다.

또, 승객이 기차를 타는 사진에서 The rain caused the train to be delayed.는 오답이다. 열차를 지연시킨 원인을 사진만 보고서는 알 수 없기 때문이다. 즉, 사진으로는 무엇을 하고 있는지, 어떤 상태인지를 알 수 있을 뿐, 그 행동의 목적이나 그 상태의 원인을 알 수는 없다.

강 위에 배 한 척이 떠 있는 사진에서 The ship is sailing fast.같은 표현도 알 수 없는 것으로 오답이다. fast인지 모른다. 이처럼 형용사나 부사(구)가 포함된 선지도 오답일 가능성이 높다. He is wearing an old watch.도 마찬가지로 오답선지이다. old watch인지 new watch인지 알 수 없기 때문이다.

또한, 주관적 상상이나 추측이 개입하면 안되는 Part 1에서 hardly, never, seldom, rarely 같은 부정적 빈도부사가 들려도 오답이다.

5-13 | 파트1 풀이요령

wearing(상태)과 putting on(동작) 의 특수한 구별문제

wear는 '입고 있는 상태'를 의미하는 반면,
put on이나 try on, take off는 '입고 벗는 동작'을 의미한다.

따라서 Part 1에서 동영상이 출제되지 않는 이상, He's putting on / trying on / taking off a tie.가 들리면 무조건 오답선지이고, He's wearing a tie.가 들리면 무조건 정답선지라는 것이 그간의 일반적인 풀이법이었다. 99% 맞는 풀이법이기도 하다.

그러던 것이 2011년에 '몸통이 반쯤 나와있고, 와이셔츠를 확 걸쳐 입는 순간을 포착한 사진'을 출제함으로써, putting on도 Part 1에서 정답선지가 될 수 있다는 사실을 보여 주었다. 점점 더 토익 문제가 테크닉으로 풀기 어렵게 만들어지고 있다는 증거이기도 하다.

비슷한 논리로 Part 1에서 be about to(막 ~하려 한다)라는 표현도 출제될 수 있다. 원칙적으로 이는 추측표현이므로 오답선지이나, 예를 들어 골프 퍼팅을 하기 직전의 사진이 출제된다면 be about to hit the ball이 정답선지가 될 수도 있을 것이다.

try on(입어보다), take off(벗다)의 경우도 옷가게에서 옷을 사기 위해 시험삼아 착의해 보는 것임이 명백한 사진에서 출제된다면 정답이 될 가능성도 있다.

曹操
TOEIC

의문문에 약하면
Part2가 어렵다

Part2가 무려 30문제이므로, 여기서 거의 틀리지 않아야
토익 LC에서 고득점이 가능하다.
회화를 해 본 경험이 부족해 '의문문'에 약한 사람은
토익 Part2에서 고득점 하기 어렵다.

특히 Part 2가 대체로 의문사 의문문이다보니, 학원 강사 중에는 궁여지책으로 무조건 첫 의문사만 듣고 풀라는 사람마저 생겨났다. 그러나 의문사만 듣고 그 다음을 다 놓치면 최근 토익에서는 대다수의 문제를 틀리게 되어 있다. 따라서 이제는 Part 2에서 첫 의문사가 들렸다고 해서 너무 흥분(?)하거나 좋아해서 될 일이 아니다.

토익 600~700점대에 머물고 있는 토익커 중에는 어떤 단어 하나가 들리는 순간 너무 기쁜 나머지, 흥분해서 그 단어에서 멈추거나 그 단어 뜻을 떠올리느라 그 다음을 모두 놓치는 경우가 있다. 결국 쭉쭉 흘러가면서 리스닝 하는 능력을 키워야 한다. 즉, 들리는 단어 뒤를 오히려 잘 들어야 한다.

특히 Part 2에서도 의문사 하나 들었다고 그 의문사에서 멈출 것이 아니라, 오히려 의문사 뒤쪽으로 쭉쭉 들어 나가야 한다. 의문사 뒤에는 대개 S+V가 온다. 여기서 S(주어)보다도 V(동사)를 들어야 한다. '의문사'와 V(동사)만이 의미를 전달하는 단어이기 때문이다. S(주어)나 조동사(have, can, do, will), be동사는 실질적 의미 전달 기능이 거의 없다.

요컨대, 토익 600점대까지는 Part 2에서 의문사 듣기에 주력해야 하지만, 토익 800점대 이상을 받으려면, 의문사 바로 뒷부분(S+V)을 듣도록 해야 한다. 의문문의 어순에 익숙해지는 것이 의문문 리스닝에서 강해지는 요령이다. 물론 이 역시도 제3장의 점진적 구간반복 mp3파일을 반복적으로 듣는 것이 가장 효과적인 길이다. 의문문에서 '의문사를 포함한 앞부분'을 점진적으로 구간반복하기 때문이다.

영어에서는 부정의문문으로 묻든, 긍정의문문으로 묻든, 답변이 같으므로 긍정으로 물은 것인지 부정으로 물은 것인지 전혀 신경 쓸 필요가 없다. 그러나 딱 하나 why의문문은 부정으로 물은 것인지 긍정으로 물은 것인지 잘 들어야 한다. '못한 이유'와 '한 이유'는 답변이 달라지기 때문이다.

여기서 한 가지 짚고 넘어갈 특수한 문제가 하나 있다. 바로 Why don't you ~? 의문문이다. 다음 4가지 의미를 정확히 알고 넘어가기 바란다.
① Why don't you (~하지 않을래? : 청유/권유/제안)
② Why do you (왜 ~하니?: 진짜 질문)
③ Why didn't you (왜 ~안했니?: 진짜 질문)
④ Why did you (왜 ~했었니?: 진짜 질문)
의 4가지 중 첫 번째 것만 Yes/No로 대답할 수 있는 청유/권유/제안이다.

참고
사역의문문

가끔 리스닝에서 사역동사로 쓰인 have가 포함된 5형식 문장이 나오면 have의 "가지다"의 의미는 전혀 없다. 리스닝의 특성상 have까지 듣고 뒤를 못 들으면 "가지다"의 의미로 착각하기 쉬우나, 그 뒤의 목적보어 자리에 올 V원형, toV, Ved를 귀를 쫑긋하고 들어야 한다. **Where can I have these memos printed?** (이 메모들 어디서 출력해?)와 같은 경우이다.
마찬가지로, **is going to**는 **will**과 동의어이므로 **go**는 '가다'의 의미는 없다.

Part2 문제의 7가지 유형

01 의문사 how what where when why who which 로 시작하는 문제

02 의문사로 시작하지 않는 일반의문문 중 단순의문문 문제

03 의문사로 시작하지 않는 일반의문문 중 선택의문문 문제

04 평서문 뒤에 달라붙는 부가의문문 문제

05 의문사의문문이건 일반의문문이건 간에, 부정의문문 문제

06 절과 절이 합쳐진 간접의문문 문제

07 일반 평서문 문제

2005년 이전 초창기 토익 시절에는 Part2에서 위 1번 유형 즉, 의문사로 시작하는 문제가 50~60% 가량 출제되었다. 그 때는 의문사 즉, Part2의 첫단어만 잘 들어도 Part 2의 절반 이상을 맞출 수 있었다.

그러나 이제 그런 시대는 지나갔다. 오히려 위 2번 단순의문문이 많이 출제되고 있고, 심지어는 7번 평서문에 맞장구치는 문제도 예전보다 많이 출제되고 있다. 따라서 Part2를 정복하려면 각 유형에 대한 세밀한 유형 정리가 필요하다.

新토익
Part2의 변화

2016년부터 시행된 新토익에서 Part2는 Part1과 마찬가지로 별다른 변화가 없다. 문제 유형의 변화가 없고, 기존의 30문항에서 5문항이 줄어들어 25문항이 출제된다는 점만 달라졌다.

그 외, Part2 시작 전에 Part2 문제가 어떤 것인지 안내하는 Direction에서 예제가 삭제되었다고 하는데, 이것은 딱히 변화라 하기 어렵다.

다만, 우리는 여기서 이러한 변화의 추이가 무엇을 의미하는지 한번쯤 생각해볼 필요가 있다.

문항수가 감소했다 함은, 그만큼 중요도가 감소했음을 의미한다. 2005년 이전의 초창기 토익에서 2006년 토익 개정시에도 Part2의 중요성은 감소했었다. 그 이유를 추측해 보건대, Part2는 가장 '얌생이(?) 테크닉'이 잘 통하는 영역이어서 이것을 방지하고자 함이 아니었을까 생각한다. 즉, 후술하는 바와 같이 Part2에서는 패러프레이징의 원리를 역이용해서 풀거나, 질문의 첫 단어인 의문사만 듣고 푸는 것이 상당 부분 가능했기 때문이다.

자, 그러면 중요성이 감소했으니 대충 공부해도 된다는 말을 의미하는가? 결코 그렇지 않다. 그만큼 이제 이 부분은 토익 응시자들 사이에 모두가 다 잘 맞추고 넘어가는 부분이 되었다는 의미이다. 즉, Part2에서 이제는 실수를 해서는 안 된다. 점진적 구간반복법을 토대로, 이 책의 제6장에서 소개하는 각종의 테크닉을 숙지하여, Part2에서 단 한 문제도 틀리지 않는다는 각오로 임하기 바란다.

의문사의문문과 일반의문문의 기본적 풀이요령

01 의문사의문문에서 yes나 no로 답하면 오답!

의문사의문문은 한마디로 '주관식 물음'이다. "당신은 어떻게 생각합니까?"라고 묻는데, "네/아니오"라고 대답한다면 미친 사람일 것이다.

Part 2에서 절대적으로 중요한 요령은 여전히 '의문사로 시작하는 육하원칙 질문에 대해 Yes, no로 시작하는 대답의 선지는 오답'이라는 것이다.(제안이나 권유형 질문인 Why don't you, Why don't we, How about Ving, What about Ving 등은 일단 논외로 하자) 11-40번까지 30문제 중에서 여전히 10문제 정도는 이 유형이 늘 나오기 때문이다.

요컨대 When, Where, How, Who, Why, What으로 시작되는 질문에 Yes, No로 대답한 선지는 오답이다. 일단 Yes나 No로 시작하는 선지는, 그 Yes나 No뒷부분을 들을 필요가 전혀 없다. 완전히 제껴도 된다.

> **ex 001** Why did Mr.Joe call her in for an annual budget meeting?
> (A) No, she called. (X)
> (B) Yes, by e-mail. (X)
> (C) He had an urgent matter to discuss. (O)

위의 예에서처럼, Why로 시작하여 '왜 그런지'를 주관식으로 물었는데, (A)나 (B)처럼 Yes나 No로 대답하면 당연히 부자연스러운 문답이므로 오답이다.

같은 문제라도 과거에는 위와 같이 Yes, No로 시작하는 오답선지가 2개나 끼어 있어서, 이 요령만으로도 정답이 도출될 수 있도록 출제되었다. 그러나 최근에는 아래처럼 선지를 구성하여 출제하므로, 테크닉만으로는 선지 한 개만을 걸러낼 수 있다. 의문사 의문문의 예제 2개를 더 풀어보자.

__ex 002__ **What time does Mr. Park usually come to work?**
(A) At 7 o'clock. (O)
(B) I've worked with the company for four years.
(C) No, he didn't come by this morning. (×)

위처럼 What time이나 When으로 시작되는 질문도 Yes, No로 시작하는 대답이 불가능하므로 일단 (C)는 오답이다. What time이나 When의문문 에서 보통 숫자가 들리면 거의 정답이므로 (A)가 정답이다.

__ex 003__ **How many employees are coming from your branch of-**
fice in New York?
(A) About dozens of people. (O)
(B) By train, I guess.
(C) No, they aren't. (X)

위처럼 How long/far/often/much/soon/many로 시작되는 질문도 Yes, No로 시작하는 대답이 불가능하므로 일단 (C)는 오답이다. How many 의문문에서 보통 숫자표현이 들리면 거의 정답이므로 (A)가 정답이다.

02 일반의문문에는 yes/no로 대답하는 것이 원칙이다

의문사 의문문에 대하여 Yes나 No로 대답하면 부자연스런 문답이라는 말을 뒤집어 보면, 의문사로 시작하지 않는 일반의문문은 Yes나 No로 시 작하는 대답을 해야만 한다는 논리가 될 것이다. 이러한 반대 해석은 물론 원칙적으로 맞는 해석이나, 다소 위험하다. Yes나 No 뒤에 와야 할 맞장 구나 부정의 이유만으로 대답하면서 Yes나 No를 생략해 버리는 것도 얼 마든지 가능하기 때문이다.(6-06의 참고 Box 참조)

우선 의문사로 시작하는 문제는 첫 네 어구(의문사+조동사+주어+본동사)를 들으려 노력한다. 만약 이를 못듣고 뒷부분만 듣는다면 답을 찾기가 쉽지 않다.

앞에서 본 두 번째 예인 What time does Mr. Park usually come to work? 에서도, 첫 번째 어구인 What time, 두 번째 어구인 does, 세 번째 어구인 Mr. Park가 중요하다.

질문의 첫번째 어구인 What time을 들었다면, Yes, No로 시작되는 선지 (C)는 오답임을 알 수 있고, 또, 이 질문에 자연스런 대답이 될 수 있는 선지는 시간부사구나 시간 부사절인 (A)임을 알 수 있다.

여기서 선지(B)가 틀렸는지 판단도 질문의 세 번째 어구를 들었느냐에 달려 있다. 질문의 세 번째 어구인 주어 Mr. Park와 선지(B)의 주어 I가 인칭이 맞지 않아 오답이기 때문이다. 이 문장이 정답이 되려면 How long have you worked with this company? 정도로 물어 봤어야 한다.

질문을 못듣고 선지만 들었을 때, 만약 I'm not for sure, It hasn't been decided yet, Not that I'm aware of, I have no idea.처럼 '모르겠다'는 식의 애매모호한 표현의 선지가 나온다면 정답으로 찍는다.

또, 대답하지 않고 되묻는 반문형의 선지는 거의 정답이다. 실제 상황에서는 명쾌한 대답보다 오히려 되묻는 답변이 훨씬 자연스런 문답이 될 때가 많기 때문이다.

ex 004　**Who will be the leader of the new project?**
(A) It hasn't been decided yet.
(B) Yes, you can check it today.
(C) It lead to a crisis.

정답은 '모르겠다'식의 선지인 (A)이다. 선지(B)는 의문사 Who로 시작한 질문에 대해서 Yes로 대답했으므로 오답이다. 선지(C)는 질문 속 단어인 lead를 반복하고 있으므로 동일어반복 오답선지(6-12)이다.

05　질문의 주어가 You이면 대답의 주어는 I로 바뀌지만, 질문의 주어가 he, she, it, they일 때에는 대답의 주어도 he, she, it, they로 그대로이다.

Part 2의 해결은 '주어+동사'를 듣느냐 못 듣느냐에 달려 있는 경우도 많다. 선지에서 질문의 주어에 맞는 인칭대명사로 받아 주어야 자연스런 문답으로서 정답이 되기 때문이다.

06　질문의 시제와 대답의 시제는 일치하는 것이 원칙이다.

이렇게까지 어렵게 출제하지는 않는 경향이 있으나, 가끔 30문제 중에서 1문제 정도는 시제가 틀려서 오답인 경우가 있다. 가령 Will you~처럼 미래시제의 질문인데, I did~ 나 I've been~ 처럼 과거시제나 현재완료시제로 대답하면 오답이다. 이 역시도 '주어+동사'를 잘 들어야 함을 확인할 수 있다.

6-05 | 파트2 풀이요령

의문사의문문의
의문사별 유형 23가지

01 who 유형

Who left this bag in the room? (who는 주어)
Who did you call this morning? (who는 목적어, 원래는 whom)

의문사 Who로 시작하는 질문을 한다면, 그에 대한 자연스런 대답으로 적절한 선지는 그 사람의 이름이나 직책 또는 부서명이 포함된 것일 것이다. 따라서 대체로 고유명사인 사람이름, Mr/Ms+사람이름, 직업, 직책, 부서명(accounting department), 회사명, 그 사람의 정체를 나타내는 표현 (customer, guest, president, secretary, manager 따위)이 정답선지이다.

특히 최근에는 someone from the headquarters처럼 마지막에 '출신/소속/구체적인 단체명'이 전치사구로 들리면 정답인 경우가 증가하고 있다. 비슷한 이치로 No ones 같은 부정어구가 들려도 정답인 경우가 늘어나고 있다.

한편 they, she, he 등과 같이 막연한 대명사가 주어로 나오면 오답선지인 경우가 대부분이다. 물론, I can, I did, I will, you처럼 1, 2인칭 대명사는 정답으로 가능하다.

아래도 who의문문이므로 직책명(director)이 들리는 (A)가 정답이다.

ex 001 **Who will be in charge of the new project?**
(A) The director, I guess.
(B) We are making a project.
(C) He's in charge of it.

Where로 시작하는 질문은 장소표현이 나오는 선지가 정답이므로 가장 쉬운 유형에 해당한다. 그냥 장소명만 언급하는 선지가 정답인 경우도 있지만, 대체로 at/in/on/to/from/across/near by/in front of +장소처럼 전치사+장소가 정답인 경우가 대부분이다. 따라서 전치사가 들리면 대체로 정답이다. 긴 문장으로 된 선지는 오답일 때가 많다.

대체로는 선지 3개 중에 '전치사+장소 표현'인 선지가 1개뿐이므로 그것이 정답이다. 하지만 간혹 경쟁선지가 몇 개 더 있어서 의미를 알아듣고 풀어야 하는 경우가 있다. 'where+조동사+주어+본동사~' 또는 'where+be동사+주어+분사~'의 3~4단어까지는 알아듣도록 노력한다.

다만, where의 발음은 4-03에서 보듯, '왜얼', '왜어', '왜', '월' 4가지 정도로 들린다. 문제는 where이 '왜'로 발음될 때 또는 when are로 이어질 때, where가 when과 헷갈린다는 점이다. when의문문으로 인식하는 순간 전혀 다른 선지를 고르게 된다. 그러나 when은 명백히 'ㄴ'발음이 있으므로 '왜'가 아니라, '웬'이다. 따라서 토익 Part 2에서 where인지 when인지 헷갈리는 순간이 오면, 대체로 where로 생각하면 된다. 어차피 when과 who는 명백히 들리므로 '헷갈리는 감정'을 느끼기 어려워, 헷갈린다 싶으면 where로 찍어야 한다.

한편, I'm sorry, this is my first time here, too(모르겠다)나 Why bother?(왜 신경써?)처럼 반문하면서 다른 의견(거기 갈 필요 없어)을 제시하는 선지도 정답이 된다. 항상 Part 2에서 의문문으로 역질문하는 선지는 유력한 정답후보가 된다.(6-17 참조)

최근 Where유형에서 마치 Who유형에 대한 대답처럼 답하는 경우가 간혹 출제되어 당혹케 한다. 우리말로 따지면 "연필이 어디에 있니?"라고 물었는데, "재용이가 알어."라고 답하는 유형이다. 따라서, Melissa probably knows. 같은 것은 물론, Ms. Ray borrowed it. 같은 선지까지도 where유형의 차선의 정답이 될 수 있음에 각별히 주의한다.

간혹 Where로 시작하는 질문에서 aisle(복도/통로)라는 단어가 나오면 거의 정답이던 시절도 있었으니, aisle의 발음은 알아두자.(s가 묵음)

03 의문사 When / What time 으로 시작할 때

When will you leave the office?

Part 2에서 Where로 시작하는 의문문과 더불어 가장 자주 출제되는 의문문이다. When으로 시작하는 의문문은 시간 관련 표현이 들리는 순간 정답이다. 다만 '시점'표현과 '기간'표현만 구분하면 된다.

선지에 '시점'표현이 들리기만 하면 대체로 정답이기는 하나, 간혹 시점표현 중에서 다시 '과거시점'표현과 '미래시점'표현을 구분해 내기를 원하는 문제가 있다. 이런 경우는 when의문문에서 when 뒤에 있는 '조동사나 be동사의 시제'를 들어야 하는 까다로운 문제이다.

따라서 When 다음 단어도 들을 수 있으면 좋다. When did~이면 과거시점표현이 정답이고, When will~이면 미래 시점 표현이 정답이기 때문이다. Part 2의 의문사의문문에서 첫단어가 물론 가장 중요하지만, 두번째 단어와 세번째 단어도 그에 못지 않게 중요하다.

'시점'을 묻는 의문문에는 과거 시점 표현인 three days ago, last week, yesterday 등이, 미래 시점 표현인 as soon as, at noon, in an hour처럼 at/in+시간표현, by/until+시간표현, tomorrow, next week, soon, the end of the day, on Monday, not until +시간표현 등이 정답이 될 수 있다. 특히 When으로 시작하는 질문에서 not until이나 as soon as가 들리면 대체로 정답이다.

I, he, she, they로 시작하는 긴 문장도 오답일 때가 많다. 물론 I will start at 4 o'clock. 같은 류는 정답이 될 수 있다.

물론 항상 I don't know, I have no idea, I am not sure, Let me check, It

has not decided yet. 처럼 '모른다'류의 대답은 6-19에서 말하듯이 정답
으로 가능하다.

When의문문에서 '기간'이나 '빈도'로 대답하는 선지는 무조건 오답이다.
오답선지를 살펴보면, For two days, since last week처럼 for나 since가
들어가 있는 선지는 대표적인 오답선지이다. 이는 How long~으로 물었
을 때 나올 수 있는 대답이기 때문이다. 전치사 없이 ~ hours도 기간 표현
이므로 오답선지이다. Twice a week나 every other day도 시간 관련표현
이 들어있지만 빈도표현이므로 오답선지이다.

04 How much로 시작하는 유형

How much should I pay for these tickets?

이 유형은 '가격'을 묻는 문제이므로, 액수나 퍼센트 따위의 숫자가 나오
는 선지가 정답이다.

05 How soon / How late (얼마나 빨리/얼마나 늦게)

How soon will the shipment arrive?
How late does the drug store stay open?

'Which+명사'의문문이나 'What+명사'의문문, 'Whose+명사'의문문은
그것을 한 덩어리로 생각하여야 하듯이, 'How+형용사'나 'How+부사'의
문문은 묶어서 들어야 한다. 실제로 how가 단독으로 사용되는 11~13번
유형보다 4~10번 유형처럼 'how+형용사/부사'의문문이 더 많이 출제되
고 있다. 따라서 이 유형은 세분화해서 독립 유형으로 살피기로 한다. 특
히 How late로 시작하는 의문문은 until+시간표현이 속한 선지가 정답이
될 때가 많다.

When으로 물을 때의 대답과 How long으로 물을 때의 대답이 엄연히 다르다는 점에 각별히 주의해야 한다. 즉, since나 for처럼 '기간 표현'으로 대답하려면 질문이 How long으로 시작해야 하고, 4 o'clock처럼 '시점 표현'으로 대답하려면 질문이 When으로 시작해야 한다.

How long으로 시작하는 의문문은 '기간'을 묻는 문제이므로, 기간 표현인 for, since, as long as, over a year, hours가 들어간 선지가 정답이다. 물론 a day, a month처럼 숫자만으로 답하는 선지도 정답이다.

이 유형에서 오답선지로 자주 출제되는 '시점'표현은 토익커를 낚시하기 위한 것이다. ago, yesterday, at/in+시간표현이 대표적이다.

참고로, How long have you ~?처럼 완료시제는 since로 대답할 수 있지만, How long will you~?처럼 미래시제는 since로 대답할 수 없다.

07 How far/How high/How big(얼마나 멀리/높이/크게)

How far is it from the hotel?

How far 의문문은 '거리'를 묻는 의문문이므로, 3 miles, 8 meters, 5 inches, 7 square feet, two blocks away, a 5-minute walk, not much further 같은 표현이 정답선지가 된다.

질문에 들어간 far, high, big을 대답에서 반복하여, 이들이 포함된 very far, very high, very big, far more difficult(훨씬 어렵다)와 같은 동일단어 반복 오답선지(6-12) 혹은 유사발음 오답선지(6-14)는 무조건 오답이다. 긴 문장으로 된 답변보다는 숫자로 바로 떨어지는 답을 고르자.

08 How many times 유형

이 유형은 '횟수'를 묻는 질문이므로, once, twice, three times, five times 따위가 정답이다.

09 How often 유형

How often do you take trips to subsidiaries?

이 유형은 '빈도'를 묻는 것이므로 '~마다'라는 표현인 twice a week, every other week, almost everyday, whenever I can이 들어간 선지가 정답이다.

10 How many+명사

How many customers did you visit last month?

many 뒤에 나오는 '명사'의 개수를 묻는 문제이므로, fifteen, ten처럼 '숫자'가 들어간 선지가 정답이다. 나아가서 이런 유형은 quite a few처럼 부정형용사로 답해도 정답이다.

11 How+조/be동사+주어 유형 [의견/의향 묻기]

How was the symposium this morning?
How was your business trip?
How was my speech today?
How's your meal this evening?
How is your research study going?
How is the restoration project going on the historic building?
How do you feel about ~?
How do you like the file last night?
How did the production department do last quarter?

How does **the new uniform fit**?
How do **you like the new furniture**?
How did **the board meeting** go?

How로 시작하는 의문문 중에 이 유형은 '~이 어땠는가?'라는 '생각/의견/취향' 또는 일의 진척 상태를 묻는 유형이다. 따라서 이에 대한 대답을 해야 한다. 이 질문은 How로 시작하지만 수단/방법(어떻게)을 묻는 질문이 아니다. 이 유형이 how의문문 중에서 가장 어렵게 느껴진다. how 뒤에 오는 조/be동사를 넘어서, 주어와 그 뒤 본동사까지 들어야 풀리는 문제가 많기 때문이다.

이런 질문은 '형용사(분사)/부사'로 답하면 정답선지이다. 따라서 정답선지로서, 긍정적인 의견이면 just fine, great, terrific, gorgeous, wonderful, cool, well, much better, busy, so far so good, not bad not much, I can't complain too much, fantastic, so so 등이 나오고, 부정적인 의견이면 bored, nothing special, terrible, awful 등이 나온다.

12 How can+주어+일반동사 유형 / How do you ~ get to

How can I get to the international conference?
How do you drive the car so well?
How can I buy an airline ticket to Paris?
How can I operate this machine?

이 유형은 어떻게 '일반동사'하게 되었는지 그 수단/방법을 묻는 의문문이다. 따라서 이런 질문은 전치사 by/through/with로 시작하는 선지나 명령문인 선지가 대체로 정답이다.

이 때 일반동사 자리에 get to나 go가 오는 경우가 대부분이므로, 하나의 유형으로 승격시켜 외워 둘 필요가 있다. 즉, How로 시작했는데 get to나 go가 들리면, 무조건 '교통수단'이 포함된 선지가 정답이다. 거기까지 가는 방법 즉, '교통수단'을 묻는 것이므로 by car, by taxi 등이 정답이 된다.

13 How would you like ~ 유형

How would you like **your tea?**

향후에 "~하면 어떻게 처리하겠느냐"를 묻는 것이다. 예를 들어 How would you like your tea?라고 하면, 차를 어떻게 마시겠는지, 즉, 설탕이나 우유를 넣을지 말지 묻는 질문이다.

이 유형은 사실상 How would you like to pay? 처럼 지불방식을 묻는 경우가 대부분이다. 지불방식을 묻는 경우라면, by check(수표로), on credit(카드로), in cash(현금으로) 등이 정답이다.

14 How about~ / What about~ 유형 (권유/제안)

How about **meeting at three?**

"~하는 게 어때요?"라는 뜻으로서, '제안'이나 '권유'의 의문문이므로, 이에 대한 대답을 해야 한다.

정답선지로서, 수락할 때에는 Sounds good, Sounds great, That would be nice, No problem 등이 나오고, 거절할 때에는 I'm afraid I can't, I'm sorry I can't~ 등이 나온다.

15 Which 유형

Which car **is yours?**
Which book **is written by Mr. Shaw?**
Which of these monitors **do you want to buy?**
Which of you **revised this article?**

What+명사 유형(16번 유형)이 What 뒤에 나오는 명사에 주목하고 이 명사의 하위개념이 등장하는 선지가 정답인 것과 마찬가지이다. Which는

What보다 더 구체적이고 특정적인 것 하나를 선택하기를 요구하는 질문
이므로, which 뒤에 나오는 명사의 하위개념인 명사를 고르면 정답이다.

그러다보니 The one parked at the corner, I like the bigger one처럼
one을 포함한 선지가 정답이 되기 쉽다. 무엇이든 좋다는 whichever is도
언제나 정답이 될 수 있다. 다만, Which of you로 시작할 경우에는 마치
Who의문문과 동일해지므로 사람이름도 정답이 될 수 있음에 주의한다.

---

16 **What + 명사**
What kind of + 명사
What sort of + 명사
What line of + 명사

What fruit **would you like to buy?**
What's **the round-trip fare from Boston to Tokyo?**

이 유형은 What 바로 뒤에 나오는 명사를 반드시 들으라는 문제이다.
즉, What 바로 뒤에 나오는 명사의 하위개념인 명사가 나와야 정답이다.
What fruit would you like to buy? 라는 질문에 대해서 I'm looking for
some apples.가 정답이 될 수 있는 것처럼 fruit의 하위개념인 apple이 와
야 한다.

---

17 **What+be동사+주어인 명사+수식구 유형 (what은 보어)**

What is **the estimate on the car?**
What's **the round-trip fare from Boston to Tokyo?**
What was **the topic of your presentation?**
What is **the book you're reading** about**?**

What+be동사 뒤에 있는 '주어인 명사'가 무엇인지를 묻는 가장 기본적인
의문문이다. 특히 What 바로 뒤에 붙은 be동사는 길이가 짧으므로, '주어

로 쓰인 명사'를 듣는 것이 관건이다. 물론 이것을 듣는 것이 말처럼 쉬운 것은 아니므로, 제3장의 점진적 구간반복을 통해 연습하는 수밖에 없다.

이 유형의 정답은 '관사+명사' 또는 '소유격+명사'처럼 단답형의 명사일 때가 많다. 또한 The one in the folder.처럼 '부정대명사 one'이 들려도 정답이 될 수 있다.

18 What + 문제점 발생 유형

What's wrong with ~?
What's the matter with ~?
What is the problem with ~?

18번 유형은 17번 유형의 파생유형이라고 볼 수 있다. 18번 유형은 17번 유형에서 What + be동사 뒤에 오는 명사가 '문제점'류의 명사로 한정된 경우이기 때문이다. "어떤 점이 문제인가"라는 뉘앙스의 질문이기 때문에, 문제점을 언급한 선지가 정답이다.

특히 자동차 고장과 관련된 표현이 자주 출제된다. 따라서 flat tire(타이어펑크), out of battery(배터리 방전), out of gas(연료소진) 등을 알아두면 좋다. out of stock(재고소진)도 중요하다.

19 What are we/you Ving 유형 (what은 목적어)

What are you doing now?

19번 유형도 What + be동사로 이어지므로 17번 유형과 비슷한듯하지만, 전혀 다르다. 17번 유형은 What이 be동사의 보어로 쓰인 의문문인 반면, 19번 유형은 What이 현재진행형 시제인 일반동사의 목적어로 쓰인 의문문이기 때문이다.

예를 들어, What are you doing? What are we having for dinner? 같은 유형이다. V인 do와 have의 목적어가 what인데, what이 앞으로 빠져 나간 유형이다.

"무엇을 V할 거니?"라는 질문이므로, 시제가 일치하는 정답을 골라야 한다. "오늘 무엇을 할 거니?"라고 묻는데, '어제 ~했다'라고 답하면 오답이다.

20 What+조동사+주어+본동사+수식구 유형 (what은 목적어)

What should I do?
What did you present at the conference?
What should we wear to Lisa's retirement celebration?
What do you think about our new design proposal?
What will we discuss at the meeting?
What did Grace give you as birthday gift?

질문의 전반부라 할 수 있는 본동사까지 들으면 정답을 알 수 있다. 이런 유형은 What으로 시작하는 의문문에서 '동사'를 묻는 유형이다.

문제는 첫단어를 넘어서서 조동사에다가 주어+본동사까지 듣는 게 말처럼 쉽지만은 않다는 점이다. 사실상 질문을 다 들어야만 풀 수 있는 유형이다. 결국 이는 제3장의 점진적 구간반복 연습을 통해 귀를 뚫어서 해결하는 수밖에 없다. Part2에서 가장 어려운 유형에 속하고, 일반동사는 무한하므로 이 유형에 속하는 예문은 매우 다양하다.

21 What+일반동사 유형 (what은 주어)

What happened to the meeting?
What made you come in so early today?

21번 유형은 What이 일반동사의 주어역할을 하는 의문문이다. 즉, 이 의문문에는 조동사나 be동사가 등장하지 않는다. 역시 What 뒤에 오는 '동사'를 물어보는 문제에 속한다.

21번 유형에 속하는 의문문 역시 일반동사가 쓰이는 의문문이므로, 그 양태는 다양할 수 있으나, What 바로 뒤에 동사가 오므로 사실상 두 번째 단어까지만 들어도 되는 문제여서 쉬운 유형에 속한다.

22 Why 유형 (특히 Why didn't you 유형에 주의)

Why did the president visit KOREA?
For what did the president visit KOREA? (for what=why)
Why didn't you come to the book ceremony?

Why 문제는 일차적으로 because (of)나 due to로 답하면 정답이 될 수 있는 것은 당연하다. 그러나 그렇다고 해서 반드시 Because로 시작하는 대답을 해야 하는 것이 아님에 주의한다.

물론 because로 시작하는 대답을 해도 된다. 그러나 도리어 'because+ 생뚱 맞은 이유'로 대답하는 선지는 오답선지이다. 그래서 토익 테크닉으로 Part 2에서 because로 시작하는 선지는 오히려 오답이라고 가르치는 강사까지도 생겨났다. 6개의 의문사(5W 1H) 중 because로 대답할 수 있는 의문사는 why의문문뿐이고, why의문문에서조차도 because로 시작하는 것을 함정으로 사용한 선지가 대부분이기 때문이다.

그러나 그렇게까지 말하는 것은 성급한 일반화로 위험한 테크닉이다. 결국 why의문문의 경우에는 because로 시작해도 되고 안해도 된다고 생각하되, because 유무로 정답을 판단할 것이 아니라 because 뒤에 나오는 '내용'으로 판단할 수밖에 없음에 주의한다.

because가 없어도 되고 있어도 되므로, 형식적으로 because의 유무로만 정답여부를 판단하기는 어렵다. 따라서 정답선지의 다른 형식적 측면을 살펴볼 필요가 있다. 대체로 긴 문장으로 답하는 경우가 많으며, 목적적 용법의 to부정사, in order to+부정사, for+명사, due to+명사 처럼 '구'로 답해도 정답이 된다.

보다 중요한 것은, 정답선지를 because 뒤에 올 수 있는 내용적 측면으로 분석해 보는 것이 좋다는 사실이다. 대체로 '바빠서, 고장이 나서, 잊어버려서' 등과 같이 부정적인 핑계거리가 많다는 점을 꼭 기억해 두도록 한다.

또 하나 중요한 것은 Why의문문은 부정의문문으로 출제될 때가 많다는 점이다. 뒤 6-09에서 보듯, 원래 영어는 긍정의문문인지 부정의문문인지를 구별할 필요 없이 원하는 대답을 하면 된다. 그러나 why의문문만이 '그런 이유'와 '그렇지 않은 이유'가 전혀 다르기 때문에, 질문이 긍정이냐 부정이냐에 따라 대답이 달라진다. 따라서 why로 시작하면 긍정의문문인지 부정의문문인지 각별히 신경쓰고, 대체로는 '왜 아닌지'를 묻는 부정 의문문으로 출제되고 있다는 경향까지 알아두자.

마지막으로 부정의 이유를 묻는 의문문과 다음 23번 유형인 Why don't you 의문문은 반드시 구별해야 한다. Why don't you 의문문은 부정의 이유를 묻는 why로 시작하는 일반적인 의문문과는 전혀 달리, '~하면 어떻겠냐'는 제안/권유/청유의 문장이다.(6-01 참조)

23 Why don't we/Why don't you 유형 [제안/권유/청유] Why not~ 유형

(Why didn't we/Why didn't you는 진짜 '안한 이유'를 묻는 것)

Why don't we meet in the hotel lobby?

Why로 시작하므로 because로 답하면 올바른 대답같지만 무조건 오답선지이다. 즉, Why do we(우리가 왜 하지?)라는 긍정의문문일 때와 Why don't we(우리가 ~하는게 어때?)라는 부정의문문일 때 뜻이 다를 뿐만 아니라, Why didn't we(우리가 왜 안했지?)로 시제가 바뀐 부정의문문일 때와도 뜻이 전혀 달라지는 유일한 의문문이다. (6-01 참조)

이 질문은 '제안/권유/청유'이므로, That sounds good. / That's a great idea. / All right. / O.K. 같은 수락 표현, I'd like to, but I can't / I'm sorry, but I can't 같은 거절 표현이 정답이다.

일반의문문 유형정리

일반의문문이란 '의문사'로 시작하지 않는 의문문이다. 이를 달리 말하면, 결국 '조/be 동사 의문문'이라 할 수 있다. 이러한 일반의문문은 Yes나 No로 대답하는 것이 원칙이다.

그러나 그렇다고 해서 Yes나 No 뒤에 나온 말이 논리적 오류가 없는지 확인할 필요조차 없다는 의미는 결코 아니다. 최근에는 Yes/No로 대답해 놓고서, 그 뒤에 질문과 상관없는 엉뚱한 소리를 하는 논리적 오류를 가진 오답선지가 출제되는 비율이 늘고 있다. 또, Yes/No를 생략하거나 함축하기도 한다. 역시나 제3장의 점진적 구간반복을 통해서 듣기 실력 자체를 향상시켜야 하는 시대가 도래했음을 보여주는 대목이다.

기본적으로 '조/be동사 의문문'은 '조/be동사 + 주어 + 본동사~'로 시작하므로, 여기까지를 잘 듣는 것이 핵심이다. 특히 이런 의문문은 조동사와 be동사가 시제를 나타내는데, 선지 중에 시제에 어긋난 답변을 하는 선지가 오답으로 나오는 경우가 많으므로, 조/be동사의 시제까지 듣는 훈련이 필요하다.

긍정하는 Yes 뒤에 오는 내용은 대체로 '향후계획(앞으로 어찌하겠다)'인 반면, 부정하는 No 뒤에 오는 내용은 '부정의 이유(변경, 못한 이유)' 또는 '향후계획(대신 어찌하겠다)'에 관한 내용이다.

따라서, Actually+현 상황에 대한 고백선지, Yes/No + in fact/ but으로 대안을 제시하는 선지가 자주 출제된다. 이는 곧, Part 2에서 actually / in fact / but / however가 들리면 유력한 정답 후보라는 의미가 된다.(6-16 및 7-09 참조)

이 유형은 오답선지를 제거해서 푸는 것이 매우 유용한 유형이다. 따라서, 첫째, 앞서 말한 것처럼 문두의 '조/be동사'의 시제와 불일치하는 선지, 둘째, 질문 속 주어와 인칭이 불일치하는 선지, 셋째, 문두의 조동사와 다른 종류의 조동사를 담고 있는 선지, 넷째, Yes/No 이하의 내용이 논리적 오류인 선지를 제거하고 남는 선지를 정답으로 택하면 된다.

01 조동사 의문문(Do, have 등) / Be동사 의문문

Did you contact ?
Does Connor still work here?
Are there any seats available for the 3:30 performance?
Aren't these machines being replaced this evening?
Haven't we met before?
Should the office party be an outdoor picnic?
Should I close the window?
Will you speak at tomorrow's sales meeting?

이 유형의 질문은 원칙적으로 Yes, No로 대답해야 정답선지가 될 수 있다. 다만 Yes, No 뒷부분에 나온 문장의 시제/주어/조동사가 질문의 시제/주어/조동사와 일치되어야만 정답선지가 될 수 있다.

또한, Yes/No를 생략해버리고 Yes/No 뒷부분에 올 내용만 등장하는 선지가 정답선지로 출제되는 경우가 늘어나고 있다. 따라서 Yes/No가 없다고 해서 무조건 오답선지라고 착각해서는 안 된다.

02 Have you seen ~? Did you see ~? Do you know where?

Have you seen my glasses?

일반의문문은 Yes/No로 대답하는 것이 원칙이지만, 사실은 그렇게 답하지 않아도 된다. 위의 3가지 질문이 대표적인 예이다. 위처럼 Have you seen my glasses?라고 물으면 They are in the conference room. 또는 Mr. Thomson knows. 또는 Ask Mr. Thomson. 같은 선지가 정답이 될 수 있음에 주의한다. 사실 이는 별도의 유형이라기보다 이들 대답 앞에 Yes/No가 생략되거나 함축된 셈이라고 보는 것이 더 정확한 해석이다.

03　청유/제안/권유 의문문

Will, Would, Should, Shall, Can, Could 의문문
Would you care ～ ?
Would you mind ～ ?
Would it be possible ～ ?
Would it be O.K. ～ ?
Can you ～
Will you ～ ?
Shall I ～
May I ～ ?

청유의문문을 일반의문문과 별개의 목차로 잡는 책들도 있다. 그러나 청유의문문은 그 문법적 형식상 일반의문문의 하위범주에 속하므로, 일반의문문에서 다루는 것이 옳다.

청유의문문에 대해서는 직접적인 승낙/직접적인 거절이 우선적으로 정답 후보가 된다. 따라서 Yes/No가 가장 먼저 대두되지만, 실제로는 Yes/No로 답한 선지보다 sure / of course / okay / all right / good idea / why not? / ahead 와 같은 Yes의 대체표현, I'm sorry / I'd like to but ~ 같은 No의 대체표현이 주로 정답이다.

오히려 Yes/No로 시작한 선지 중에는 그 뒷부분 문구에 의해 오답선지가 되는 선지도 많으니, Yes/No로 시작하는 선지를 무조건 정답으로 선택해서는 안 된다.

물론 청유의문문에 대해서도 간접적인 승낙/간접적인 거절을 할 때도 있다. 가령 거절하면서 Yes/No류의 답변은 생략해 버리고 '바쁘다', '다른 약속이 있다'와 같이 답하는 경우가 있다. 즉, Yes/No를 함축한 것이라 볼 수 있겠다. 이런 경우는 어쩔 수 없이 내용을 알아들어야 하며, 나머지 오답선지를 소거함으로써 남는 선지를 고르는 테크닉도 발휘해야 한다.

청유의문문 유형만의 고유한 테크닉으로서, 이 유형에서 '과거시제'인 선지가 들리면 대체로 오답이라는 것이 있다. 청유의문문은 상대방이 미래에 할 일을 제안/권유하는 것이므로, 과거시제로 답하면 오답일 확률이 매우 높다.

참고
Yes/No를 생략하거나 함축하는 정답선지

최근 들어, 일반의문문에 대해서 **Yes/No**를 생략해 버리거나 함축하여, Yes/No 뒷부분에 올 문구로만 정답선지를 출제하는 경우가 늘어나고 있다.

Yes를 생략하는 경우
1. 토요일에 시간 있니? (Yes) Around two would be perfect.
2. 휴가 계획 있니? (Yes) I'll go to Paris.
3. 그가 완공일자에 대해 말해줬니? (Yes) He said it would be June.
4. 모니터가 교체될 것이니? (Yes) Mr. Kim will place an order.

No를 생략하는 경우
1. 넌 화학을 공부했니? (No) I studied biology.
2. 그가 계약서를 검토했니? (No) He hasn't had a chance yet.
3. 내년 예산안을 좀 볼 수 있을까요? (No) It's not finished yet.
4. 나와 같은 프로그램을 썼나요? (No) I think mine is different.

선택의문문 풀이요령

01 선택의문문은 Yes/No로 답하면 오답인 것이 원칙이다. 기본적으로 둘 중 하나를 고르라는 것이기 때문이다. 이 때 비교급을 이용해서 둘 중 하나를 선택할 수도 있으므로 '비교급'인 선지가 들리면 거의 정답이다.

02 그러나 선택사항 A나 B 둘 다 상관 없다고 할 수도 있고, 둘 다 선택하지 않을 수도 있다. 둘 다 싫으면 neither, 둘 다 상관없으면 both, either, whichever, I have no preference가 정답이다. 따라서 질문에서 or를 듣고 나서 이들 단어가 들리면 거의 정답이다.

03 둘 다 싫을 때, 둘 다 싫다고 말하는 대신, 그 선택사항과 같은 범주에 속하는 또 다른 대상을 대답해도 정답이 될 수 있다.

04 선택의문문의 특성상 불가피하게 양자택일 대상의 앞뒤 어휘를 그대로 반복하여 답할 수밖에 없으므로, 마지막단어 반복 오답선지(6-13) 및 유사발음 오답선지(6-14)의 예외가 된다.

단어간 선택의문문과 문장간 선택의문문이 있다. 양자택일의 대상이 단어와 단어이면 단어간 선택의문문이고, 문장과 문장이면 문장간 선택의문문이다. 둘의 공통점은 반드시 or가 등장한다는 사실이다. 따라서 or가 들리는 순간 가장 쉬운 유형 중 하나인 선택의문문 문제임을 간파하도록 한다.

먼저 단어간 선택의문문을 살펴보기로 하자.

주로 출제되는 양자택일의 선택사항은 다음과 같다.

now or later

today or tomorrow

on Thursday or on Friday

in the morning or in the afternoon

in July or August

this year or next

in the cafeteria (a table inside) or on the patio (in my office)

on the first or second floor

a window or an aisle seat

the executive meeting room or a smaller one

Italian or French food

green tea or black tea

sugar or honey

위와 같이 '단어 vs 단어'의 양자택일이다. 그 외에도 '팩스 /편지/이메일', '식사/영화/경기', '개인/단체', '버스/자가용/기차/비행기', '신용카드/현금/이체'간의 삼중택일을 묻는 의문문도 출제될 수 있다.

참고로, 선택의문문에서 Yes/No로 대답한 선지가 정답이 되는 다음과 같은 경우가 있다. 그러나 이런 정답선지는 극히 드물다.

Are you busy or do you have time to talk with me?

Yes, we can talk now.

ex 001 Are you going to watch the movie or the game?

    (A) Neither, I'm too tired.

    (B) Yes, I'll move it here.

    (C) It's not my watch.

위는 단어간 선택의문문이다. '둘 다 싫다'는 뜻의 neither가 들렸으니 선지(A)가 정답이다. 선지(B)는 질문이 선택의문문인데 Yes가 들렸으니 오답이며, 또한 질문 속 movie와 유사발음인 move가 등장하니 오답(6-14)이다. 선지(C)의 경우, 질문에서는 watch가 '구경하다'의 의미로, 선지에서는 '시계'의 의미로 쓰인 것이므로 다의어를 이용한 오답선지(6-15)이다.

02 문장간 선택의문문

주로 출제되는 양자택일의 선택사항은 다음과 같다.

Can you print out the document or would you like me to read it on the screen?

Are you taking a bus or can I give you a ride?

Will you be able to type this letter or should I ask Pamela?

Have you finished the report or shall I help you?

Have you already made copies or should I do it?

문장간 선택의문문은 단어간 선택의문문보다 난이도가 있다. 단어간 선택의문문은 or를 가운데 두고 바로 인접해서 선택사항이 들리기 때문에 하나만 들어도 대충 나머지 하나를 짐작할 수 있지만, 문장간 선택의문문은 그보다는 어렵다. 문장간 선택의문문은 or를 중심으로 앞뒤에 들리는 '동사'를 듣는 데 주력해야 한다.

ex 002 Do you need to leave immediately or can you stay a little longer?

(A) The seats are too long.

(B) No thanks. I don't need one.

(C) I'd better go soon.

위는 문장간 선택의문문이다. 선지(A)는 질문의 마지막 단어인 longer와 유사발음인 long을 포함하고 있으므로 잔상효과를 이용한 오답선지(6-

13, 6-14 참조)이다. 선지(B)는 질문의 need를 선지에서 그대로 사용하고 있으므로 오답선지이다. 선지(C)는 leave immediately를 go soon으로 바꿔 패러프레이징하고 있으므로 정답선지이다.

참고로, 아래 문제는 선택의문문이 아니라 6-05의 15번 유형인 Which의 문문이다. 선택의문문처럼 질문에 or가 들리지 않지만, 선택의문문처럼 either가 들리는 선지가 정답이 될 때가 많으니 함께 기억해 둔다.

> ex 003　Which restaurant **should we** eat dinner **at?**
>
> **(A)** Dinner **is at 7 p.m.**
> **(B)** Either **one is fine.**
> **(C) We can** meet **tomorrow.**

선지(A)는 질문의 마지막 단어인 dinner를 반복하고 있으므로 오답선지(6-13)이다. 선지(B)는 '둘 다 좋다'는 뜻의 Either가 들렸으니 정답이다. 선지(C)는 질문 속 eat와 유사한 발음인 meet가 등장하므로 유사발음 오답선지(6-14)이다.

부가의문문 풀이요령

부가의문문을 우리말로 하면 '꼬리표 의문문'이라고 할 수 있다. 부가의 문문은 평서문 뒤에 '조동사+대명사' 형태의 꼬리표가 하나 더 붙어서, 그 평서문에 부가하여 "맞지?/ 안 그래?"라고 확인하는 의문문이기 때문이다.

> **These dishes are delicious, aren't they?**
> **You didn't change the location of the meeting, did you?**

그런데 꼬리표를 만드는 방법은 앞쪽 평서문이 긍정문이면, 뒤에 꼬리표는 '부정조동사+주어'이고, 앞쪽 평서문이 부정문이면, 뒤에 꼬리표는 '긍정조동사+주어'이다.

따라서 맨 뒤에 didn't you?(딘츄), aren't they?(안때이), isn't he?(이즈니)와 같이 부정꼬리표가 들리면 앞쪽 평서문은 긍정문이었다는 증거이다. 이런 경우 No보다는 Yes로 시작하는 선지가 정답이 되기 쉽다. 즉, 평서문의 긍정/부정에 맞춰진 선지가 정답이 되기 쉽다.

결국 부가의문문의 대답은 Yes/No여야 하며, 혹여 그렇지 않다면 최소한 Yes/No의 대체표현이어야 한다. 나아가 앞쪽 평서문의 긍정/부정에 맞춰진 선지가 정답인데, 주로 부정평서문이 부가의문문으로 자주 출제되므로, No로 시작하는 선지가 정답일 때가 많다.

Yes/No의 뒤에 붙는 '대명사+조동사'도 중요하다. Yes/No로 시작하는 선지가 둘 이상이어서 경쟁선지 중에 정답을 골라야 하는 경우도 생기기 때문이다. 부가의문문은 '조동사+대명사'이므로 꼬리로 붙은 부분의 인칭과 시제를 잘 기억해 두어야 경쟁선지 중에 답을 고를 수 있다. 인칭과 시제가 맞는 선지만이 정답이 될 수 있기 때문이다. 아래의 대답들이 앞의 두 질문에 대한 대답이 될 수 있으니 참고하자.

Yes, they are. (앞에서 꼬리표가 **aren't they**였기 때문)
No, I didn't.   (앞에서 꼬리표가 **did you**였기 때문)

그러나 위와 같이 Yes/No에 이어서 '대명사+조동사'부분이 대답에 반드시 있어야만 하는 것은 아니다. 사실은 부가의문문에 대해서는 Yes/No 딱 한 단어로 답해도 그뿐인 것이므로, Yes, I hope so. / I believe it is. / I'm afraid we had to cancel it. 처럼 Yes/No의 대체표현이 정답이 될 수 있다.

부정의문문 풀이요령

우리말에서는 상대의 질문이 긍정의문문이었는지, 부정의문문이었는지에 따라 맞춰서 대답해줘야 한다. 그러나 영어에서는 긍정의문문이었는지, 부정의문문이었는지 전혀 신경 쓰지 않고 대답해도 된다. 이렇게 영어와 우리말의 응답방식이 다르기 때문에 언뜻 어렵게 느껴질 수 있다.

그러나 어렵게 생각할 이유가 전혀 없다. 영어는 질문이 긍정의문문이었든 부정의문문이었든 가리지 않고, '긍정의 의사'로 대답할 것이면 yes로 대답하면 되고, '부정의 의사'로 대답할 것이면 no로 대답하면 그뿐이기에, 도리어 질문이 긍정의문문이었는지 부정의문문이었는지를 전혀 기억할 필요가 없기 때문이다. 즉, 우리말에서는 질문자가 긍정으로 물었는지 부정으로 물었는지 그것을 기억했다가 그에 맞게 대답해주어야 한다는 점에서, 영어가 더 쉽다.

결과적으로 영어는 부정의문문으로 들려도, 긍정의문문으로 물은 경우와 똑같다고 생각하고 답을 찾아도 무방하다. 예를 들어 "넌 철수가 아니지?"라고 물었을 때, 자신이 철수라면 우리말에서는 "아니요. 철수예요."라고 답하지만 영어에서는 yes라고 답하고, 자신이 철수가 아니라면 우리말에서는 "네. 철수가 아니에요."라고 답하지만 영어에서는 no라고 답한다. 즉, 영어에서 "넌 철수가 아니지?"라는 질문의 대답은 "넌 철수지?"로 물었을 때의 대답방식과 같다.

이러한 비영어권 국가의 토익커가 겪을 심리적 혼동을 이용해, 부정의문문을 출제하는 것이기에, 부정의문문이 들리는 순간 yes로 시작하는 선지의 정답확률이 no로 시작하는 선지의 정답확률보다 약간 더 높다는 점도 염두에 두면 좋다. 다만, 아래의 두 가지 예외가 있다.

① Why유형은 긍정의문문인 경우는 '왜 그런지'를 묻는 것이고, 부정의문문인 경우는 '왜 그렇지 않은 것인지'를 묻는 것이므로, 긍정의 이유와 부정의 이유는 다르므로 대답 또한 달라진다. Why로 시작하는 의문문인 경우 그 질문이 긍정의문문이었는지 부정의문문인지를 기억했다가 그에 맞춰서 대답해야 한다.

② Why don't we/you ~ 유형은 Why로 시작하므로 because로 답하면 올바른 대답같지만 무조건 오답선지이다. 왜냐하면 why don't we는 '이유'를 묻는 의문문이 아니라, '제안'하는 청유의문문이기 때문이다. 즉, Why do we라는 긍정의문문일 때와 Why don't we라는 부정의문문일 때 전혀 다른 양상을 띄는 유일한 의문문이다.

앞서 6-01과 6-05의 23유형에서도 살펴보았듯이, Why don't we의문문은 Why didn't we 및 Why did we의문문과도 성격이 다르다.

> ex 001　**Didn't you go hiking last Monday?**
> **(A) That would be good.**
> **(B) About twice a month.**
> **(C) No, I met My friend.**

부정의문문에 대해 No로 대답한 (C)가 정답이다. (B)는 How often, How many times 의문문일 때의 대답이다. (A)는 시제가 맞지 않다. 참고로 Didn't you는 '딘츄'로 들린다.

6-10

간접의문문 풀이요령

Do you know/remember/think/believe+의문사+주어+동사?
Can you tell/show/notify/inform/remind+의문사+주어+동사?

Do you know what kinds of gifts would be most appropriate for her birthday? 처럼 주어와 동사 뒤에 의문사가 문장 중간에 나오는 간접의문문일 경우에는, 중간에 나온 의문사를 우선적으로 기억한다. 그리고 그 의문사 앞부분보다는 그 의문사 뒷부분을 기억하는 것에 주력한다.

이런 유형은 문장이 길다고 느껴지기 때문에 긴장하기 쉬우나, 중간에 있는 의문사만 들으면 된다. 따라서 앞부분 삽입절을 모두 버리고, '의문사+주어+동사'를 들으면 의외로 의문사 의문문에 준하여 쉽게 풀린다.

그리고, 간접의문문은 일반의문문이므로, 이에 대해 Yes/No로 대답할 수 있는 것이 원칙이다. 그러나 토익에서는 간접의문문을 의문사 의문문에 준하여 처리하는 경향이 있다. 따라서 간접의문문에 대한 대답으로 Yes/No보다는 주관식 대답을 할 때가 많다. "너는 무엇이 철수의 선물로 가장 좋은지 알고 있니?"라는 질문에 "알아/몰라"로 대답할 수는 있으나, 그렇기보다는 "신발이 좋겠어"같은 대답을 정답선지로 만들어 놓는다.

권유평서문, 독백평서문 풀이요령

과거에 비해 평서문의 비중이 계속해서 늘어나고 있다. 이는 Part 2가 점점 정형화된 문제유형에서 벗어나고 있음을 의미하므로, 난이도가 올라가고 있다는 뜻이 된다. 평서문의 유형은 대체로 아래 5가지 유형을 벗어나기 힘들다.

01 청유의문문을 대체하는 권유평서문

We should install a new accounting software.

권유/제안형 평서문에는 정답이 어느 정도 정해져있다. 이런 유형의 질문은 Yes, No 대답이 가능하다. 제안의 의미가 내포되어 있기 때문이다.

그러나 앞의 Why don't you, Why don't we, How about ~ing, Shall we~, What about~ing과 같은 의문사로 시작하는 청유의문문이나, Can we~ 와 같은 의문사 없는 청유의문문에서도, Yes/No로 대답이 가능하지만 그보다는 Yes/No의 대체표현이 정답선지로 더 자주 출제되었듯이, 여기서도 마찬가지이다. Yes/No의 대체표현에는 다음이 있다.

I'm sorry, but~ .
I am sorry, but I am afraid of~.
That sounds good to me.
That's a good idea .
OK, that'll be fine.
Sure, no problem.

02 일반적 사실 독백평서문(그 영화 재밌더라)

▶ 맞장구/동의(정말 재밌더라) 또는 발전(보러 가자)

03 정보를 구하는 독백평서문(비행기가 왜 연착되는지 모르겠다)

▶ 정보제공(날씨 때문이다) 또는 나도 모른다

04 문제점을 언급하는 독백평서문(복사기가 고장났다)

▶ 해결책/대안 제시(기술자를 불러 놨다) 또는 위로(유감이다)

질문을 제대로 듣지 못해 찍어야만 하는 경우인데, 질문이 대략 위의 3가지 독백평서문인 거 같다는 느낌이 들 때라면, 대체로 친절하게 대답하는 말들(동조/정보제공/대안제시)이 정답이다. 또 문장이 짧은 것이 의외로 정답이다.

05 평서문 속에 삽입된 간접의문문

평서문 + wh의문사/if/whether +주어+동사 유형
I wonder who will be selected as our new CEO.

이 유형은 앞의 6-10의 간접의문문에서 본 Do you know what S+V유형과 매우 유사하다. 다만, 앞부분 Do you know 부분이 평서문으로 바뀐 형태일 뿐이다.

의문사 앞에 오는 평서문 부분은 주로 I wonder / I doubt / I cannot remember 등이 올 수 있다.

6-12 | 파트2 풀이요령

Part2는 패러프레이징된 선지만 정답이다(잔상 효과의 역이용)

패러프레이징이란 한 번 사용한 단어나 어구를 그대로 사용하지 않고, 그 단어와 동일한 의미를 지니지만 다른 단어로 대체하여 표현하는 것을 말한다.

Part 3,4는 패러프레이징되는 비율보다 패러프레이징되지 않는 비율이 높지만, Part 2에서의 정답선지는 100% 패러프레이징된다고 보면 된다. 이를 뒤집어 말하면, 패러프레이징되지 않은 선지는 오답이라는 의미가 된다.

이 말은 곧, Part 2에서 질문에 사용된 단어와 동일한 단어가 다시 들리는 선지는 오히려 오답이라는 것이다. 질문에 사용된 단어와 동일한 단어가 있어 매우 매력적인 정답으로 느껴지지만, 실제로는 그 선지의 다른 부분이 논리적 오류를 담고 있는 오답이기 때문이다.

질문에 나온 단어가 선지에서 그대로 들리는 경우뿐만 아니라, 나아가서 질문에 나온 단어와 유사발음단어가 들리는 경우도 심리학을 전공한 토익 출제자들이 심리적 잔상효과를 이용해서 만든 함정 선지임을 알아야 한다.(6-14 참조) 토익 응시자 입장에서는 질문의 마지막에 들렸던 단어나 질문에서 잘 들렸던 쉬운 단어가 머릿속에 남아있으므로, 이 단어가 포함된 선지를 정답으로 찍기 십상인 점을 이용한 것이다.(6-13 참조)

그러므로 우리는 이러한 출제의도를 다시 역이용해야 한다. 즉, 순식간에 질문이 지나가서 거의 듣지 못하였거나, 들었어도 질문을 전혀 이해 못하는 경우,

01 질문에 나온 단어와 같은 단어

02 질문의 마지막 단어

03 질문에 나온 단어의 유사발음단어

04 질문에 나온 단어의 파생어

05 질문에 나온 단어의 반의어

06 질문에 나온 단어로부터 연상할 수 있는 단어

가 선지에 나오면 모두 오답선지라고 생각하고 제껴야 한다. 이 원칙은 99% 철저하게 지켜지고 있다. 1%의 경우에 예외가 있을 수 있지만 고려할 필요 없다.

6-12부터는 이러한 테크닉에 입각한 예들을 하나씩 살펴보기로 한다. 6-04에서 6-11까지는 Part 2의 질문을 유형화한 것이고, 6-12에서 6-20까지는 Part 2의 선지를 유형화한 것이라고 생각하면 된다. Part 2의 오답선지 유형을 외우는 것이 좋다.

6-13
파트2
풀이요령

Part2에서 질문의 마지막 단어가
선지에서 들리면 오답이다

6-12에서 소개한 패러프레이징 출제원리를 역이용한 테크닉 중 가장 중요한 것은, 질문의 마지막 단어가 선지에서 들리면 오답이라는 것이다. 질문이 길고 복잡할수록 초보자는 첫단어와 마지막 단어만 듣게 되고, 특히 마지막 단어는 그만큼 잔상이나 여운이 많이 남는다. 그러한 심리적 허점을 파고들어 Part 2를 출제하므로, 토익커로서는 거꾸로 질문의 마지막 단어가 들리는 선지부터 오답으로 제낀다.

ex 001　**Why don't we go over the monthly report during the meeting?**
　　(A) That's a good idea.
　　(B) The meeting is very boring.
　　(C) Because I have to go over the report.

위의 예에서 질문의 마지막 단어인 meeting을 포함한 선지(B)는 meeting이 들리는 순간 is very boring은 들을 것도 없이 오답으로 제끼라는 의미이다.

다만, 이 원칙의 단 한 가지 예외로서, 질문의 마지막 단어가 들리더라도 정답이 될 수 있는 선택의문문(6-07)이 있으므로 주의한다. 이는 둘 중 하나를 택해야 하는 선택의문문의 본질적 특성상 당연한 것이므로, 논외로 하면 된다.

Part2는 유사발음단어, 파생어가 선지에서 들리면 오답이다

토익시험 Part 2에서 영원히 없어질 수 없는 대표적 오답선지가 유사발음 오답선지이다. 유사발음 단어군(郡)에 대해서는 4-04에서 이미 정리한 바 있다.

---

ex 001 This is the right train to Seoul. Is that right?
(A) I'm not for sure.
(B) I don't like to take a train.
(C) No, it's raining heavily outside.

위의 예에서, 질문에서 train이 들렸는데, 선지(B)는 train이 똑같이 들리므로 오답선지이고, 질문에 나온 단어와 유사발음 단어인 rain이 들리는 선지(C)도 오답선지이다. 따라서 제대로 듣지 않고도 (A)가 정답이다.

train과 rain처럼 유사발음 오답선지의 짝은 수없이 많다. travel과 trouble도 있을 수 있고, coffee와 copies도 가능하다. 질문에서 belong이 들리는데, 선지에서 long이 들려도 오답이다.

이 외에도 단어에서 강세를 받는 부분을 이용하여 소리로 함정을 만드는 유형이 있다. 가령 질문에서 refresh가 들리면 선지에서 fresh를 유사발음으로 출제하는 것이다. 질문에서 relocation이 들렸는데 선지에서 local이 들려도 이미 오답선지이다.

다음의 예를 보자.

질문의 grant와 유사한 발음인 ground가 선지(B)에 있으므로 오답이다. 또, 질문의 apply와 선지(C) appliance는 유사발음이므로 오답이다.

다른 각도로 설명하자면 apply와 appliance는 유사발음이기도 하지만, apply는 동사이고 이로부터 파생된 명사 appliance가 선지 (B)에서 들리는 상황이다. 이렇게 Part 2에서 질문에서 나온 단어로부터 파생된 다른 품사가 선지에서 들리면 오답(6-14)이다.

이처럼 제대로 문장 전부를 듣지 못했지만, 테크닉만으로 (B)와 (C)를 제끼고 나면, 저절로 정답은 (A)로 귀결되는 경우도 많다.

6-15

Part2는 연상작용단어, 반의어, 다의어가 선지에서 들리면 오답이다

01 연상작용단어가 들리면 오답이다.

When should I submit news articles?
Over there on the magazine rack. (전형적 오답)

질문 속의 news articles(신문기사)를 토대로 연상하여 떠올릴 수 있는 magazine(잡지)이 들리는 선지가 있다면 오답이다. 언론, 출판이라는 공통 테마로 연관이 있는 단어이기 때문에 두 단어가 질문과 대답에 있으면 그럴싸한 문답으로 상상하게끔 낚을 수 있기 때문이다. 이러한 출제의도를 역이용하여, 연상작용단어가 들리면 오히려 오답으로 제낀다.

비슷한 예로, 질문에서 mechanic(기계공)이 들리는데 선지에 president나 salespeople이 들리면 모두 회사의 직원으로서 위상이 동일 병렬한 연상작용 오답선지이다. 만약 mechanic을 패러프레이징할 수 있는 colleague(동료)가 들린다면 포함관계 단어로서 정답이 될 수 있다.

02 질문에 나온 단어의 반의어가 들리면 오답이다.

Would you mind opening the window?
I will close the door. (전형적 오답)

open은 쉬운 단어이므로 토익 응시자들 머릿속에 남아 있을 것이다. 이것만 기억에 남은 응시자는 심리적으로 부지불식간에 open의 반의어인 close가 들리는 순간 이를 찍기 쉽다. 따라서 우리는 open이 들린 순간 그 반의어가 등장하는 선지부터 가장 먼저 오답으로 제겨야 한다.

<u>ex 001</u> **Where are the invoices from last March?**

(A) She was out yesterday.

(B) It's the first one.

(C) In the file cabinet.

위의 예에서 invoice는 '송장'이라는 의미지만, 질문의 in만 듣고 out을 연상하는 토익커를 낚기 위해 (A)가 출제된 것이다. 역시 질문의 last만 듣고 그 반의어인 first를 연상하는 사람을 낚기 위해 (B)가 출제된 것이다. 전체 문장을 듣지 못했더라도 (C)가 정답이다.

03 다의어를 이용한 오답도 있다.

Did you book your flight ticket?
We have many books in stock. (전형적 오답)

book에는 '책'이라는 의미와 '예약하다'라는 의미가 함께 있기 때문에 이를 이용한 선지이다. 물론, 질문 속에 사용된 book이라는 단어가 대답 속에서도 사용된 사실만으로도 오답선지라 판단할 수 있겠다.

비슷한 예로, return은 '반납하다'라는 뜻이 있지만 반면에 '돌아오다'라는 뜻을 동시에 지니므로 이런 점을 이용해서 출제하곤 한다.

train은 명사로 쓰일 때는 '기차'이지만, 동사로 쓰일 때는 '훈련시키다'가 된다. 이 점을 이용하여 문제를 출제하기도 한다.

6-16

선지에서 Yes/No/Sorry/I'm afraid 다음에 but/in fact가 들리면 거의 정답이다

선지에 Yes, No 다음에 but이 들리면 정답이 되는 경우가 많다.

7-09에서 후술할 테지만, Part 3에서도 Yes / No / I'm sorry / I'd like to / I'd love to + but / in fact / actually / however 바로 뒷부분에 정답근거가 배치될 때가 많다. 그 이유는 양보구문이라고 하여 '물론 + 예상되는 상대방의 의견 + 그러나 + 자신의 주장'이란 것이 있기 때문이다. 이 때 '그러나' 이하 부분이 화자의 생각이 담겨있는 핵심부분이다.

어떤 언어에서든 간에 양보구문이 자주 쓰이는 이유는 상대의 말 중에 인정할 부분은 인정한 뒤, 자기 생각을 밝히는 것이 현명하기 때문이다. 즉, 예상되는 반론만큼 인정하고 양보했다는 의미가 된다.

이러한 논리가 Part 2에도 적용될 수 있는 것이다. 의문사 의문문이 아닌 일반의문문, 평서문, 부가의문문이나 조동사 의문문에서 아차하여 문제를 듣지 못하고 선지만 듣게 되어 어쩔 수 없이 찍어야 할 때가 있다. 이럴 때 선지에서 Yes/No 다음에 but/in fact가 들리면 정답으로 찍어라. 정답일 확률이 매우 높다.

6-17

대답하지 않고 다시 되묻는 반문형은 거의 정답이다

> **Q** Could you tell me your name again?
> **A** Didn't I tell you?

질문에 대한 의문문으로 되묻는 방식으로 대답하는 선지는 대체로 정답이다. 의외로 굉장히 잘 통하는 요령이다. 자연스런 문답은 역시 반문에서 오기 때문인 것으로 추측된다.

> **ex 001** Can you give me a change for ten dollars?
> (A) Sure, do you want coins?
> (B) It's changed a bit.
> (C) It often breaks down.

위의 예에서 질문의 키워드는 change(잔돈)이다. 되묻는 선지(A)가 일단 정답이다. 선지(B)는 다의어를 이용한 오답선지이고, 선지(C)는 change를 '교환하다'의 의미로 생각하여 break down(고장나다)을 연상케 하는 오답선지이다.

> **ex 002** It's cold in here, isn't it?
> (A) Yes, could you close the window?
> (B) No, I didn't call you.
> (C) Yes, I couldn't do that.

위의 예도 일단 되묻는 방식의 선지인 (A)가 정답이다. 선지(B)는 유사발음 관계인 cold와 call을 이용한 선지로서 무조건 오답이다. 선지 (C)도 마찬가지로서, cold와 couldn't의 유사발음을 이용해 혼동케 한 것이다.

ex 003   **May I ask you a question?**

    (A) No, I never have.

    (B) Last June.

    (C) Yes, how can I help you?

위의 예도 일단 되묻는 방식의 선지인 (C)가 정답이다. 선지(A)는 question만 듣고 질문거리가 없다고 연상하도록 만든 오답선지이다. 만약 질문이 Do you have any questions?라면 선지(A)가 정답이 될 수 있다. 선지(B)는 May를 5월로 착각하여 Last June을 연상하게 한 것으로서 오답이다.

ex 004   **Do you have my business card?**

    (A) I sent the postcard.

    (B) No, could you give it to me?

    (C) He may be busy.

위의 예도 마찬가지이다. 일단 되묻는 방식의 선지인 (B)가 정답이다. 질문의 마지막 단어 card를 postcard로 반복한 선지(A)는 연상작용 혹은 유사발음 오답선지이다. 선지(C) 역시 우선 주어의 인칭이 맞지 않고, 질문의 business에서 busi를 busy로 혼란을 유도한 유사발음 오답선지이다.

6-18

몇 가지 강력한 표현의 선지는 거의 정답이다

토익 LC를 풀면서 페이스 조절에 실패하여 문제를 놓쳐버리는 경우가 있다. 그럴 때에는 선지만 듣고서 찍어야 하는데, 아래는 그럴 때 발휘할 수 있는 테크닉이다.

01   Only if~/Only when~

Only if(~할 때에만) 또는 Only when(~할 경우에만) 어떠어떠하다는 진술은 질문에 대한 단정적이고 확고한 답변이 될 수 있어서 어떤 질문에서건 정답이 될 확률이 높다.

02   Actually로 시작되는 선지

Actually로 시작하는 선지는 정답일 확률이 매우 높다. 어떤 질문을 받았을 때, '사실은~'이라고 말하면서 어떤 실상을 고백하는 말이 되는 경우가 많기 때문이다.

03   질문에 명령문으로 대답하는 선지

What should I do~? 와 같은 질문에 명령문으로 답하는 것은 물론이겠지만, 그 외 어떤 질문에 대해서라도 명령문식의 선지는 정답이 될 확률이 매우 높다.

Where is the new printer?
Go to the conference room. (명령문식의 선지)

Part2에서 선지에
"모르겠다" 식 표현이 들리면 정답이다

선지에서 '모르겠다, 확신 못하겠어, 아직 결정이 안 되었어, 잊어버렸어, 들은 바 없어, 논의되지 않았어, 한번 지켜보자, 그때 그때 달라요, 어디 한 번 같이 확인해보자' 등의 표현이 들리면, 토익에서는 90% 이상 정답이다. 이에 해당하는 전형적 표현은 아래와 같다.

> I don't know.
> I have no idea.
> I can't remember.
> I haven't heard yet.
> It hasn't been decided yet.
> Let's see the result of ~ .
> Let me check ~ / I will check.
> You should ask ~ .

ex 001 **Who is going to take charge when Mr. Giovanni leaves?**
(A) Yes, he certainly is.
(B) We don't know yet.
(C) I'm going to charge the battery.

선지(A)는 Who로 시작하는 의문사 의문문에 대하여 Yes, No로 대답했으므로 오답선지이다. Yes 이하의 뒷부분은 들을 필요도 없다.

다음으로, 선지(B)가 애매모호한 모르겠다식의 표현으로 정답이다.

질문의 키워드 take charge는 '책임지다'라는 뜻 외에 '배터리를 충전하다'라는 의미도 있다. 선지(C)는 이것을 이용한 것이다. 토익 Part2에서는 특히 질문의 '동사'가 선지에서 중복하여 들리면 오답이다. 이럴 때 다의어 관계를 이용한 선지(6-15)를 출제할 때가 많다.

__ex 002__ **Ron's last day at work is Friday, isn't it?**

(A) Every Friday at 10.

(B) I don't really know.

(C) No, it's working.

위의 예도 마찬가지이다. 질문의 Friday를 반복하는 선지(A)는 무조건 오답이다. 질문의 at work(직장에서)를 반복하는 선지(C)도 무조건 오답이다. 남는 선지(B)를 보면 모르겠다식의 표현이므로 정답이다.

주어/목적어/시제 불일치
오답선지를 제껴라

질문의 주어와 대답의 주어가 일치하는 경우가 정답선지가 될 확률이 높으므로, 질문의 주어를 놓치지 않는 것이 좋다. 그런데 이 때에도 6-12의 패러프레이징 원리가 적용되므로, 질문의 주어를 그대로 반복하면 오답선지이고, 대명사로 패러프레이징해야만 정답선지이다.

패러프레이징된 대명사는 '성/수'가 일치되면 정답선지, '성/수'가 불일치하면 오답선지이다. 예를 들어 질문의 I와 We는 대답에서는 you로, 질문의 you는 대답에서 I와 we가 되며, 질문에서 Mr. Kim, Ms. Jane같은 고유명사는 대답에서 he 또는 she로 패러프레이징된다. The table, The chairs같은 사물명사가 it이나 they로 패러프레이징됨은 당연하다.

똑같은 논리가 목적어에도 적용될 수 있다. 즉, 질문의 목적어를 대답에서 똑같은 단어로 가져오면 오답선지이고, 다른 단어로 패러프레이징해서 가져오면 정답이다. 그러나 목적어보다는 주어를 가지고 함정을 만드는 경우가 더 많으므로, 역시 Part 2에서는 질문의 주어에 집중하는 것이 중요한 요령이다.

똑같은 논리가 시제에도 적용될 수 있다. 즉, 질문의 시제와 대답의 시제가 일치해야 논리상 오류가 없는 문답이 될 수 있음이 원칙이다. 즉, 현재시제로 물으면 현재시제로 답해야 정답, 과거시제로 물으면 과거시제로 답해야 정답, 미래시제로 물으면 미래시제로 답해야 정답인 것이 원칙이다.

그러나 대체로는 과거시제류와 그 이외의 시제류만 구별하면 문제가 풀린다. 즉, 과거류의 시제라 함은, 단순과거시제, 현재완료시제, 과거완료시제를 의미하고, 그 이외의 시제라 함은, 단순현재시제, 단순미래시제,

현재진행시제를 의미한다. 간단히 말해 '과거냐/아니냐'만 판단해도 정답이 갈라지는 경우가 대부분이라는 의미이다.

질문과 대답의 시제 일치 여부에 있어 예외가 있다. 즉, 과거로 물었는데 미래로 대답할 수 있거나, 미래로 물었는데 과거로 대답하여도 논리상 오류가 없는 다음의 경우가 간혹 있음에 주의한다.

01 Did you contact the catering service?

No, I'll call tomorrow.

02 When will shipping charges go up?

They increased last week.

6-21 파트2 풀이요령

Part2에서 정답이 되는 표현 암기

 **PART2 사람/직업/신분/부서**
Part2에서 who의문문의 대답이 되는 표현을 MP3로 익혀보자 

Mr. Kim did.	미스터 김이 했다
His name is Tom.	그의 이름은 톰이다
Tom in accounting.	경리부의 톰이요.
Tom from personnel.	인사부에서 온 톰이요
That would be Tom.	그것은 톰 같다
Tom takes care of it.	톰이 그것을 담당한다
It must be Tom.	분명히 톰이다
I believe Tom is.	나는 톰이라고 믿는다
Tom said he would.	탐 자신이 할 거라고 했다
You should ask Tom.	톰에게 묻는 게 좋겠다
sales manager	영업부장
sales director	영업이사
engineer	엔지니어
electrician	전기공
officer	사무관/공무원
new employee	신입사원
reporter	기자
postal worker	우편배달원
colleague	동료
coworker	동료

assistant	조수
temporary worker	임시직 고용자
client	고객
relative	친척
acquaintance	지인
vice president	부사장
job applicant	구직자/지원자
sales representative	판매사원
human resources	인사부
receptionist	접수원
technical support	기술지원팀
headquarters	본부/본사
branch (office)	지점
sales department	영업부서
overseas division	해외부서
public relations	홍보활동(PR)
payroll department	월급주는 부서
research & development	연구개발(부서)
executive	이사
board member	이사회구성원

PART2 시간부사구

Part2에서 when의문문의 대답이 되는 표현을 MP3로 익혀보자

last spring / last night	지난봄/ 어젯밤
last month / last week	지난달/지난주
a week ago	1주일 전에
the day before yesterday	그저께
a couple of days ago	2~3일 전에
right now	지금 당장
for now	현재로는
regularly	정기적으로
on Fridays	금요일마다
in a few minutes	몇 분 후에
later this afternoon	오늘 오후 늦게
the day after tomorrow	모레
in about two months	2달 정도 후에
before the next meeting	다음 회의 전에
not until next month	다음달이나 되어야
not before next week	다음주는 되어야
by the end of this month	이번달 말까지
at the beginning of next month	다음달 초에
when he comes back	그가 돌아올 때
right after Mr. Kim speaks	김 씨가 발표한 직후에

in the back	뒤에서
in the hallway	복도에서
in the mailbox	우편함에
in room 202	202호에
in the storage room	저장실에
in the conference room	회의실에
in the top drawer	가장 위 서랍에
in the cabinet	캐비넷에
at the customer service desk	고객서비스데스크에서
at one of our branches	우리 지점 중 하나에서
at the end of the street	거리 끝에서
at the district office	지역 사무실에서
on our web site	우리 웹사이트에서
on the front desk	프론트데스크에서
on the front page	앞페이지에
from Singapore	싱가포르로부터
from headquarters	본점으로부터
across the street	길 건너편에
next to the printer	프린터기 옆에
near the park	공원 근처에

in person	몸소
personally	개인적으로
by cash / in cash	현금으로
by credit card	신용카드로
by fax	팩스로
by subway	지하철로
on the internet	인터넷으로
press the button	버튼을 눌러주세요
through my friend	친구를 통해서
with my partner	파트너와 함께
express mail	등기속달
courier service	택배
by overnight mail	익일 배달우편으로
overnight delivery	익일 배달
fill out	서식을 작성하다
by fixing it	고정함으로써
by replacing it	대체함으로써
by recycling it	재활용함으로써
by editing it	편집함으로써
by revising it	수정함으로써
by returning it	반환함으로써
better than I expected	기대했던 것보다 좋은
catering service	출장부페 업체

travel agency	여행사
boring	지겨운
outstanding	뛰어난
fantastic	환상적인
wonderful	환상적인
useful	유용한
informative	정보가 많은
helpful	도움이 되는
efficient	효율적인
reasonable	합리적인
impressive	인상적인
delicious	맛있는
twice a day	하루에 두 번
every week	매주마다
quarterly	분기마다
once in a while	이따금
approximately	대략

PART2 이유/핑계/변명

Part2에서 why의문문의 대답이 되는 표현을 MP3로 익혀보자

to meet my client	고객을 만나기 위해서
to meet the deadline	납기를 지키기 위해서
to buy a ticket	티켓을 사기 위해서
to make a reservation	예약하기 위해서
sudden problem	갑작스런 문제
due to bad weather	악천후 때문에
due to a traffic jam	교통체증으로 인해
because of the delayed flight	비행기 연착으로 인해
out of order	고장난
out of stock	재고가 바닥난
out of gas	기름이 떨어진
out of print	절판된
sold out	매진되다
sick / ill	아프다
miss the bus	버스를 놓치다
get up late	늦잠자다
for a business trip	출장차
It's a holiday	휴일입니다
Because they were remodeling.	리모델링 중이기 때문입니다
because of sudden problem	갑작스런 문제 때문에

PART2 우회적인 대답
Part2에서 우회적인 대답이 되는 표현을 MP3로 익혀보자

I don't know.	잘 모르겠어요
I'm not certain.	확실하지 않아요
I wish I know.	알았으면 좋겠어요
I have no clue.	실마리가 없네요
I haven't checked.	아직 체크해보지 못했어요
Nobody knows.	누구도 몰라요
Who knows?	누가 알겠어요? (아무도 몰라요)
I haven't decided yet.	아직 결정하지 못했어요
I haven't made up my mind.	아직 결심하지 못했어요
Let me think about it.	한번 생각해볼게요
It's still up in the air.	아직 미정으로 남아있어요
Why don't you ask Tom?	톰에게 물어보는 게 어때요?
Go to the reception desk.	리셉션 데스크에 가보세요
It's not my decision.	내 결정사항이 아니에요
Sarra knows it better than I do.	나보다는 사라가 잘 알거예요
I depends on Mr. Wang.	그건 미스터 왕한테 달린 문제예요
I haven't heard about it.	난 그것에 대해 들은 바 없어요
I haven't been told yet.	아직 듣지 못했어요
I wasn't notified / informed.	통지받지 못했어요/ 알림받지 못했어요
I haven't received any report.	어떤 보고도 받지 못했어요

I prefer A.	A를 선호한다
A would be better.	A가 더 나을 거 같다
A, please.	A를 주세요
A would be fine with me.	A가 내게는 더 좋을 거 같다
I feel like ~ing.	나는 ~하는게 좋다
I'd rather ~.	~가 더 낫겠다
I'm in favor of ~ing.	~하는 것에 호의적이다
Either is Ok / fine / acceptable.	둘다 OK이다/둘다 좋다/둘다 받아들일만하다
Both sound good.	양쪽다 좋게 들린다
I don't care.	신경 안 쓴다
It doesn't make a difference.	차이가 없다
It's up to you.	너한테 달려 있다(니가 정해라)
I'll leave it to you.	너에게 남기겠다(니가 정해라)
Whatever you want.	니가 원하는 무엇이든지
Neither one.	둘다 싫다
None of them.	어느것도 싫다
I don't like either of them.	그들 중 다 싫다
I'm trying to avoid B.	B를 피하고 싶다
Whichever is more convenient.	더 편한 것이면 뭐든 좋다
Do you have something else?	뭐 제3의 다른 것은 없니?

PART2 수락/동의/거절

Part2에서 수락/동의/거절의 뜻이 되는 표현을 MP3로 익혀보자

O.K. / Sure / Certainly.	OK/물론/확실히
Absolutely / Definitely.	절대적으로/확실히
Why not?	왜 안 되겠어?(물론 가능하지)
No problem.	문제 없어
Not at all.	전혀
I'd love to / I'm glad to.	기꺼이 하겠다
That's a great idea.	좋은 생각이야
That would be great.	정말 좋을 거 같아
It's my pleasure.	내 기쁨이지
I'd appreciate that.	고마워
I think so.	그렇게 생각해
Not bad.	나쁘지 않다
If you don't mind.	니가 괜찮다면
I'm sorry, but ~.	미안하지만, ~
I don't think so.	그렇게 생각하지 않는다
No, thanks.	고맙지만 사양하겠다
I'd love to, but ~ I wish I could, but ~.	그러고 싶지만, ~
I'm not interested.	관심없다
I'd rather not.	하지 않는게 낫겠다
I have another plan.	난 다른 계획이 있다

曹操
TOEIC

CHAPTER

07

파트3와 파트4의
공통요령

7-01 | 파트3,4공통 풀이요령

Part3와 Part4는 리스닝시험이 아니라 독해 시험이다

Part3, 4는 미리 문제와 선지를 많이 읽을수록 유리하다!

Part 3는 갑과 을 또는 갑, 을, 병이 번갈아 가며 대화하는 대화문인 반면, part 4는 갑 혼자 말하는 낭독문이다. Part 3와 Part 4는 문제와 문제 사이가 6초, 지문과 지문 사이가 6초, 질문 읽어 주는 데에 4초가 지나가므로, 그 시간동안 문제와 선지를 많이 읽으면 많이 읽을수록 유리하다. Part 3,4에서 문제와 선지는 문제풀이의 '지도'와 같은 역할을 한다. '지도' 없이 길을 찾는다는 것은 여간 어려운 일이 아니다.

토익 LC의 Part 3와 4는 사실상 '리스닝'시험이 아니라 '리딩'시험이라는 말을 하는 학원강사들이 있다. 틀린 말이 아니다. 문제와 선지를 다 읽어 놓고 나서 Part 3와 4의 방송을 들을 때의 이해도와 문제와 선지를 읽지 않은 상태에서 Part 3와 4의 방송을 들을 때의 이해도는 천양지차이기 때문이다. 토익문제에 익숙해지다보면, 나중에는 문제와 선지를 읽고 방송은 못들은 상태에서도 앞으로 흘러나올 방송이 어떤 내용일지 대충 짐작할 수 있는 경지(?)에 이르게 된다.

텝스 LC의 경우, 문제와 선지까지도 모두 방송으로 흘러나오는 방식인 것을 보면, 토익 LC가 텝스 LC에 비해 현격히 쉬운 방식임을 알 수 있다. 즉, 요령이 통할 수밖에 없다.

다만, 문제와 선지 미리 읽기에 있어서 몇 가지 주의점이 있다.

첫째, 물론 한 지문에 달린 3개의 문제와 선지를 최대한 많이 읽어봐야 하나, 앞 지문에 달린 3개의 문제를 빨리 풀었을 때에 오히려 주의해야 한다.

즉, 3개의 문제를 다 읽고 각 4개의 선지를 다 읽었다는 것은 앞 문제를 빨리 풀었다는 것인데, 이 때 조심해야 한다. 너무 여유로워지니까 딴 생각이 나기 쉽고, 이럴 때일수록 그 다음 다음 3개의 문제에 달린 문제와 선지까지 읽어두려고 욕심내지 말아야 한다. 그 다음 다음 지문에 달린 문제와 선지까지 미리 읽어두려는 욕심 때문에 이마저 읽으려 들면, 읽은 내용이 서로 짬뽕되어 당장 흘러나올 바로 다음 3개의 문제를 틀리기 쉽다.

둘째, 문제와 선지를 다 읽으려고 했으나, 전부를 읽지 못한 상태에서 방송이 흘러나오기 시작하면, 읽는 것은 멈추어야 한다. 즉, 이 책을 읽는 토익커는 아직 눈과 귀가 방송 초반부부터 별개로 작동할 만큼 영어에 친숙하지 못하다. 즉, 방송 초반부는 매우 중요한데, 귀로는 방송 초반부를 들으면서, 눈으로는 문제와 선지를 읽으려 하면 어느 것 하나도 제대로 하지 못하는 결과가 되어 머릿속이 하얗게 된다.

그러나 방송이 끝나갈 무렵에는 귀로 들으면서, 동시에 눈으로 선지의 ○×를 판독하는 작업을 진행해야 한다. 즉, 방송이 모두 끝난 뒤에만 정답을 고르려 하지 말고, 방송이 끝나갈 무렵에는 세 문제 중 정답이 눈에 돌출되는 문제는 바로 바로 풀어 버린다. 그런 문제부터 풀어버려야만 방송이 끝난 직후 몇 초 안에 3개의 문제를 마무리하고, 그 다음 3개의 문제에 달린 문제와 선지 읽기에 돌입할 수 있기 때문이다.

셋째, 문제와 선지를 읽고 방송을 듣고 나서, 정답을 고르려고 했으나, 5초 안에 정답이 떠오르지 않으면 그 문제는 포기하고 다음 문제에 집중한다.

新토익
Part3와 Part4의 변화

앞서 Part1에서 4문제, Part2에서 5문제가 감소하였으므로, 감소한 9문제가 Part3와 Part4에서 늘어난 것은 당연하다. 그 중에서 Part3에서 9문제가 증가하였고, Part4의 문제수는 그대로이다. 이렇게 볼 때, 2016년부터 시행된 新토익 LC에서 가장 큰 변화를 겪은 Part는 Part3라고 할 수 있다.

특히 Part3에서 9문제가 늘어난 것을 조금 더 구체적으로 살펴 보자. 원래 Part3가 1지문당 문제 3개씩이 할당되어 출제되었던 것을 알고 있으리라 본다. 그렇다면 여기서 9문제가 늘어났다 함은, 지문 3개가 늘어났음을 어렵지 않게 짐작할 수 있다.

지문 개수와 문항 개수에서만 변화가 있는 것이 아니다. 첫째, 기존에는 갑과 병 2인만이 등장하는 대화문이 전부였는데, 이제는 갑, 을, 병 3인이 등장하는 '3인 대화문'이 등장하였다. 둘째, 기존에는 대화의 순번이 4번 정도(1인이 각 2번) 왔다 갔다 하는 대화였는데, 이제 5차례 이상 순번이 왔다 갔다 하는 '5턴 이상 대화문'이 등장하였다.

그러나 두려워할 필요는 없다. 이러한 변화는 그리 대단한 변화라 할 수는 없기 때문이다. 어차피 LC는 들리면 풀리는 것이요, 못 들으면 틀리는 것이다. 앞에서 공부한 점진적 구간반복법을 통해 귀가 뚫렸다면, 1명이 추가된 대화문이거나, 1~2차례 더 왔다 갔다 하는 대화문이라고 해서 크게 어려워질 것도 없다.

게다가 LC 시험 시간은 동일하기에 대화문의 전체 길이는 유지되어야 한다. 그렇다면 3인 이상 또는 5턴 이상의 지문일 경우, 1인이 말하는 평균적인 말(문장)의 길이는 되려 짧아진다는 뜻이다. 이 점은 난이도가 하락하는 측면도 있을 수 있음을 의미한다.

여기까지 언급한 것이 '지문'의 변화에 관한 것이다. '지문'의 변화는 Part3에만 있고, Part4에는 없다. Part4는 한 사람이 혼자 낭독하는 지문이어서, 新토익이라 한들 달리 변화를 줄 만한 것이 없었으리라 추측된다.

물론, Part4에도 변화를 주고 싶었던 新토익 입안자라면, Part4에서 낭독문의 길이를 늘리는 방법을 고려해 봤을 수 있다고 생각한다. 그러나 이 경우 총 LC시험 시간도 늘어나야 하는 문제가 발생할 수 있다. 또한, Part4에 화자가 말하는 속도가 더 빠른 지문을 도입하는 것도 생각해 봤을 수 있다. 그러나 어느 특정 Part 하나만 스피킹 속도를 바꾸는 것은 어느 한 Part에 가중치를 부여하는 것이 되어, Part를 나누어 각 유형마다 거기에 걸맞는 능력치를 검증하겠다는 토익의 당초 출제의도에 부합하지 않는다고 생각된다. (향후 10년 뒤에 또 다시 토익이 개정된다면, 그 때 LC의 변화는 종국적으로 전(全) Part에서의 말하는 속도의 증가가 아닐까 예상된다)

지문의 변화 외에 발문(문제의 질문)에도 변화가 있었는데, 의도파악문제와 시각자료문제가 추가된 사실이다. 이는 지문과 무관하게, 이러한 유형의 질문이 추가된 것을 의미한다. 따라서 이것은 Part3와 Part4에 모두 도입된 유형이다. 이렇게 본다면, 新토익 Part4에서의 유일한 변화가 바로 의도파악문제와 시각자료문제가 추가된 점임을 알 수 있다.

Part3에서의 고유한 변화라 할 수 있는 3인 이상 대화문과 5턴 이상 대화문의 해결방식에 대해서는 이 책의 8-04에서 다루기로 한다.

한편, Part3,4에서의 공통된 변화라 할 수 있는 의도파악문제와 시각자료문제의 해결방법에 관해서는 이 책의 7-11에서 다루기로 한다.

세 문제 중 두 번째 문제의
선지를 읽으면 많은 힌트가 된다

직청직해의 수준에 이르렀다고 하더라도, Part 3, 4는 무슨 문제인지 미리 봐야 한다. 그 중에서도 특히 동사가 많이 포함된 선지가 있는 문제, 대개는 세 문제 중 두 번째 문제[3]만큼은 꼭 읽고 시작해라!

Part 3, 4의 세 문제 모두를 읽기에, 문제와 문제 사이의 인터발이 짧은 경우가 있다. 이런 경우의 요령은, 그 세 문제 가운데 선지가 모두 명사형인 문제는 읽을 이유가 없다. 선지 가운데 동사가 포함된 문장형태의 긴 선지로 모아진 문제나 Ving형으로 시작하는 선지가 포함된 문제(이것이 대체로는 두번째 문제[4]이다)만큼은 꼭 읽어둔다. 이 문제 속에 이 이야기 전체의 스토리라인이 모두 녹아있기 마련이다.

특히 두 번째 문제만큼은 꼭 미리 읽으라고 이토록 당부하는 이유는 무엇일까? 조조만 아는 토익 독해 기술을 먼저 본 사람은 눈치챘겠지만, 두 번째 문제[5]가 대체로 개별구체적 문제이기 때문이다. 개별구체적 문제는 specific하므로, 그것을 통해서 얻을 수 있는 정보와 힌트가 많다.

반면에, 세 문제 중 첫 번째 문제는 두 번째 문제를 푼 사람은 저절로 풀리는 general한 문제가 많으므로 미리 읽을 이유가 없다. 또, 세 문제 중 세 번째 문제는 (두 번째 문제처럼 specific한 문제이긴 하나) 이야기의 말미에 있는 세부정보를 묻는 것이므로, 두 번째 문제를 통해 이야기의 흐름을 탄 경우에는 방송 말미만 조금 집중하면 풀리는 (독립적인) 문제이다. 따라서 첫 번째 문제와 세 번째 문제는 미리 읽지 못한 채 방송을 들으면서 풀어도 큰 무리가 없는 것이다.

---

3 4 5　Part7에서는 개별구체적 문제가 몇 번째 문제라고 보장하거나 단언할 수가 없다. 그러나 Part3,4에서는 이렇게 몇 번째 문제인지까지도 어느정도 짐작이 가능하므로 이를 역이용하면 큰 도움을 받는다.

7-04

문제와 선지 읽는 순서의 예시와 사고 과정

앞서 7-01에서, 초중급의 수험자들은 문제와 선지를 최대한 많이 읽어둔 상태에서 방송을 들을수록 유리하다고 하였다. 경험해 보아서 알겠지만 Part 3, 4에서 문제와 선지를 모두 읽어놓은 경우와 그렇지 않은 경우는 정답률이 너무나 다르다. 미리 읽은 단어가 방송으로 흘러나올 때 그 의미를 알아챌 확률이 높아짐은 당연하기 때문이다.

그러나 문제와 선지를 다 읽어두지 못했더라도, 일단 방송이 흘러나오면, 읽는 것을 중단하고, 듣는 것에만 집중하라고 하였다. Part 3, 4는 하나의 지문에 달린 문제가 3개씩이므로, 문제와 문제 사이에 3문제×선지4개 = 12개를 모두 미리 읽어두는 것이 말처럼 쉬운 일은 아니다.

다 읽지 못할 것 같을 때에는 무슨 문제와 선지부터 읽는 것이 좋은가? 7-03에서 두 번째 문제의 문제와 선지부터 읽으라고 강조하였다. 두 번째 문제와 선지를 읽고 나면, 세 번째 문제와 선지를 읽는다. 즉, 첫 번째 문제보다 두 번째와 세 번째 문제를 먼저 읽으라는 의미이다. 이는 곧, 주제를 묻는 general question(일반적/포괄적 질문)보다는 specific question(개별구체적 질문)을 먼저 읽으라는 것이다. 그 원리는 무엇일까?

필자는 전작인 조조만 아는 토익독해기술에서 RC에서도 어떤 문제부터 풀 것인지 순서를 정하는 것이 중요하다고 강조하였다. 그것은 LC의 Part 3, 4에도 그대로 적용된다.

따라서 LC Part 3, 4에서도 RC Part7처럼 개별구체적 정보를 담고 있는 두번째 문제의 질문과 선지부터 읽는다. 이 두 번째 문제의 선지 4개는 대체로 하나의 주제로 엮이는 것에서 파생될 수 있는 개별구체적 진술임을 알 수 있다.

예를 들어 두 번째 문제의 선지는 borrow the pencil, buy the supplies, fix the equipment, call the maintenance 식이므로 '아 대충 회사에서 사원끼리 뭔가를 고치거나 구입하는 내용이겠구나'를 짐작할 수 있다. 따라서 두 번째 문제의 선지 4개를 종합해보면, 흘러나올 방송이 어떤 내용일지 대충 스토리 라인을 형성할 수 있다.

하지만, 만약 첫 번째 문제부터 읽는다면 첫 번째 문제는 선지 4개가 모두 따로 노는 선지이므로, 도무지 어떤 내용이 등장할지 전혀 예상할 수 없게 된다. 예를 들어 첫 번째 문제의 선지 4개는 At the park, At the hospital, At the school, At the company 식이므로, 따로 노는 선지이다. 즉, 첫 번째 문제의 선지 4개를 읽어두어도 방송을 이해하는 데 아무런 도움을 주지 못한다.

이 외에도, 일반적/포괄적 질문보다 개별구체적 질문인 두 번째와 세 번째 문제를 먼저 읽어야 하는 이유가 또 있다. 방송 내용을 모두 알아듣는 토익 고득점자들조차 어떤 개별구체적 사항을 물어볼지 미리 알아두지 않아서 틀리는 경우가 있다. 예컨대, 방송에서 점심 기내식 2종류와 저녁 기내식 2종류가 나왔다고 하자. 총 4가지 음식 종류(가령, salad, chicken, fruits, fried rice)가 나왔는데, 미리 문제를 봐두지 않으면 나중에 다 알아듣고도 기억을 못해서 틀리는 일이 발생한다.

위에서 습득한 Part 3,4에서의 선지와 문제 읽는 순서와 사고과정을 다음의 예를 통해서 점검해 보자.

Part3
41. Where does the conversation take place?
   (A) In a bookstore
   (B) In a restaurant
   (C) In a library
   (D) In a hotel

42. Why is the woman unable to check out the dictionary?

(A) It is a limited edition.

(B) It can be used only on the premises.

(C) It was checked out by another person.

(D) It is very expensive.

43. What did the man originally advise the woman to do?

(A) Use the dictionary in the reading room.

(B) Present her identification card.

(C) Make some photocopies.

(D) Access the internet.

위에서 알 수 있듯이, 첫 번째 문제의 선지 4개는 읽어봐야 별 소용이 없다. 그러나 두 번째 문제인 42번 선지를 보면, 일단 문제에서 check out the dictionary가 있으므로, 거꾸로 41번 문제의 정답이 **(A) In a bookstore** 또는 **(C) In a library**일 가능성이 매우 농후함을 짐작할 수 있다. 책과 관련된 장소이기 때문이다. 그러나 check out이라는 표현을 볼 때, buy하는 상황이 아니므로 (A)보다도 (C)가 정답일 확률이 높다.

또 하나, 지문에서 check out이 들릴 테니, dictionary를 듣지 못한 토익커를 **(D) In a hotel**로 낚기 위해 출제했다는 짐작까지도 할 수 있다.

그렇다면 다시 42번으로 내려와서 unable에 주목하면, 현재 여자는 사전을 check out하지 못하고 있는 상황이 방송에서 흘러나올 것을 예상할 수 있다. 이에 더하여 41번에 In a library라는 선지가 있음을 감안하면, 책을 다른 사람이 이미 빌려 갔거나, 도서관 내에서만 책을 볼 수 있기에 그 외의 장소에서는 대출이 불가능한 것이 아닐까 짐작가능하다. 사실상 이미 42번의 정답은 **(C) It was checked out by another person** 또는 **(B) It can be used only on the premises**가 아닐까 짐작해 놓고 방송을 들을 수 있다.

다음 43번의 경우, 42번 문제의 **unable to check out the dictionary**부

분으로부터 책의 대출이 불가능한 상황의 방송이 흘러나올 것을 이미 알았기 때문에, 이에 대한 대책을 advice하는 상황임을 짐작할 수 있다. 따라서 the man은 도서관 사서(librarian)인 것도 짐작할 수 있다. 그러면 43번의 정답은 **(A) Use the dictionary in the reading room** 또는 **(D) Access the internet**일 가능성이 매우 농후하다는 의미가 된다.

이 때 43번 문제에 있는 originally로부터 '아! 이 방송에는 처음 조언한 대책과 나중에 조언한 대책 둘이 등장하는구나!'를 추리하고, (A)와 (D)가 각각 이 둘 중 어느 하나에 매칭될 것임을 짐작한다. 그렇게 짐작하면, 방송을 듣기 전에 거의 정답을 이미 찍어놓고 시작하는 꼴이 된다.

참고

Part3,4에서 방송의 순서와 문제의 순서

90% 이상의 지문에서 정답의 근거는 방송 순서대로 배치되어 있다. 즉, 방송의 초반부에 흘러나온 내용이 첫 번째 문제의 문제풀이 단서, 방송의 중반부에 흘러나온 내용이 두 번째 문제의 문제풀이 단서, 방송의 말미에 흘러나온 내용이 세 번째 문제 풀이의 단서가 될 때가 많음을 미리 인식하는 것이 좋다.

문제와 선지의 키워드는
unique한 단어가 기준이다

질문의 key word는 동사, 명사, 형용사, 부사 중 무엇으로 잡는가?

Part 3, 4의 두 번째 및 세 번째 문제처럼 개별구체적 문제에서 질문의 key word를 잡는 것은 매우 중요하다. 질문의 key word를 통해 문제가 어떤 유형에 해당하는지 결정하고, 나아가 그 key word 혹은 그것이 패러프레이징된 단어를 방송에서 포착해야 하기 때문이다.

이 때 key word를 잡는 기준이 사람마다 다르다. 어떤 사람은 동사를 기준으로, 어떤 사람은 명사를 기준으로, 어떤 사람은 부사를 기준으로 잡으라고 한다. 그렇게 조언이 중구난방인 이유는 간단하다. 모든 문제의 key word는 각기 다르기 때문에 동사일 때도 있고, 명사(목적어)일 때도 있고, 부사나 형용사일 때도 있기 때문이다.

결국 질문의 key word를 잡는 유일한 기준은 '품사'가 아니라, '질문의 단어들 중 어떤 것이 가장 unique(독특)한지' 여부이다. 질문의 단어들 중 가장 유니크한 단어를 찾아야만, 방송을 들을 때 관련된 부분에서 그 단어가 패러프레이징된 단어를 포착하기 쉽다. 특이한 동사가 있으면 특이한 동사가 key word가 되는 것이고, 특이한 명사(목적어)가 있으면 그것이 key word가 된다. 그 때 그 때 문제마다 다르다는 사실을 다음의 예를 통해 살펴보자.

Q1. What is the man concerned about?

    (A) The event might not attract enough attendees.

    (B) The new catalog is too expensive to make.

    (C) The catalog may not draw in buyers.

    (D) The sales record for the fall season was discouraging.

Q2. What does the woman suggest to address the problem?

(A) Running a newspaper advertisement.

(B) Designing better-looking catalogs.

(C) Spending more on display space.

(D) Changing their merchandise inventory.

Q3. Why does the man want to hold a company event?

(A) To get to know some of their customers.

(B) To test a strategy they have never tried.

(C) To thank major buyers for their loyalty.

(D) To introduce buyers to the latest styles.

위 Q1의 문제에서는 동사인 concern이 핵심이다. 반면 Q1의 선지에서는 (A) 및 (C)의 경우 동사인 attract와 draw, (B)의 경우 형용사인 expensive, (D)의 경우 명사인 sales record와 동사인 discourage가 함께 key word가 된다.

Q2에서는 suggest to address the problem(문제 해결을 위해 무엇을 제안하는가) 전부가 key word이다. 선지에서는 (A)(B)(C)(D) 모두 끝에 있는 명사(목적어)가 핵심이라고 봐야 옳다.

Q3에서는 의문사인 Why 및 동사와 그 목적어인 hold a company event(행사를 개최하다)가 핵심이다. Q3의 선지는 모두 '목적적 용법'의 toV(~하기 위해서)이므로 대체로 동사가 key word이다. 이렇듯 key word는 항상 그 문장을 대별할 수 있는 가장 독특한 부분이다.

Part3의 intro멘트는 듣지 말고,
Part4의 intro멘트는 듣는다

Part 3의 대화문이 본격적으로 나오기 전에 Question 41 through 43 refer to the following conversation이라고 도입부(Intro)가 나온다. Part 3의 10개의 대화문 앞에 나오는 Intro멘트는 모두 conversation이다.

반면, Part 4의 경우 각 방송 전에 나오는 Intro멘트가 모두 다르다. 즉,

Question 71 through 73 refer to the following announcement
Question 71 through 73 refer to the following talk
Question 71 through 73 refer to the following radio broadcast
Question 71 through 73 refer to the following telephone message
Question 71 through 73 refer to the following advertisement
Question 71 through 73 refer to the following introduction
Question 71 through 73 refer to the following speech
Question 71 through 73 refer to the following instruction
Question 71 through 73 refer to the following news report
Question 71 through 73 refer to the following excerpt from a meeting

등이다. Part 4에서는 Intro멘트를 들으면, 어떤 종류의 방송이 나올지 미리 예측할 수 있다. 이를 알고 들을 때와 그렇지 않을 때는 방송에 대한 이해도가 천양지차이므로, Part 4에서는 Intro멘트를 반드시 듣도록 한다.

이 중에서 꼭 발음으로 들어놔야 할 것은 excerpt from a meeting이다. 토익에서 excerpt(액썰-트)라고 하면, 어떤 회의록에서 발췌한 부분을 의미한다. excerpt라는 단어 하나를 통해 장차 흘러나올 방송이 회의록의 일부이고, 과거에 어떤 회사나 조직에서 회의가 있었던 상황임을 짐작할 수 있다. 이것만으로도 문제풀이의 많은 힌트를 얻게 된다.

PART4 뒤따르는 글의 종류

Part4에서 뒤따르는 글의 종류를 보여주는 표현을 MP3로 익혀보자

refer to	참조하다/언급하다
following	뒤따르는
refer to the following ~	뒤따르는 ~를 참조하여 답하시오
conversation	대화
announcement	공지사항
talk	이야기
radio broadcast	라디오 방송
telephone message	전화메시지
advertisement	광고
introduction	소개
speech	연설
instruction	지시사항
news report	뉴스 보고
excerpt	발췌
excerpt from a meeting	회의록에서 발췌한 부분

Part3,4에도 패러프레이징이 필수인가?

토익 LC의 Part3와 4도 패러프레이징이 반드시 되는가?

Part7은 90% 이상 패러프레이징한다. 그리고 Part2에서도 100% 패러프레이징한다. 즉, Part 2에서 질문 속 단어와 같은 단어, 특히 끝단어가 들리면, 연상 작용을 역이용한 오답선지이므로 그 선지는 거꾸로 오답선지 (6-12, 6-13)로 알려져 있다.

그러나 Part3, 4는 아직까지 방송에서 들린 단어 '그대로'를 정답선지로 하는 경우가 더 많음에 주의하자. 아직까지 토익 난이도는 Part3, 4의 경우, 모든 단어를 패러프레이징하는 수준에 이르지 못하고 있다. 대체로 Part3,4에서는 '동사'의 50%만 패러프레이징하고, '명사'는 패러프레이징 하지 않는다고 보면 얼추 맞다.

Part3, 4의 세 번째 문제에서 What are the listeners asked to do?처럼 '향후에 할 일'을 묻는 문제가 출제되었는데, 방송의 마지막 문장이 please call our customer service center라고 해보자. Part3,4에서는 동사의 50%를 바꾸므로, 방송에서 들린 동사 call이 포함된 선지는 오히려 오답이고, call을 패러프레이징한 선지는 오히려 정답일 수 있다. 즉, call the retail store라고 하면, call 이후부분이 틀리도록 만든 선지이므로, call로 토익커를 낚으려는 오답선지이다. 반면, call을 패러프레이징한 contact the service representative가 나오면 오히려 정답일 수 있다.

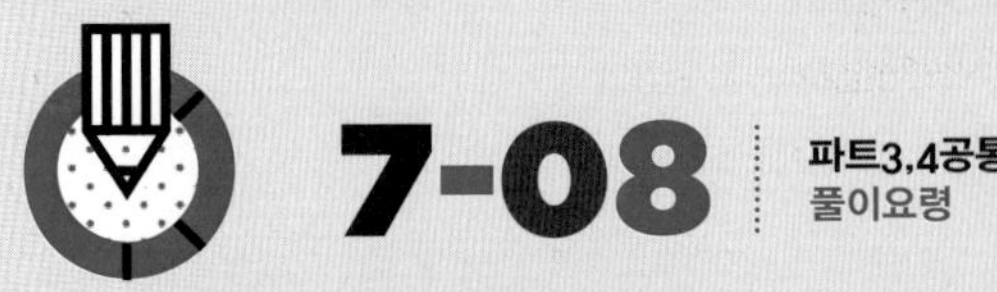

질문의 시제가 과거인 문제는 방송의 전반부에, 질문의 시제가 미래인 문제는 방송의 후반부에 정답 근거가 있을 때가 많다(특히 향후 조치 문제)

질문의 시제가 과거인 문제는 방송의 전반부에, 질문의 시제가 미래인 문제는 방송의 후반부에 정답 근거가 있을 때가 많다.

따라서 Part 3,4에 달린 세 문제를 미리 읽어 볼 때, does, will, did, do 같은 조동사 부분을 통해 시제를 한번 눈여겨 볼 필요가 있다. did를 사용한 문제는 방송의 전반부에서 정답의 근거가 언급될 가능성이 높고, does나 will 같은 조동사를 사용한 문제는 방송의 후반부에서 정답의 근거가 언급될 가능성이 높다.

이러한 논리를 확장하면, '향후 조치'를 묻는 문제는 지문의 마지막 문장이나 그 바로 직전 문장이 정답의 근거일 때가 많다. 가령 What are the listeners asked to do next? 라는 문제가 대표적이다. are라는 be동사가 현재시제이지만 next와 결합하여 사실상 미래시제이고, 따라서 지문의 후반부에 정답의 근거가 있다는 테크닉이 적용될 수 있다.

'향후 조치'문제에는 다음과 같은 것들이 있다.

What are the listeners asked?
What are the listeners required?
What are the listeners requested?
What are the listeners advised?
What are the listeners instructed?
What are the listeners encouraged?
What are the listeners urged?
What are the listeners going to do next?

7-09

but , however, actually, in fact
바로 뒷부분에 정답근거가 배치될 때가 많다

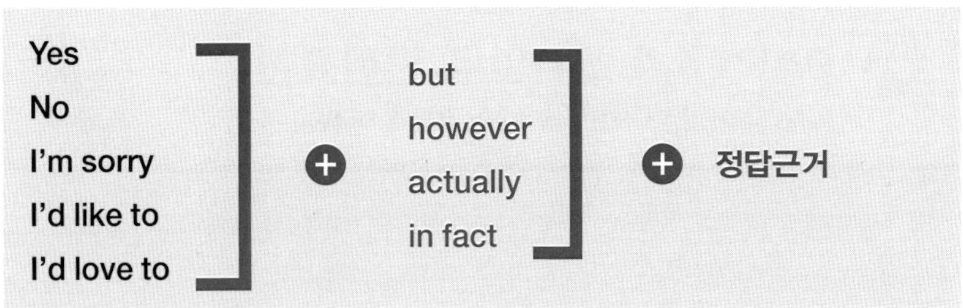

위와 같이 Yes / No / I'm sorry / I'd like to / I'd love to + but / however / actually / in fact 바로 뒷부분에 정답근거가 배치될 때가 많다.

이는 우리말에서도 마찬가지이다. 우리말에서도 양보구문이라고 하여 '물론 ~ 그러나 ~'라는 구문이 있다. '물론 + 예상되는 상대방의 의견'이고 '그러나 + 자신의 주장'이다. 이 때 앞부분인 '물론 ~ '부분은 생략될 수 있고, '그러나' 이하 부분은 화자의 생각이 담겨있는 부분이므로 생략될 수 없다.

어떤 언어에서든 간에 양보구문이 자주 쓰이는 이유는 상대의 말 중에 인정할 부분은 인정한 뒤, 자기 생각을 밝히는 것이 현명하기 때문이다. 즉, 예상되는 반론만큼 인정하고 양보했다는 의미가 된다. (6-16 참조)

이를 Part 3,4에 적용하면, but, however표현이 들리면, 그 앞에 들었던 내용이 오답, 그 뒤에 들리는 내용이 정답이 될 가능성이 매우 높다.

Part3와 Part4 대본
빈출표현 암기

 **PART3,4 회사업무 관련표현**
Part3,4에서 자주 나오는 다음 표현을 MP3로 익혀보자

영어	뜻	영어	뜻
agenda	주제/안건/아젠다	discussion	회의
attendee	참석자	participant	참가자
seminar	세미나	workshop	워크샵
training session	연수 과정	conference call	화상 회의전화
handout	유인물	proposal	제안
annual report	연례보고	budget report	예산보고
expense report	지출보고	submit	제출하다
make a presentation	프리젠테이션하다	make a speech	연설하다
review	복습하다	go over	검토하다
postpone	연기하다	come up with	아이디어를 떠올리다
revise	수정하다	organize	조직하다
hire	고용하다	apply for	지원하다
job opening	빈 일자리(공석)	applicant	지원자
fill out	서식을 채워넣다	resume	이력서
recommendation	추천/추천장	qualified	자격있는
qualification	자격	requirement	요구조건
benefit	이익/급여	transfer	이직하다
assign	일을 맡기다	relocate	이전하다
lay off	해고하다	fire	해고하다
dismiss	해고하다	replace	대체하다

PART3,4 회사업무 관련표현

Part3,4에서 자주 나오는 다음 표현을 MP3로 익혀보자

resign	사임하다	retire	은퇴하다
get a promotion	승진하다	performance	실적/성과
audit	회계감사하다	take a day off	휴가를 내다
on vacation	휴가중	on a business trip	출장중
be away	떠나있는 중이다	sales trip	영업출장
call in sick	병가를 요청하다	sick leave	병가
maternity leave	출산휴가	travel expense	출장경비
reimbursement	사용경비 상환	verify the expense	지출을 입증하다
office supplies	사무용품	copier	복사기
cabinet	캐비넷	closet	벽장
folder	서류철	cupboard	찬장
components	구성품	cartridge	잉크카트리지
installation	설치	out of order	고장난
fix	고정하다	repair	고치다
product	공산품	raw material	원재료
merchandise	상품	meet demand	수요를 충족시키다
release date	출시일	launch	출시하다
resource	자원/재료	place an order	주문하다
commercials	상업광고	public relation	홍보(PR)
advertisement	광고	ads	광고

PART3,4 회사업무 관련표현

Part3,4에서 자주 나오는 다음 표현을 MP3로 익혀보자

deadline extension	마감일 연장	promotion	판촉, 홍보
facility	시설물	contract	계약/계약서
agreement	합의/동의	negotiation	협상
offer	제공하다	invoice	인보이스/송장
billing problem	지불문제	shipment	선적
issue	발행하다	shut down	차단하다
claim	주장하다/항의하다	expire	기간이 만료되다
buy insurance	보험들다	deal with	다루다
M&A	인수합병	take over	인수하다
capital	자본	investment	투자
funding	펀딩/자금모집	consumption	소비
output	산출량/생산량	income	수입
revenue	순이익	fluctuate	가격/온도가 크게 변동하다(출렁이다)
infrastructure	사회기반시설	recession	경기퇴행(불경기)
depression	경기침체	inflation	인플레이션(물가상승)
supply	공급/공급하다	demand	수요/요구하다
surplus	흑자	deficit	적자
share	주식	stock	주식
shareholder	주주	stockholder	주주
go bankrupt	파산하다	stock exchange	증권거래소

sightseeing	관광	flight	비행
aisle seat	비행기에서 통로쪽 좌석	window seat	비행기에서 창가쪽 좌석
trip	여행	travel	여행
travel agency	여행사	travel agent	여행사 /여행사 직원
go on a vacation	휴가를 떠나다	itinerary	일정표
destination	목적지	accommodation	숙박
one-way trip	편도여행	round trip	왕복여행
jet lag	시차로 인한 피로	confirm	확인하다
departure	출발	arrival	도착
check in	호텔에 투숙하다	check out	호텔에서 나오다
hold a room	방을 잡다	receipt	영수증
reservation	예약	book	예약하다
brand-new	신제품의	line-up	제품군 /제품라인업
goods	상품	products	공산품
items	항목/품목	merchandise	상품
inventory	재고	for sale	판매중
blowout sale	파격세일	clearance sale	창고대방출 세일
discount coupon	할인쿠폰	voucher	바우처
gift certificate	상품권	bargain	싼 물건
out of stock	품절	in stock	재고로 보유중인

examine	검진하다	diagnose	진단하다
symptom	징후/증상	appointment	(진료)약속
get a shot	주사맞다	treatment	치료
prescription	처방	medical record	의료기록
vaccination	예방접종	emergency room	응급실
purchase	구입하다	check-up	건강검진
stop working	일을 그만두다	defective	결함있는
repair	고치다	service center	서비스데스크
replace	대체하다	exchange	교환하다
refund	환불하다	return	반환하다
overseas	해외의	abroad	해외로
letter of credit	신용장	wrap	포장하다
put ~ on hold	찜해놓다/보류하다	cover	보장하다
guarantee	보장	warranty	보증
installments	할부분할금	retail	소매상
wholesale	도매의	charge	요금을 부과하다
custom design	맞춤설계	rush delivery	긴급배달
reasonable price	합리적인 가격	affordable price	여유로운(저렴한) 가격
rate	요금	delivery fee	운송료
shipping	배송	ship out	발송하다(배에 싣다)

PART3,4 부동산/식당/자동차

Part3,4에서 자주 나오는 다음 표현을 MP3로 익혀보자

property	부동산	real estate	부동산
real estate agent	부동산 중개소	realtor	부동산업자
rent	빌리다	lease	임대하다/리스하다
landlord	집주인	tenant	세입자
deposit	예금하다	landscaping	조경
renovation	리노베이션	remodeling	리모델링
improvement	개선	great location	좋은 위치
good view	좋은 전망	fully furnished	가구가 모두 갖춰진
move in	이사하다	flavor	맛
culinary	요리의	cuisine	고급요리/요리법
chef	요리사/쉐프	cook	요리사
ingredient	성분	seasoning	양념/조미료
assorted	여러 가지의	server	종업원
regular customer	고정고객	diner	식사하는 사람
gourmet	미식가/고급음식의	dining room	식당
caterer	출장부페 업체	catering service	출장부페 서비스
awards banquet	시상식 연회	mechanic	기계공
replace a tire	타이어를 교체하다	flat tire	펑크난 타이어
used car	중고차	secondhand car	중고차
tow	견인하다	auto body shop	자동차 정비소

PART3,4 은행/백화점/도서관/공연장

Part3,4에서 자주 나오는 다음 표현을 MP3로 익혀보자

deposit	예금하다	withdraw	인출하다
transfer	송금하다	remit	송금하다
account	계좌	set up	계좌를 개설하다
savings account	보통예금통장	open an account	계좌를 열다
apply for a loan	대출을 신청하다	endorse	수표에 이서하다
check	수표	bank statement	은행명세서
balance	은행잔고	exchange rate	환율
interest	이자	customer	고객
patron	고객	(cash) register	계산대
representative	직원	service desk	서비스 데스크
grocery	식료품/잡화	sale	판매/세일
free sample	무료견본	complimentary	무료의
refreshment	다과/간식	performance	성과
exhibition	전시회	ticket counter	매표소
audience	청중	sound equipment	음향장비
appearance	(등장인물의) 출연	check out	도서관에서 책을 대출하다
return	책을 반환하다	stop by	잠시 들르다
exit the building	건물을 나가다	safety precaution	안전 예방책
cooperation	협력	inspection	점검
routine check	일상적인 점검	company policy	회사 정책

영어	한국어	영어	한국어
implement	시행하다	conduct	수행하다
staff meeting	직원 회의	planning meeting	기획 회의
awards ceremony	시상식	new promotion	새로운 판촉
reminder	다시 생각나게 하는 것	attend	참석하다
hold	개최하다	shift	교대근무/이동하다
install	설치하다	expand	확장하다
modify	수정하다	new machinery	새로운 기계
efficiency	효율성	training	훈련/트레이닝
be in effect	유효하다	be valid	유효하다
airport	공항	train station	기차역
ferry terminal	여객선 터미널	stop	버스정류장
passenger	탑승객	flight attendant	비행기 승무원
conductor	버스, 기차의 안내원	cabin	기내/선실
transit	환승	transfer	장소를 옮기다
seat belt sign	안전벨트 착용 신호	on board	탑승한
via	경유하여	boarding gate	탑승게이트
personal belongings	개인소지품	carry-on baggage	휴대수하물
conveyor belt	수하물 컨베이어 벨트	inconvenience	불편
detour	우회로	custom office	세관
declare	세관에 신고하다/선언하다	trade show	무역박람회

PART3,4 발표/연설/시상식

Part3,4에서 자주 나오는 다음 표현을 MP3로 익혀보자

subject	제목/주제	monthly meeting	월례회의
committee	위원회	finance report	재정보고서
increase in sale	판매량 증가	decrease in sale	판매량 감소
raffle	경품추첨	draw an entry	응모권을 추첨하다
corporate event	회사 행사	give an update on	~에 관한 최신소식
turnout	참가자수/투표자수	quest speaker	초청연사
public speaker	대중연설가	keynote speaker	기조연설자
leading expert	선도하는 전문가	consultant	컨설턴트/자문자
financial planner	재무설계사	business function	사업상 행사
panel	전문위원단/패널	participate	참가하다
introduce	소개하다	accept an invitation	초대를 받아들이다
winner	수상자	employee	피고용자/직원
highest rating	최고점수	in honor of	~을 기리기 위한
contribute	공헌하다	inspire	고무하다/영감을 주다
best-known for	~로 잘 알려진	award-winning	수상경력이 있는
experience	경험	distinguished	구별되는
outstanding job	뛰어난 업무수행	a round applause	큰 박수갈채
retire	은퇴하다	leave the position	직위를 떠나다
begin the career as	~로서 경력을 쌓기 시작하다	donation	기부
charity event	자선행사	congratulate	축하하다

PART3,4 광고 속 등장문구

Part3,4에서 자주 나오는 다음 표현을 MP3로 익혀보자

a new line	신상품 라인	beverage	음료
machine	기계	appliance	가정용 전기기구
office furniture	사무가구	art supplies	미술용품
feature	특징/~을 특징으로 하다	special feature	특별 기능
cleaning service	청소용역	health food	건강식품
endorse	추천하다/수표에 이서하다	the latest version	최신 버전
as recommended by	~이 추천한대로	adjustable	조절할 수 있는
revolutionary	혁명적인	lightweight	가벼운
long-lasting	오래 지속되는	portable	휴대할 수 있는
durable	내구성있는	sturdy	견고한
compact size	소형	unbeatable price	타의 추종을 불허하는 가격
discontinued item	단종된 품목	journalism	언론
leading product	타제품을 선도하는 제품	be located	위치하다
breathtaking view	숨막히는 전망	stunning view	화려한 전망
special occasion	특별한 일	occupancy	차지/거주
cozy	편안한	equipped	장비가 갖춰진
accommodate	수용하다	business district	상업지역
reception room	접견실	organic	유기농의
environmentally friendly	친환경적인	half of	~의 절반
additional 10% off	추가 10%할인	trial period	무료체험기간

PART3,4 라디오방송 관련표현

Part3,4에서 자주 나오는 다음 표현을 MP3로 익혀보자

radio broadcast	라디오 방송	traffic report	교통상황 보고
weather forecast	기상예보	weather outlook	날씨 개요
news flash	뉴스 속보	local news	지역 뉴스
business news	경제 뉴스	automotive news	자동차 업계 뉴스
radio station	라디오방송국	an update on	~에 관한 업데이트
commercial break	프로그램 중간의 광고	host	TV나 라디오 진행자
sponsor	광고주/후원업체	available	이용할 수 있는
commuter	통근자	traffic congestion	교통체증
traffic jam	교통체증	rush hour	러시아워(꽉 막히는 시간)
reopen	다시 개장하다	be damaged	손해를 입다
due to flooding	홍수 때문에	be closed for	~으로 폐쇄되다
construction	건설	alternative route	대체경로
take detour	우회하다	express way	고속도로
highway	고속국도	expect delays on	정체가 예상되다
Roads are clear	도로가 원활하다	be stuck in traffic	교통체증에 갇히다
be backed up	정체되어 있다	be held up in traffic	정체에 걸리다
inclement weather	악천후	precipitation	강수량
temperature	온도	a chance of rain	강수확률
shower	소나기	soar	온도가 급상승하다
heat wave	폭염	stay inside	실내에 머물다

PART3,4 관람/견학

Part3,4에서 자주 나오는 다음 표현을 MP3로 익혀보자

tour	견학	tour guide	여행가이드
excursion	소풍	company outing	회사 야유회
stroll around	주변을 산책하다	courtesy bus	손님용 무료 버스
next destination	다음 목적지	tourist attraction	관광 명소
landmark	랜드마크/주요 지형물	quote	견적
sculpture	조각	souvenir	기념품
exhibit fence	전시회 담장/울타리	exhibit barrier	전시회 벽
historic building	역사적/기념비적인 건물	observation platform	전망대
residential	거주용의	office park	복합상업지구
stop at a gift shop	선물가게에 들르다	impressive	인상깊은
head over to	~로 출발하다	follow zoo rules	동물원 규정에 따르다
move on to	~로 이동하다	get started	관람을 시작하다
detailed schedule	자세한 일정	admission fee	입장료
featured exhibition	특별전시회	collection	수집 /소장품
masterpiece	대작	refrain from	삼가하다
be prohibited to	금지되다	be not allowed to	허용되지 않다
take pictures	사진찍다	prevent accident	사고를 예방하다
call in advance	미리 전화하다	plant/factory tour	공장 견학
take precautions	주의하다	maintenance team	유지보수 관리팀
safety glasses	보호안경	safety record	안전 기록

PART3,4 전화메세지

Part3,4에서 자주 나오는 다음 표현을 MP3로 익혀보자

respond to	~에 반응하다	**inquiry about**	~에 대해 문의하다
regarding	~에 관한	**place an order**	주문하다
send back	되돌려 보내다	**hold on**	전화기를 들고 기다리다
pick up	가지러오다	**compensate**	보상하다
won't be ready until	~까지는 준비되지 못한다	**ship a wrong product**	다른 상품을 배송하다
send a correct order	올바른 상품을 보내다	**flexibility**	유연함/융통성
have an issue	문제가 생기다	**can't access to**	컴퓨터 등에 접근하지 못하다
isn't working	작동하지 않다	**call to let you know**	알리기 위해 전화하다
fix	고정하다/정하다	**get resolved**	해결되다
call to see if	~인지아닌지 알기 위해 전화하다	**check the problem**	문제를 체크하다
cancel	취소하다	**reschedule**	스케줄을 다시 짜다
extension	내선번호/구내번호	**after the tone**	삐 소리가 난 후
leave a message	메시지를 남기다	**relay a message**	전달하다
return a call	회신전화를 하다	**while I'm away**	내가 자리를 비운 사이
urgent	긴급한	**assistant**	조수/비서
Please, contact~	꼭 연락을 취해주세요	**office hours**	영업시간
star key	전화의 별(*)표 표시	**pound key**	전화의 우물정(#)자 표시
stay on the line	전화 끊지 않고 대기하다	**be connected to**	연결되다
operator	교환원	**in recognition of**	~을 기념하여
be closed	상점이 문을 닫다	**be busy**	통화중

7-11 | 파트3 풀이요령

新토익 Part3,4의
의도파악문제 및 시각자료문제

01 의도파악문제의 등장

의도파악문제와 시각자료문제는 7-02에서도 전술하였듯이, 新토익 Part3 와 Part4에 공통적으로 신설된 유형이다.

그 중 의도파악문제는 화자의 어떤 특정 멘트를 문제에서 따옴표를 통해 그대로 인용하고, 그 말을 화자가 어떤 의도 하에서 한 것인지 그 이면적 의미를 묻는 유형이다. 이를 테면 What does the man mean when she says, "That's a relief"? 와 같은 발문 형태이다. 문제지에 따옴표로 직접 인용된 문구가 인쇄되어 있는 것이 특징이다.

따라서 여기서 '의도파악문제'라 함은, 화자가 한 말 전체(=글 전체)의 의도, 이를 테면 주제 같은 것을 묻는 것은 전혀 아님에 주의한다. 즉, 문장 하나만 딱 떼어놓고 그것의 의미를 묻는 것이어서, 그 인용된 문장은 비교적 짧은 문장이거나 혹은 그 문장 하나만으로는 의미파악이 힘든 관용적인 표현일 가능성이 크다. 그래야 그 인용된 문장의 이면적 의미를 물을만한 가치가 생기기 때문이다.

▶해결책

먼저 문제지를 읽어서, 이 유형이 있으면 따옴표를 통해 인용된 부분을 재빨리 암기한다. 그리고 그 부분이 방송에서 흘러나올 때까지 집중해서 듣도록 한다. 따옴표 인용구의 이면적 의미는 대부분 그 부분이 나오기 전에 설명될 것이기 때문이다.

그리고 문제지를 보면, 따옴표로 인용된 부분이 누가 한 말인지 알 수 있다. 발문 형태가 What does the man mean when she says, "That's a relief"?와 같은 형태이기 때문이다. 따라서 (Part4에서는 통하지 않는 전략이지만) Part3에서 이 문제가 출제되면 해당 부분이 누가 한 말인지 알고서 듣는 것이 유리하다.

시각자료문제의 등장

대화를 듣고 선지에 글로 진술된 문장을 고르는 것이 아니라, 대화를 듣고 문제지에 인쇄된 그래프(graph), 시간표(table), 지도(map) 등 시각자료를 토대로 선지에서 정답을 고르는 유형이다. 이를 테면 Look at the graphic. Where is the woman's final destination? 과 같은 발문 형태이다. 문제지에 Look at the graphic.처럼 시각 자료를 보라는 명령 문구가 인쇄되어 있는 것이 특징이다.

그리고 예를 들면 다음과 같은 형태의 시각자료가 문제지에 미리 인쇄되어 있는 점도 이 유형의 특징이다.

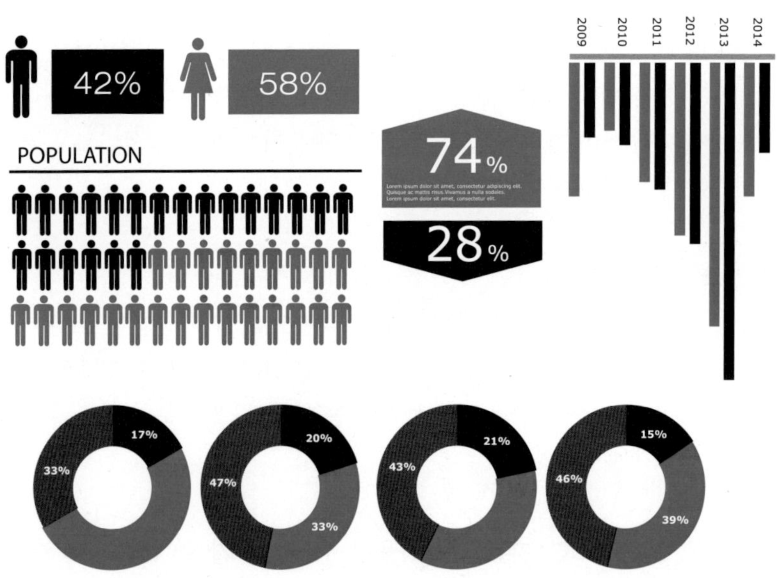

사실 그래프, 시간표, 지도 등 시각자료문제는 그동안 Part7의 영역이었다. 따라서 Part7 같은 성격의 문제가 Part4에 도입되었다고 생각하면 쉽다. Part4에서 출제되는 시각자료문제는 Part7에서 출제되는 시각자료문제의 단순화된 버전이라고 생각하면 된다.

Part4에 시각자료문제가 도입됨에 따라 다들 난이도가 상승했을 것이라고만 예상하겠지만, 의외로 난이도가 하락한 측면도 없지 않다. 시각자료를 통해 선지를 자세히 읽지 않고도, 정답이 한번에 직관적으로 도출될 수 있기 때문이다. 특히 시각자료 문제의 선지는 문장이 아니라 짧은 단어 수준인 경우가 많아서, 과거에 오답선지 3개를 포함해 줄글로 된 4개의 문장을 읽기 위해 쏟았던 시간이 절약되는 측면도 있다. 시각자료문제는 특별히 두려워할 필요는 없다고 본다.

▶해결책

시각정보문제는 Question 13-15 refer to the following conversation and graph. 라고 알려주고 시작한다. 그러나 시각정보문제는 이 멘트를 듣지 못했더라도 크게 불리할 것은 없다. 어차피 문제지에 graph가 나와 있을 뿐더러, 발문의 형태도 Look at the graphic. When probably did Jeny join the company? 와 같은 형태이기 때문에 그와 관련된 사항이 출제될 것임을 어렵지 않게 예상할 수 있다.

역시 먼저 문제지를 보고, 시각 자료가 어떤 내용을 담고 있는지 파악하는 것이 중요하다. 이를 통해 어떤 내용에 중점을 두고 들어야 할지 미리 짐작할 수 있기 때문이다. 그리고 평소에 수치 표현을 익혀둘 필요가 있어서, 3-04와 3-05에 이를 보강해 두었다.

또한, 앞서 1-07에서 말한 것처럼, 눈을 감고 들어서는 절대 안 된다. 지문의 초반부에서는 대화에만 집중해야 하므로 귀만 활용하다가, 지문의 중후반부가 되면서는 눈과 귀를 동시에 활용하여, 귀로는 나머지 지문을 들으면서도, 눈으로는 시각자료를 어느 정도 살펴보는 멀티태스킹 훈련이 필요하다.

曹操
TOEIC

파트3의
요령

8-01 | 파트3 풀이요령

Part3 질문의 의문사별 유형정리

Part 3의 질문도 Part 7처럼 크게 '대화 전체'에 관해 묻는 문제와 '개별구체적 사항'을 묻는 문제로 나뉜다. 이것을 유형화하는 것이 중요한 이유는 유형을 미리 파악하고 있으면, Part 3에서 문제를 읽는 시간이 매우 단축되어 선지를 하나라도 더 읽을 수 있기 때문이다.

LC의 선지는 너무 다양하여 유형화하기가 상대적으로 힘들지만, 문제는 몇 가지 유형이 되지 않으므로 미리 파악해서 의문사만 보고도 무슨 질문인지 빨리 파악하도록 한다. 토익 Part 3, 4는 누차 말하지만 누가 빨리 읽는지에 달린 '사실상의 독해시험'이라 하지 않았던가!

아무튼 이를 구체적으로 유형화시켜보면 다음과 같다.

01 Who 유형 〔화자의 직업이나 정체 〕

Who most likely is the man?

02 회사나 부서의 정체

What kind of company is the man working for?

화자의 직업이나 정체를 묻는 문제는 대화자들이 자신의 직업을 나타내는 어휘나 표현들을 사용한다. 그러므로 직업과 관련된 어휘들을 알아두는 것이 좋다. 다음을 참고하자.

reporter 기자 **post office clerk** 우체국 직원 **new employee** 신입사원
photographer 사진작가 **parking attendant** 주차요원
job applicant 구직자 **sales representative** 영업사원

413

operator 전화교환원 **real estate agent** 부동산 중개인
human resources director 인사부 부장 **musician** 음악가
technical support 기술지원팀 **receptionist** 접수계원

03 Where 유형 (대화 장소 / 행위 장소 / 목적지)

Where **are most likely the speakers?**

어디서 일어나고 있는 대화인지를 묻는 문제는 그 장소에서만 사용하는 어휘 또는 단어를 사용한다. 이는 주로 방송의 전반부에 등장하게 되어 있다. ① 대화의 장소를 직접 언급해주는 경우와 ② 대화를 통해 간접적으로 대화장소를 추리할 수 있게 해주는 경우가 있다.

room, front desk ▶ hotel	**account, open, transfer ▶ bank**
table, chief ▶ restaurant	**safety equipment ▶ factory**
ticket, itinerary ▶ travel agency	**send, box ▶ post office**
book, check out, return ▶ library	**movie, actor, actress ▶ cinema**

04 Why 유형 (① 전화를 건 이유/원인 ② 실패 이유)

Why **is the man calling the woman?**
Why **didn't the man attend the meeting?**

① 전화를 건 사람의 첫 번째 대사에 정답의 근거가 있다. 따라서 I'm calling about / I'm calling concerning / I'm calling about regarding / I'm calling to / I want / hope / wish / need to 등의 뒷부분에 주목한다.

② 어떤 행동을 왜 하지 못했는지 이유를 묻는 Why유형도 있다. 이런 Why유형은 방송의 전반부에 그러한 문제상황을 언급하고, 대체로 중반부에 그렇게 된 이유를 언급할 때가 많다.

How does the man contact the company?

How유형은 '수단'을 묻는 것인데, 방송에서 수단이 2개 이상 등장할 때가 많다. 예컨대, 방송의 전반부에는 by taxi가 들리고, 후반부에서 by subway가 들렸다면, 정답은 나중에 들린 by subway가 될 확률이 높다. 첫 번째 수단을 언급하였으나 이것은 여차저차한 문제로 폐기되고, 두 번째 수단을 채택한다는 스토리 라인이 많기 때문이다. 정 대화내용이 들리지 않으면, 나중에 들린 수단으로 찍는다.

06 When〔시간/시점〕

When will the man depart?

시간 순서(과거→미래)대로 방송될 때가 많음을 알고 있으면 도움이 된다. next Tuesday, until Sunday 같은 표현에 주목하면 정답의 근거가 될 때가 많다. 특정 요일, 시간에 관한 문제는 그리 자주 출제되지는 않으나, 출제된다면 방송의 중반부에 정답의 근거가 등장할 때가 많다.

07 What ~ discuss / talk about?〔대화의 주제〕

What is the purpose **of the meeting?**
What is the man concerned about?
What is wrong with **the copier?**

이 유형은 대화의 주제를 묻는 유형이다. 대화 주제를 묻는 문제는 ①첫 번째 대사를 잘 들어야 한다. 첫 번째 사람이 대화의 시작을 위해 화두를 던지는 경우가 많기 때문이다. ② 단, 첫 대사에서 나오지 않을 경우 대화 전반에서 나오는 어휘들의 공통점이 주제가 된다.

What does the man ask the woman to do?
What will the speakers do next?

미래 요청 사항이나 미래 일어날 일을 묻는 문제는 방송 후반부에 정답의 근거가 있다. 특히 가장 마지막 대사가 중요하다. 그 외 Please / Could you / I ask you와 같은 직접적 요청 표현에 정답근거가 있기도 하다.

09   문제점이나 걱정거리를 묻는 유형

What is the woman concerned about?
What is the problem the woman is mentioning?

문제상황이나 걱정거리, 불만, 불평거리는 대화의 전반부에 주제어로 제시될 가능성이 높다. ①첫 번째 화자가 직접 첫 대사에서 문제점을 언급하면서 대화를 시작하기도 하고, ②첫 번째 화자가 질문을 하면 두번째 화자가 그에 대한 응답으로 문제점을 언급하기도 한다. 따라서 이 유형은 첫 번째나 두 번째 대사에서 그 정답의 근거를 찾을 수 있다. 자주 등장하는 문제점은 사용불편, 기계고장, 약속불이행, 마감지연, 화자의 잘못한 행위이다.

10   연락정보와 홈페이지를 묻는 유형

What does the woman want to find on the homepage?
How does the man want to be contacted?

연락방법이나 전화, 팩스, 이메일, 홈페이지에 관련된 내용은 대화의 후반부에 등장한다. 추가 정보를 얻고 싶을 때 취해야 할 행동도 대화의 후반부에 정답의 근거가 등장한다.

Part3 질문에서 suggest와 offer의 차이

Part 3,4에서 문제 속에 등장하는 suggest와 offer의 차이를 명확히 알고 선지를 고르는 것이 필요하다. 우리말에서는 '제안'과 '제공'의 차이이다.

offer는 말하는 사람이 듣는 사람에게 제공해주겠다는 뜻이고, suggest는 말하는 사람이 듣는 사람에게 어떻게 해보라고 권유하는 것이다. 즉, 전자는 행위자가 화자이고, 후자는 행위자가 청자가 되는 것이다. 이를 뒤바꾸어서 주객이 전도된 선지를 오답선지로 구성하는 경우가 있다. 다음의 예문을 통해 실수가 없도록 미리 준비해 둔다.

What does the woman offer the man? 라는 질문이 나오면, 여자가 남자에게 무엇을 제공하는지를 묻는 것이다. 물품이나 행위를 제공하는 사람은 woman이고, man은 수동적으로 그 물품이나 행위를 받을 뿐이다.

이에 반해, What does the woman suggest that the man do? 라는 질문이 나오면, 여자가 남자에게 무엇을 하라고 제안하는지를 묻는 것이다. woman은 수동적으로 아이디어만 제공할 뿐, 그 아이디어대로 실행에 옮길 자는 man이라는 의미이다. 즉, suggest는 recommend와 같아서 What does the woman recommend the man to do?(여자는 남자가 무엇을 할 것을 추천하는가?)라는 질문과 같아진다.

Part3에서 적용 가능한
테크닉 10가지

01 첫 한두 문장에 주목한다

토익 LC에서 주제찾기 문제나 대화의 목적은 첫 한두 문장이 힌트인 것은 부정할 수 없다. (다만, 최근 들어 첫 한두 문장에서 주제를 파악하지 못하도록 꼬아서 출제하는 경우가 늘고 있는 것은 사실이다.) 따라서 방송 전반부의 5~8초 사이에 꼭 집중해야 한다. 그런데, 첫문장은 고유명사가 낀 사람이름이나 회사 이름이 등장할 때가 많고, 첫문장은 그저 인사말일 때도 많다. 그래서 도리어 두 번째 문장이 주제문이거나 핵심어를 담고 있을 때가 많다.

02 행위의 주체가 되는 사람이 정답의 근거를 말한다

화자의 의견/행위/계획/상태를 묻는 질문들은 대체로 본인이 정답을 말한다. 즉, 남자의 의견/행위/계획/상태는 대체로 남자의 대사 속에 정답의 근거가 있고, 여자의 의견/행위/계획/상태는 대체로 여자의 대사 속에 정답의 근거가 있다. 본인의 의견이나 계획은 대체로 그 당사자가 말하기 때문이다. 특히 화자의 행위가 일어날 시점이나 장소를 묻는 문제의 정답 근거는 대부분 We ~, Let's ~ 로 시작하는 문장이다.

03 질문에 인쇄된 특정인의 이름이 들리면 주목한다

문제를 읽으면서 문제지의 질문에 인쇄된 특정인의 이름에 주목한다. 방송 중에 상대에게 그 이름을 부르게 되면 그 다음 대답하는 사람이 문제지의 질문에 인쇄된 이름의 주인공이다. 방송 중에 이름이 언급된 후 이 이름을 3인칭 대명사인 He / She / They 로 받으면, 그 사람은 대화의 양 당사자가 아닌 제3자이다.

04　의견 표명 문장에 주목한다

의견을 나타내는 표현이 흘러나오면 잘 들어야 한다. I think이하, I believe이하, I suppose이하, I consider이하, I guess이하, I would say이하, As I see it이하, I want이하, I'd like to이하, I am interested in이하 부분은 문제화되기 쉽다. 이런 단어가 들리는 순간, 그 이하부분을 귀를 쫑긋 세우고 집중해서 들으려 노력한다.

05　권유/제안/요청/요구/명령의 바로 뒷문장에 주목한다

권유/제안/요청/요구/명령하는 문장이 방송에 들리면, 그 바로 뒤를 정답의 근거로 해서 문제화되기 쉽다. 즉, Why don't you ~ ? Can(Could) you ~ ? You can ~ . I'd like you to ~ 등이 흘러나오는 순간, 그 이하 부분이 문제화되기 쉬우므로, 이런 표현이 들리면, 귀를 쫑긋 세우고 집중해서 들으려 노력한다.

06　역접/반전 표현에 주목한다

역접 또는 반전을 의미하는 어휘를 동반하는 대화를 주의깊게 들어야 한다. but / however / actually / in fact 같은 표현이다. 이는 LC와 RC 공통이다.(7-09 참조)

07　문제지에 인쇄된 표현을 그대로 읽는 경우 주목한다

가끔 쉬운 문제로서, 문제지에 인쇄된 질문을 방송 중에 화자가 그대로 말하는 경우가 있다. 특히, 구체성을 강하게 띤 Why / How ~ 유형의 질문들이 주로 이러한 패턴을 가진다.

08　미래에 발생할 일은 마지막에 주목한다

문제지에 What will the man probably/most likely do?라는 질문이 세 문제 중 마지막 문제일 때가 있다. 이러 문제는 probably/most likely에

서 알 수 있듯이 미래 발생할 일을 추론하라는 infer문제이다. 이것이 세
번째 문제로 출제되면, 방송의 마지막 문장이 정답 근거이다. 따라서 이럴
때에는 마지막 문장이 가까워 올수록 귀를 쫑긋 세우고 집중해서 들으려
노력한다.

09 이유표현에 주목한다

이유를 나타내는 표현이 등장하면 문제화되기 쉽다. 따라서 because,
since, as, now that, due to, owing to, thanks for, in order to, so that,
therefore, thus, as a result, the purpose of, the reason is 등의 표현이
들리는 순간, 그 이하부분을 귀를 쫑긋 세우고 집중해서 들으려 노력한다.

10 한두 단어로도 추리할 때가 있다

한두 단어만 듣고서도 이 대화가 일어날 법한 장소로 airport 따위를 떠올
릴 수 있어야 한다. 또 water, pipe, sink, toilet, drain(배수구), leak(새다)
를 듣고서, 화자의 직업으로 plumber(배관공)를 떠올려야 한다. 물론 대화
문을 거의 못 들었을 때 쓰는 마지막 '필살기'이다.

 **참고**
토익 LC의 OMR카드 마킹 방법

Part1과 2 (31문제)는 방송을 들으면서 다음 문제가 흘러나오기 전 '문제와 문제
사이(interval)'에 바로 OMR카드에 체크해 버린다. 따라서 31문제에 대한 마킹
시간 31개×2.5초 = 77.5초 = 1분 17.5초는 줄일 수 있다.
다음으로, Part3와 4의 문제와 문제 사이(interval)는 다음 문제의 선지와 문제
를 읽는 데에 써야하므로, Part3와 4의 경우 Part1과 2처럼 OMR카드에 곧바로
마킹하는 것은 포기한다. 즉, Part3과 4가 모두 끝나고 RC에 들어가기 직전에
OMR 카드로 한꺼번에 옮긴다.
RC 시작 전에 LC 마킹을 모두 완료하는 이유는 RC 후반부로 갈수록 마음이 조
급해지는데, 마킹할 것이 200개 남아있는 상태와 100개 남아있는 심리상태는 다
르기 때문이다.

新토익 Part3의
3인 대화 또는 5턴 이상 지문

01 3인 등장 대화문의 등장

갑, 을, 병 3명이 짧은 턴을 여러 번 반복하는 대화가 신설되었다. 각 턴이 기존보다 짧아진 이유는 총 LC시간은 동일하기 때문으로 추측된다. 이들 중 2명은 같은 성별이고, 1명만 다른 성별이다. 성별이 같은 2인은 미국발음-영국발음, 호주발음-영국발음 같은 식으로 국적에 의해 구별된다.

▶해결책

3인 등장 대화문은 Question 13-15 refer to the following conversation with three speakers.라고 먼저 3인 이상이 등장하는 대화문임을 알려주고 시작한다. 이것을 간과하면, 2명이라고 생각했던 대화 속에 3명이 등장하여 순간적으로 당황할 수 있다. 3인 등장 대화문은 중간 중간 대화의 흐름이 꺾이므로, 흐름을 타는 것이 2인 대화문보다 어렵다. 흐름을 타도록 최대한 노력한다.

매번 그렇다고 장담할 수는 없으나, 3인 등장 대화문은 첫 화자가 Do either of you have any suggestions? 혹은 Did you two hear that our company is going to launch a TV advertising? 처럼 자신 이외에 2명이 더 등장함을 예고하는 경우도 많다. 따라서 two나 either를 놓치지 않는다. (either는 영국발음으로 '아이더'이다) 물론 같은 성별의 2명은 다른 국적의 발음이므로, 발음 느낌으로 둘을 구별할 수도 있다.

갑, 을, 병 셋이서 대화를 하면서, 중간에 그 중 1인의 이름(고유명사)을 부르는 일도 있을 수 있는데, 이를 감안하여 누가 한 말인지 체크하며 듣는 것도 좋다.

는 대화문이 새롭게 도입되었다. 각 턴이 기존보다 짧아진 이유는 총 LC 시간은 동일하기 때문으로 추측된다. 짧은 턴이 여러 번 반복되면 흐름이 중간 중간에 꺾이기 때문에 논리적 흐름을 타기 어렵고, 아무래도 정답의 단서가 흩어지게 되어 어렵게 느껴진다.

▶ **해결책**

5턴 이상 지문도 intro멘트는 기존과 동일하게 Question 13-15 refer to the following conversation. 이기 때문에, 5턴 이상 지문임을 미리 알 수 없다. 물론 5턴 이상 지문에서 대체로 시각정보문제가 출제되기 때문에 현실적으로 Question 13-15 refer to the following conversation and graph. 처럼 시작하는 경우가 대부분일 것이다.

이러한 지문에서도 논리적 흐름을 타는 것에 총력을 기울여야 한다. 이를 위해 점진적 구간반복 MP3파일을 정리한 3-04에서 Drill 21~25번 지문을 집중적으로 연습하기 바란다.

그리고 5턴 이상 대화문에서는 정답의 단서가 1명의 말에 온전히 다 나와 있지 않을 수 있다. 2명이 한 말에 흩어져 있는 단서를 모아야 정답을 알 수 있는 경우도 많다. 역시나 대화의 흐름을 놓쳐서는 안 된다는 사실을 알 수 있다.

曹操
TOEIC

파트4의
요령

9-01 파트4 풀이요령

지문유형과 질문유형을 알면 좋다

Part4가 Part3보다 오히려 쉬운 측면도 있으므로, Part4에 대한 두려움을 가질 필요는 전혀 없다. 언뜻 가장 어렵다고 느끼기 쉬운 Part4가 Part3보다 쉬운 이유는 다음과 같다.

첫째, Part4에는 의문문이 없다. 따라서 의문문에 약한 사람이 Part2에 약하듯이, 이들은 Part3보다 Part4가 쉬우므로 전략적으로 Part4를 공략해야 한다. 둘째, Part4는 두 사람이 아닌 한 사람이 등장하므로, 한 사람의 목소리, 억양, 톤으로 말하게 되어 한두 문장을 듣고 나면 그 리듬과 박자에 적응하게 된다.

Part4 역시 Part3처럼 하나의 방송에 세 문제가 할당된다.

Part3와 마찬가지로, Part4의 첫 번째 문제는 ① 주제나 목적을 묻는 문제 또는 ② 말하는 사람이나 듣는 사람이 누구냐를 묻는 문제, ③ 독백이 일어나고 있는 장소를 묻는 문제 등 해당 지문 전반에 걸치는 general한 질문이 출제된다.

Par4의 두 번째 문제 역시 Part3의 두 번째 문제처럼 ① 구체적인 행위나 장소, 시간, ② 구체적 행위의 이유나 수단, 방법 등을 묻는 specific한 질문이 출제된다.

Part4의 세 번째 문제 역시 Part3의 세 번째 문제처럼, 지문이 끝난 후 ① 앞으로의 예상되는 행동이나 발생할 일, ② 화자의 제안이나 요청 등 미래 정보를 묻는 문제가 출제된다.

Part4는 Part3처럼 대화문이 아니라 한 사람이 혼자 말하는 방송이므로,

지문의 종류가 다양하다. Part4에서 나오는 지문의 종류는 지문이 등장하는 장소나 형태에 따라 announcement / talk / speech / introduction / advertisement / news report / weather forecast / radio broadcast / instruction / excerpt from a meeting 등이다. 이것이 7-06에서 말했듯이, intro멘트로 등장하게 된다.

따라서 Part4에서 출제되는 각 지문의 종류별로 내용이 어떻게 흘러갈지를 세분화해서 대충 예상해 놓는다면 문제를 더 쉽게 풀 수 있다. 이를 9-02에서 살펴보기로 한다.

Part4 지문의 종류별 흐름 분석

Part 4의 지문은 대체로 삼등분되는 공통점이 있다. 이들 지문은 25초 내외이므로, 이 25초 내외에 담을 수 있는 내용은 매우 제한적이어서 지문의 종류별로 차이점도 있지만 공통적인 흐름도 있다. 이하에 정리된 8가지 소재를 미리 기억하고 있어야 방송이 잘 들리니 암기하도록 한다.

삼등분되는 내용의 구체적 흐름은 ① 초반부에는 자신의 소개, 화제 및 이야기할 내용에 대해 소개한 뒤, ② 중반부에서는 전달하고자 하는 세부 내용을 본격적으로 말하고, ③ 마지막으로 청중에게 제안, 요구, 요청하는 내용이다. 이러한 흐름은 우리말로 된 방송에서도 마찬가지이다. 또한 Part 3와 마찬가지로 이러한 방송의 흐름에 따라, 앞서 언급한 세 문제가 순서대로 초중후반부에 맞춰 한 문제씩 출제되는 경향이 있다.

01 전화(voice mail) 또는 자동응답(recorded message)

응답기에 녹음을 남기는 멘트와 전화를 걸었을 때 들을 수 있는 자동응답 멘트 2가지로 나뉜다.

① 전화메시지는 먼저 인사말과 함께 전화를 건 본인에 대한 소개를 하고 전화를 건 목적이나, 메시지를 녹음하는 이유 등을 언급하면서 주제를 언급하게 된다. 자주 출제되는 소재는 주로 약속이나 일정 재확인, 주문 배송 확인, 이전에 요청받은 사항에 대한 재확인, 인터뷰 요청 등이다. 관련된 이야기가 끝나면, 다시 전화해 달라거나 응급상황에는 어디로, 누구에게 전화하라 등 연락정보를 언급한다. 듣는 이에게 요청/요구/권유사항을 말하며 전화를 끊기도 한다.

② 가끔은 회사의 휴일이나 영업시간 후에 전화했을 때 들을 수 있는 자동응답 녹음멘트가 출제되기도 한다. 이 때에는 어떤 회사에 전화걸었는지만 알면 된다.

크게 3종류의 광고가 출제된다. ① appliance(가전제품), furniture(가구)와 같은 상품광고 또는 ② resort(리조트), restaurant(식당), fitness center(헬스클럽)와 같은 서비스업체의 광고, ③ inventory sale(창고방출), seasonal sale(계절할인)과 같은 할인행사에 대한 광고이다.

일단 전반부에서 소비자들이 인식하고 있는 기존의 문제를 제기함으로써 소비자들의 주의를 끌고, 그에 대한 해결책으로 자신들의 상품과 회사를 소개하는 흐름이 많다. 중반부에는 그 상품이나 서비스의 특징(features)이나, 기능, 장점 등을 언급함으로써 자신들의 상품을 알린다. 소비자들이 구매결정을 할지 고민할 것으로 예상되는 후반부에는 할인 또는 혜택사항을 언급한다. 끝에는 소비자들이 구매결정을 했을 때 필요한 연락처와 결제수단, 구매 방법, 구매처 등을 제시한다.

03 인물/게스트/연사 소개 (speaker, employee 소개)

업무관련 행사 또는 라디오 토크쇼 등에서 특정인물을 소개하는 경우가 있다. 행사나 토크쇼의 시작을 알리는 인사말로 시작하여, 특정인물을 소개하면서 그 인물의 과거의 업적, 이력, 경력 및 현재 또는 미래의 직위나 업무를 언급한다. 마지막으로 그 소개할 인물이 하게 될 연설이나 강연의 주제와 청중들에 대한 요구/지시/주의사항 등을 이야기하면서 마무리하게 된다.

대체로 소개받는 사람은 3종류임을 알아두면 좋다. ① investment(투자), publishing(출판), entertainment(연예) 등의 업계전문가이거나 ② 올해의 직원상과 같은 상을 받을 수상자, ③신입사원 혹은 퇴직자이다.

04 연설 (speech, talk, 기조연설, 행사소개, 강연)

연설은 환영 인사말과 함께 seminar(세미나), conference(컨퍼런스),

workshop(워크샵)의 목적과 취지에 대한 이야기로 시작한다. 주로 회사의 업무성과에 대한 자축연에서의 축하연설, 시상식장의 수상소감 등이 많다. 특히 행사의 시작을 알리는 기조연설이 많으므로 주로 행사소개 및 일정 등을 언급하며, 쉬는 시간에는 로비(lobby)에 다과(refreshments)가 준비되었다는 말도 자주 등장한다. 마지막으로 향후일정을 언급하거나 당부사항 등을 언급하면서 마무리를 한다.

05 제품사용 설명 및 강좌나 서비스 절차안내 (instruction)

우선 ① 복사기, 팩스, 녹음기, 재봉틀, VCR 따위의 특정제품의 이용방법을 설명하는 내용이다. 구매에 대한 감사 인사로 시작하여, 이용방법이나 순서, 특정상황이나 단계에서 주의해야 할 점들을 언급한다. 마지막에는 추가로 질문할 사항이 있을 때 조치방법을 말할 때가 많다.

다음으로 ② activities(여가활동) 강좌 등 서비스 이용절차에 관한 내용도 있다. 강좌나 서비스의 절차, 장소, 준비물, 주의/지시사항이 등장한다. 지문의 특성상 명령 또는 지시조의 표현이 많이 나온다.

06 여행안내 (tour, sightseeing, 견학, 관람)

흔히 tour라고 하면, 관광이나 여행만을 떠올리는데, Part 4에서 등장하는 tour상황에는 투어가이드(tour guide)에 의한 견학, 관람의 상황이 훨씬 더 많이 등장한다. 투어가 시작되는 첫 지점(회사, 공장, 연구소, 유적지 등)에서 환영한다는 인사말과 함께 자신을 소개하고 tour의 주제나 목적지에 대해 언급한 후 향후 일정이 어떻게 진행될 것이라는 이야기를 하게 된다. 그리고 tour 중에 지켜야 할 주의사항에 대해 언급하고, 지금부터 tour를 시작하겠다고 하면서 끝내거나, tour일정에 있는 한 군데를 들러서 그 곳에서 마무리하는 경우도 있다.

07　방송 (news report, weather forecast, traffic news)

방송은 우선 화자 자신 및 프로그램의 소개(프로그램 이름, 방송 시간대, 특징)를 하며 인사말을 한다. 그 다음, 프로그램의 성격에 맞춰 교통방송, 일기예보, 토크쇼, 뉴스 리포트 등에 관한 내용이 등장한다.

가장 쉬운 ① 일기예보 방송의 경우 특정일의 기상상황과 앞으로의 날씨, 그리고 우산을 지참하라는 식의 당부가 마지막에 나온다.
② 교통방송의 경우 현재의 교통상황 중계와 더불어 교통체증 원인(교통사고, 신호등공사, 도로확장공사 등), 그리고 그에 대한 우회로(detour)나 대안(alterative)이 반드시 마지막에 나온다.
그 외 ③ 뉴스방송의 경우에는 특정 주제(가령 특정 기업간의 인수합병, 사세 확장, 공장건립, 해외시장 진출)와 관련한 현재 진행상황 및 그 여파 등을 알리는 내용이므로 까다롭다. 마지막에는 대체로 다음 프로그램에 대한 정보나 이어지는 방송내용에 대한 언급과, 그리고 계속해서 청취해 달라는 채널 고정의 당부(stay tuned)가 나온다.

08　공지사항(사내공지, 공공장소에서의 공지 announcement)

먼저 ① 사내 공지는 회사의 미팅, 모임 등에서 직원들에게 전달하는 공지사항이 대부분이다. 자주 등장하는 소재는 회사의 새로운 정책이나 시스템 도입 공지, 일정변경, 공사 일정 안내, 사내 시설물 점검 공지 등이다. 가끔은 공장에서의 안전준수지침이나 대피훈련 안내도 등장한다.

다음 ② 공공장소에서의 공지사항은 극장이나 백화점, 공연장, 공항, 쇼핑몰, 박물관, 기차내 등에서 스피커로 들리는 안내방송이다. 공연장에서는 주로 공연 중 지켜야 할 주의사항이나 공연시간 안내 등이 등장하고, 쇼핑몰이나 도서관에서는 영업시간, 할인, 폐점이나 폐관에 관한 안내가 등장한다.

Part4 질문의 의문사별 유형 정리

Part 4의 질문도 Part 7처럼 크게 '대화 전체'에 관해 묻는 문제와 '개별구체적 사항'을 묻는 문제로 나뉜다. 이것을 유형화하는 것이 중요한 이유는 유형을 미리 파악하고 있으면, Part 4에서 문제를 읽는 시간이 매우 단축되어 선지를 하나라도 더 읽을 수 있기 때문이다.

LC의 선지는 너무 다양하여 유형화하기가 상대적으로 힘들지만, 문제는 몇 가지 유형이 되지 않으므로 미리 파악해서 의문사만 보고도 무슨 질문인지 빨리 파악하도록 한다. 토익 Part 3, 4는 누차 말하지만 누가 빨리 읽는지에 달린 '사실상의 독해시험'이라 하지 않았던가! 아무튼 이를 구체적으로 유형화시켜보면 다음과 같다.

01 Who 유형 〔화자나 청자의 직업이나 정체〕

Who **is speaking?** (화자)
Who **is the intended audience for this talk?** (청자)

화자 스스로 자신이 누구라고 언급하는 아래의 경우가 기본이다.

This is **captain speaking.**
My name is **Donna and I'll be your guide today.**
This is **Mr. Kevin from Samson Corporate.**

청자에 대한 언급을 통하여 화자를 추측해야 하는 아래의 경우도 있다.

Attention **shoppers!**
Buyers like you ~
All passengers!
~ **at this** your **employees.**

Where are the talk being made?

방송이 나오는 장소나 화자가 일하는 장소에 대한 정보는 대체로 방송 초반부의 내용으로부터 짐작할 수 있다. 다만, 그 이외의 구체적인 행사가 있을 장소나 특정 지점의 위치 등을 묻는 장소 문제의 경우에는 지문의 중반부에 등장하게 되니, 두 가지 유형을 구별하도록 한다. 구체적으로 다음과 같은 부분이 정답의 근거가 된다.

This is Thomas from **Jim photo studio.**

~ here in **Los Angeles.**

Thank you for coming here **today's staff meeting.**

Attention **passengers!** Flight 302 has been arrived ~.

Welcome to **the annual company picnic.**

03 Why 유형 〔이유/원인〕

Why is the man calling the woman?

모임의 목적 같은 방송의 전반적인 이유는 방송의 초반부에 정답의 근거가 있고, 구체적인 특정 사건의 이유는 방송의 중반부에 정답의 근거가 있다. 목적의 to부정사나 because부분이 정답의 근거이나, 그 외에도 아래와 같은 부분이 중요하다.

I'm calling **about the change that ~.**

Attention **shoppers! Our store will be closing ~.**

As you already know, ~.

04 How 〔수단/방법〕

How **should listeners contact Howard?**

How **can listeners get more information?**

수단, 방법과 관련된 질문이므로, 방송 중후반부의 by Ving나 명령문의
형태로 정답의 근거가 제시될 때가 많다.

> By contacting Eric on extension 208, ~.
> Be hurry, this offer is good for ~.
> ~ be available at the information desk.

05 When〔시간/시점〕

> When will the audience depart?
> When is the problem expected to be resolved?

대체로 현재나 과거의 정보가 먼저 나오고, 미래의 정보는 후반부에 언
급된다. 즉, When did ~로 시작하는 질문의 경우에는 방송의 전반부에,
When will ~ 로 시작하는 질문은 방송의 후반부에 정답의 근거가 등장한
다.(7-08 참조)

> Our open hours are from 9:00 a.m. to 6:00 p.m.
> Beginning next week, we will ~

06 What ~ discuss / talk about?〔대화의 주제〕

> What is the purpose of the announcement?
> What is the talk mainly about?

방송에서 아래 표현이 들리는 언저리에 정답의 근거가 있다.

> I'd like / want to announce that ~
> I'm afraid / sorry / delighted to report that ~
> I'm going to talk about ~
> Today's topic / issue / agenda is ~
> It's great honor to introduce ~
> address / discuss ~ for Sth
> We are here to celebrate ~

What are the audience asked to do?
What will Alan Carroll do today?
What will happen next?

대체로 세 번째 문제로 출제되는 이 문제는 정답의 근거 역시 방송의 후반부에 등장한다. 구체적으로는 다음의 표현 언저리에 정답의 근거가 있다.

Please (명령문) ~
be asked to do
be requested to do
be required to do
be advised to do
be recommended to do
be suggested to do
be invited to do
If you don't mind ~
Why don't you ~?
You can ~
You had better ~
We ask / require / suggest / recommend / advise / invite
We would appreciate it if ~ / I'd appreciate ~
Stay tune ~ (채널 고정)
Now ~ / Next is ~ / Let's ~ / First ~

물론 시간적으로 여유가 된다면 문제를 많이 풀어보고 기본기 탄탄하게 다지고 하는 것도 좋겠지만, 토익은 고시가 아닙니다. 토익은 "기술"이라는 모 어학원의 광고처럼, 오래 붙잡고 정도를 파고드는 시험이 아니라 단기간에 고득점을 노려야 하기에 요령과 테크닉이 특히나 중요한데, 조조 토익 시리즈는 그런 토익의 특성에 맞게 제작된 책으로써, 그 동안 제가 봐왔던 토익 수험서 가운데 단연 돋보이는 책이었습니다. 현재 출간된 조조시리즈 세 권(문법공식, 독해기술, LC요령)을 다 읽어본 사람으로서, 이 시리즈의 최대 강점으로 꼽고 싶은 것은 분류화랄까, 카테고리별로 요목조목 정리가 참 잘돼있다는 점입니다. … 아, 시간 단축이라하면 파트7을 빼놓을수 없겠네요. 이 부분 역시 독해기술에서 많은 도움을 받았습니다. 전 항상 첫 번째 문제부터 풀어서인지 시간이 촉박했는데, 책에서 소개하는 기술과 제 노하우를 접목시켜 풀다보니, RC전체를 60분 정도에 끊기도 가능했습니다. 처음엔 손 글씨를 쓰다가 타자를 배울 때처럼, 익숙하지 않아서 시간이 조금 더 걸렸지만, 방식을 정해놓고 한 두 번 그렇게 풀다보니 금새 요령이 생기더군요. (후략) **이수***

귀차니즘으로 왠만해서 로그인해가며 후기 쓰는경우가 드문데 이번은 예외입니다. 책정리를 정말 시험보는 사람입장에서 잘 정리해놨어요 매번 팟7풀면 시간이 부족해서 지문2개정도 찍었었는데, 조조토익 책보고 지난 2월 시험에서 팟7을 다풀수 있었습니다. 2월 점수아직 안나왔지만 분명히 팟7의 시간을 줄여줍니다. 그거 하나로만도 완전만족합니다. **자유***

선생님의 책, 저는 참 좋았습니다. 먼저, 토익에 대한 고민이 나만의 문제가 아니란것을 깨달았어요. 저도 사실 영어가 크게 어렵지 않은편인데, 토익이 뭔지도 모르고 시험봤을때도, 공부를 하고 봐도 700대후반에서 벗어나질 않더라구요. 급기야 저의 머리를 의심하고, 좌절했는데 선생님의 책 덕분에 저의 문제점도 찾고, 자신감도 찾고, 저처럼 늘 시간이 부족하여 (저는 평균 11문제를 기둥세워요;;;) 기둥을 세우는 친구들이 몇만명이나 된다는 것도 알게 되었구요. 선생님은 토익커들의 고충, 루머, 단점들을 잘 알고계시고 그래서 그것의 해결방안을 콕 찍어주시고, 공부하는 사람들의 입장에서 풀어주신게 너무 좋았어요. 역시 잘 가르치는 사람은 본인이 공부를 잘하는 사람이구나라는 생각을 다시금 하게 되면서 ^^ 일정패턴을 찾아 유형화하신 그 실력에도 감탄했습니다. QR코드를 한페이지에 모아놓으신 배려도 참 좋았습니다. 원래는 독해책만 사려고 서점에 갔다가 책이 너무 마음에들어서 문법책도 샀어요. 제가 업무특성상 (지금은 퇴사후 이직준비 중이라 토익을 보고 있어요) 활자를 많이 보고 쓰던 사람이라, 제가 보기에도 애매한 표현같은건 남들이 보기에도 불편할거예요. 문법책 보고나서 책의 개선에 도움이 될만한 부분이 발견되면 또 메일 드릴께요 (후략) **ari*****

학원이나 다른 책에서의 유사한 부분도 많이 있지만, 톡톡 튀는 새로운 느낌의 풀이법도 있어서 좋았습니다. 토익을 공부하는 사람들이 이런 책이 있었으면 한다라는 부분을 잘 찍어서 만드신 듯합니다. 특히 초보나 기본의 토익커들에겐 좋은 충고가 많은 듯 합니다. 중고급의 토익커들에겐 시간을 절약하기 위해 한번 시도해볼만한 가치의 방법을 제시한 듯 합니다. 책을 다 읽고 난 후의 느낌은 토익을 공부하는 사람들이 꼭 한번쯤 읽어볼만한 책이란 느낌이 듭니다. 학원이나 기타의 다른 책들을 보면 책마다 풀이법이 비슷한 점도 있지만, 중구난방으로 이렇게 풀어야 시간이 절약된다에서 끝나는데, 이 독해의 기술은 타당성과 여러가지의 경우의 수를 들어서 설명해 주셔서 더욱더 이해가 되고 도움이 되는 것 같습니다. 전체적인 내용은 좋았습니다. 처음 시작하는 토익커들에겐 이해가 조금 부족할 수도 있을 듯 합니다. 토익을 미리 접해본 사람들에겐 '아~ 이래서 이랬구나'라고 생각이 들 수 있는데, 아직 기본정도의 분들에겐 책을 보고 나서 직접 문제를 접했을때, 어떻게 접근해야 되는지 힘들어하다가 다시 자신만의 방식으로 돌아가는 사람들이 있더라구요. 두번째는 독해책인데도 LC등의 Tip이 사이사이에 있어서 정말 좋았는데, 조금 더 자세하고 폭넓게 해 놓았으면 하는 아쉬움이 있더라구요. **skys******

조조문법, 독해책을 읽고 아주 큰 도움이 되었습니다. 어떻게 토익을 이정도로 철저하게 분석을 하여 논리적으로 책을 쓰셨는지 놀라울 따름입니다. LC책도 나온다는 소문을 듣고 저자님께 질문을 드리게 되었는데요^^ 2월에 나온다고 인터넷 뉴스에서 보기는 했는데... 대략 몇일쯤 발간되는지 알 수 있을까요? 정확한 날짜가 부담스러우시다면 "2월초, 2월중순, 2월말"처럼 대략적으로 말씀해주셔도 되요.. **thelin*****

파트7에 시간이 너무 부족해서 조조독해책 구매해서 보고 시간이 많이 단축됐습니다. 감사합니다^^ 책뒤에보면 조조토익LC도 있던데 사고싶어도 찾을수가 없네요..아직 출판이 안된건가요? 파트7에서 희망이 조금씩 생기고 나니까 LC가 너무 문제입니다ㅜㅜ 책이 있다면 꼭 사고싶지만 구할수가 없어서.... 아무튼 조조시리즈를 진작 접했더라면 고생을 좀 덜할수도 있었을텐데요ㅋ 요즘 친구들한테 조조시리즈 추천해줬는데 매우 좋아하네요 **dbs******

조조가 추천하는 **LC** 공부는 점진적 구간 반복법이라는건데 이게 뭐냐면... LC에서 질문이 나오면 사람들은 끝에 단어가 제일 최근에 들었던 소리이기때문에 기억하기 쉽다는 것을 감안해 연습을 할 때 앞에 구간을 잘 기억할 수 있도록 연습하는 방법이다. 예를 들어 ABCD라는 문장이 있다면 AAA / ABABAB / ABCABCABC / ABCDABCDABCD 이렇게 재귀식으로 문단을 끊어 여러번 듣기를 연습한다는 것. 굉장히 획기적이라고 느꼈던게 토익학원에서 익히 가르쳐주는 받아쓰기나 쉐도잉(들리는대로 바로 따라말하기)를 했을때, 받아쓰기 같은 경우는 단어 스펠하나하나 맞추기도, 그리고 LC인데 그렇게 자세하게 문장을 받아 쓸필요도, 없다는 것. 그리고 쉐도잉은 출퇴근길 버스나 지하철안에서 틈새시간에 공부하는 사람들에게는 말할 수 없기때문에(공공장소이고 창피하고...) (하략) **88*****

조조토익의 위상은 풍문으로 익히 들어 알고 있었지만, 근래에 가장 어려웠다는 2월 첫 토익에서 당당히 목표점수였던 900대를 넘기고 나니 그 진가가 확실히 느껴집니다. 저는 지난 12월부터 매달 꾸준히 토익을 치뤄왔고, 성적은 7-800점 정도였습니다. 지난달까진 다들 알고 계시는 유명 토익학원의 교재로 공부를 하다가, 봐도봐도 끝이 나지 않는 방대한 양에 질려버려서 지푸라기라도 잡자는 심정으로 조조토익을 구입했네요. 개인적으로 취약한 파트2와 파트5를 보완하려고, 시험 치루기 2-3일전부터 조조 문법공식과 LC요령의 파트2 부분을 집중적으로 파고 들었습니다. 그 결과 LC만점이라는 감격스러운 결과가 나왔네요ㅜㅜ 최근 토익 커뮤니티의 게시판을 확인하신 분들이라면 아시겠지만, 2월 8일 시험은 영국 및 호주 발음의 테러와 RC 낚시 지문 등으로 악평이 자자했잖아요? 저 역시 문제풀이가 쉽진 않았지만, 조조토익의 위력을 확인하기엔 더없이 좋은 기회였던 것 같습니다^^ **이재***

이 책에는 독해문제를 해결할 수 있는 유형화된 다양한 스킬(?)들이 많습니다. 이책의 핵심이자 가장 큰 특징이죠. 스킬이라고 얘기하니 마치 편법, 야매인 것같네요. 하지만 전 조금 다르게 생각합니다. 이런 스킬들... 결코 편법, 야매가 아니라는 것이 제 생각입니다. 만약, 우리가 토익독해 문제와 동일한 문제들을 영어가 아닌 한글로 된 것을 푼다고 생각해 봅시다. 지문이고 문제고 선지고 죄다 한글입니다. 한편의 짧은 글이 있고 문제에서 '글쓴이의 직업은?' 'A가 B에게 받을 것은?'등을 묻습니다. 글을 처음부터 죄다 읽는 한국인이 있을까요? 전체를 빠르게 스캔하면서 질문의 답이 나올 부분을 찾아 답을 골라내는 것이 당연한 과정일 것입니다. 이것이 정통이 아니고 편법이라고 할 수 있나요. 너무나 자연스럽고 합리적인 과정입니다. 이것을 체계적으로 알려주고 훈련시켜주는 것이 조조 독해편이구요 수능영어쪽에서 현재까지도 이름을 날리고 있는 김기훈 선생님의 리딩스킬스를 아십니까. 문제를 또는 지문종류를 유형화하고 거기에 따라 적절한 스킬을 적용하죠. 지문 첫줄보고 푸는 문제, 마지막줄 읽고 푸는 문제, 어떤 어떤 접속사 뒤를 보고 바로 답을 찍는 문제.... 지금은 전설(?)이 된 그 강의도 야매니 편법이니 비난하는 사람이 많았지만 그 강사는 수업때 '이 리딩스킬스는 영미 정통 영어학, 문장구조론에 거의 동일한 내용이 버젓이 있다.'고 일축했죠. 같은 맥락이라 생각합니다. (후략) **애교쟁***

무슨 리뷰라는 것 처음써보는데요 말그대로 스킬들이 가득한 책입니다 토익 시작한지는 3개월정도 되었구요 점수는 700후반대입니다.. 나름 노력을 열심히 했다고 생각하는데 800은 못넘었었더라구요.. 3월말 토익에서는 제가 팟5,6에서 12문제나 틀려서..이걸 보완하고자 샀어요 이 책에 대해 쉽게 말씀드리면 제가 스타를 꽤 좋아해서 고2때부터 정말 열심히 했거든요ㅋㅋ 근데 기숙사 룸메이트로 잠깐 프로생활했었던 친구가 들어와서 한학기동안 열심히 배웠는데요 그때 제가 7년동안 한것보다 한학기동안 배우면서 제 실력이 느는것을 정말 느꼈습니다 이 책을 스타크래프트라는 게임으로 따진다면 기존의 토익 문법책들은 모든 선수와 종족 빌드들(모든 영어)에 대해 대비를 하다보니 이것도 저것도 신경쓸것이 너무많죠 이 문법책은 토익이라는 종족의 특성을 완벽히 파악하고 그에 대응하는, 토익에만 대응하는 맞춤 전략입니다 상대를 다 알고 게임을 하는데 질수가 없죠 지금 상대방이 뭐가 나오면 무슨무슨 전략을 쓰고 있는 것이다를 알려줍니다 아무리 날고기는 토익이라고 하더라도 맞춤전략을 피할수는없겠죠 여자분들은 스타를 모르시니까 헷갈리시겠지만 제가 할수있는비유가 스타뿐이없네요ㅋㅋㅋ 팟7버전도 곧 구매할 생각입니다. ia**

어제 따끈따끈한 조조만아는토익문법공식을 받은 ***이라고합니다.... 호주에서 워킹홀리데이를 마치고서 토익 준비를하려고 해XX토익 기본서를 사서 삼주동안 공부했었는데 그공부한효과는 단 그때뿐이었습니다 왜냐하면 그 책은 부사에대해알려주곤 부사에대한 시험문제만 내버렸기때문이죠....하지만 전 사실 조조님의 책을 단 하루동안 읽었는데도 불구하고 모의테스트에서 예전보다 훨씬 만족하는 점수를 받을 수 있었습니다 5.6 파트가 끝나면 리스닝하고 파트 7 독해 책도 살 예정입니다 !! ^^ 일단 지금 상태로는 '토익 600점을 위한 ...' 까지 조조님의 매력적인 목소리와 함께 강의 잘 들었구요 ! 정말 다른 부분도 좀 막막했지만 진짜 정말인지 지난 3주일동안 계속 해XX 토익 기본서 보면서 접속부사, 전치사, 접속사 구분하는 문제는 죽었다 깨도 못 맞추겠다고 생각했는데 조조님이 정리해주신 접속사 파트 보면서 단 하루만에 그것도 한시간도 안되서 이해가 되버리는 바람에 무지한 저로써는 참 놀랍기도 하고 조조님께 감사하단 말을 열백번 넘게해도 계속 감사할 것 같네요 ... ^^ 일단 내용도 알차고 정리도 깔끔하고 보기 좋게 잘 되었었구요. 책 재질도 조조님께서 걱정하신거완 달리 엄청 좋은 것 같더군요. 내용도 단연 으뜸이었지만 책에 있는 한글고급(?)어휘들.. 도 참 마음에 들었습니다. 제가 단지 호주 1년 갔다온거지만 가서 느끼게 많았거든요.... 한글도 참 대단한 언어지만 영어도 그 언어만의 재미가 있는 것 같아요. 한글에는 없는 Have p.p 라던지 ... 좀 정확하고 구체적으로 설명할 수 있다고 해야하나요? .. 아무튼 저는 토익점수에도 관심이 많지만 나중에 비지니스영어를 잘 터득해서 다시 외국으로 나갈 생각입니다 ! 가서 예전에 가졌단 접시닦이나 청소같은 자질구레한 일말고.. 정말 제대로 된 일을 구하고 싶네요 !!(후략) ashu******

(전략) 파랭이 빨갱이는 lc 요령과 문법공식을 보면 볼수록 깊은 빡침이 와서 우리집 멍뭉이 한테 던져버렸습니다.(정말입니다.몇달간의 스트레스 해소 차원에서 개가 물어뜯는 걸 나두었습니다) 그렇게 같이 보기 시작한 두 책 역시 너무나 유익 하더군요. 뭣 보다 조조님 특유의 논리적 접근을 통한 책 구성의 이유와 설명들이 머리속에서 납득이 되니 이해가 쏙쏙되더라고요. 특정 문법 (ex to부정사)설명 을 한뒤 그 문법에 관한 문제를 풀면 당연히 고민없이 선지(to부정사 선지) 에 정답을 체크하는 것을 반복 하던 파랭이 공부가 왜 점수 상승으로 이어지지 않았던지 그제서야 수긍이 가더라고요, lc 역시 일단 청취력을 높이기 위한 귀뚫기 연습 먼저라는 주장과 그 방법 으로서의 점진적 끊어서 듣는 구간반복 듣기 연습이 얼마나 효과적인지 체감 했습니다. 그렇게 독해3회독 , 문법공식 2회독 듣기 요령 1회독 하고 시험을 치니..... 드디어 700점대의 점수가 나왔습니다. 저 남자 새끼가 울었습니다. 너무 기뻐서요. 아! 나도 하면 되는 구나 , 아! 진짜 공부접근 방법이 중요하구나 하고요! 정말 조조 토익 책본게 다행이구나 생각들면서 조조님께 감사하단 생각이 들었습니다. 그래서 다시 시험 치자 마자 책들을 가지고 회독 반복 했습니다. 그리고 이번엔 회독 수가 증가하니 책에 나와있는 독해기술 패러프레이징 암기 부분, 문법 공식 800점용,900점용 사항에 중점을 둬 가며 공부 했습니다. Lc는 그냥 올려주신구간반복 듣기파일 청취 그대로 계속 하면서 연습 했습니다. 그리고 시험장에 갔죠. 놀랍더군요. 팟7 마지막 5문제 이중지문 못 풀고 시험을 마무리 했습니다.(조조님 께선 독해부터 풀고 문법으로 넘어가라 하셨는데 저는 습관이 안되서 그런지 한3회정도 해보다가 큰 차이 없는 것 같기도 하고, 갑자기 기존방식 바꾸려니 리스크도 크기도 해서 그냥 순서대로 풀이 했습니다) 그리고 나온 점수는 작년 12월 토익 865!!! 요즘엔 모두가 다 900점이라서 별것 아닌 점수 지만 저는 너무나 기뻤습니다. 그리고 1월 시험은 중간에 시험치다 똥마려워서 망치고 저번주 2월 23일 시험 쳤습니다. 대박! 토익 공부하고 처음으로 모든 문제 다 풀었습니다. ㅋ 김정*

조조토익의 꿈

이 세상의 모든 젊은이가
최대한 빨리, 그리고 가능한 가장 적은 비용으로
토익을 끝내고
각자의 원대한 꿈을 이루는데
진정으로 필요한 일을 할 수 있도록
도와드리는 것.

그래서,
저자가 기획하고 쓴 이 책이
누군가의 인생을 바꾸어 놓는 계기가 되고,
교육을 통해 빈부의 격차를 해소하는 것.

그것이 바로 북플라자와 조조토익의 꿈입니다.